Erschienen
im Jubiläumsjahr 2002
bei Klett-Cotta

Konzepte der
Humanwissenschaften

Ronald Hofmann

Bindungsgestörte Kinder und Jugendliche mit einer Borderline-Störung

Ein Praxisbuch für Therapie, Betreuung und Beratung

Klett-Cotta

Dr. rer. nat. Dipl.-Psych. *Ronald Hofmann* ist Fachpsychologe der Medizin und Psychologischer Psychotherapeut. Er lehrt an der Universität Leipzig und der Hochschule Mittweida mit den Schwerpunkten Rechtspsychologie bzw. Aggression und Kriminalität im Kindes- und Jugendalter. Seine Forschungsschwerpunkte sind bindungstheoretisch fundierte Forschung zu Aggression und Delinquenz bei Kindern und Jugendlichen, die multimodale Betreuung von borderlinegestörten Kindern und Jugendlichen sowie Untersuchungen zu professionellen Zeugenaussagen bei Sexualstraftaten.

Klett-Cotta
© J. G. Cotta'sche Buchhandlung Nachfolger GmbH, gegr. 1659, Stuttgart 2002
Alle Rechte vorbehalten
Fotomechanische Wiedergabe nur mit Genehmigung des Verlags
Printed in Germany
Umschlag: Philippa Walz, Stuttgart
Gesetzt aus der 10 Punkt Times von Hahn Medien, Kornwestheim
Auf säure- und holzfreiem Werkdruckpapier gedruckt
und gebunden von Clausen & Bosse, Leck
ISBN 3-608-94314-5

Die Deutsche Bibliothek – CIP-Einheitsaufnahme
Ein Titeldatensatz für diese Publikation ist bei Der Deutschen Bibliothek erhältlich.

»Ich suchte Schutz vor dieser Welt in einem Himmelshafen
doch Steine vor der Einfahrt versperrten meinem Kinderkahn den Weg
da half kein Schreien und Strampeln
als ich versank
schaute der Vater weg — die Mutter löste Kreuzworträtsel …«

Aus »Mein Name ist Borderline«
von Gerhard Mell (1996)

FÜR KERSTIN UND CHRISTOPHER
UND ANNEKATRIN

Inhalt

7

Danksagung

Zu diesem Buch haben viele Menschen direkt und indirekt beigetragen. An erster Stelle möchte ich meiner Frau für die Ermutigung und den Ansporn danken, den sie mir als immer zuverlässige Weggefährtin zu diesem Buch gegeben hat. Ich danke ihr auch dafür, daß sie in ihrer täglichen Arbeit im Projekt »MOVE«, in der Organisation der Betreuung des komplexen Lebensumfeldes borderlinegestörter Kinder und Jugendlicher, mit all den damit verbundenen Problemen und Schwierigkeiten, so stabil und durchhaltefähig ist. Dadurch blieben mir Zeit und Gelegenheit, auch meine eigenen Interessen zu verwirklichen, wie in Form dieses Buches geschehen.

Danken möchte ich allen Mitarbeitern unserer Betreuungseinrichtungen für borderlinegestörte Kinder und Jugendliche des Projektes »MOVE«, die mit persönlichem Engagement und mit ihrer bewundernswerten Einstellung zeigen, daß es möglich ist, auch schwierigste Konfliktsituationen der Beziehungsgestaltung zu bewältigen. Trotz oftmals sehr persönlichen »Kontakterlebens« vermitteln sie den Betreuten die schutzgebende Bindungsqualität, die es ihnen ermöglicht, positive zwischenmenschliche Erfahrungen zu machen. Nicht zuletzt durch unsere Mitarbeiter wird verdeutlicht, daß ein bindungstheoretisch fundiertes Therapie- und Betreuungskonzept auch jenseits der institutionellen Kinder- und Jugendpsychiatrie praktisch umsetzbar ist. Stellvertretend für alle Mitarbeiter danke ich namentlich meiner Kollegin Frau Dipl.-Psych. Ingrid Janßen, die als leitende Psychologin mit theoretischer Klarheit, durchsetzungsfähiger Empathie und dem damit verbundenen und nötigen Feingefühl für Situationen und Menschen die Verbindung von Theorie und Praxis täglich leistet.

Gedankt sei meiner Mitarbeiterin Frau Dipl.-Psych. Annett Stark für ihre kritische Unterstützung bei der Entstehung des Buches und ihrer fleißigen Hilfe bei der Erstellung der Lebensläufe für die Fallbeispiele.

Ich bedanke mich weiterhin bei Frau Simone Reichenbach und Frau Dipl.-Lehrerin Monika Heuschneider für die Unterstützung bei der Korrektur des Manuskriptes.

Abschließend danke ich Herrn Dr. Heinz Beyer vom Verlag Klett-Cotta, der, beginnend mit der Idee zu diesem Buch, immer ein anregender, kooperativer und geduldiger Partner war.

Zielsetzung des Buches

Dieses Buch widme ich Rico, Marcel, Rene, Nadin und all denen, die durch Mangel an Bindung und durch traumatische Erlebnisse um das Glück ihrer Kindheit gebracht wurden, deren Enttäuschungen und Ängste, in verzweifelte Wut umgeschlagen, ihnen genau das verwehrten, was sie um jeden Preis zu erreichen hofften — das Gefühl von vertrauter Nähe, stabilem Schutz und sicherer Geborgenheit bei anderen Menschen.

Die Arbeit mit bindungsgestörten Kindern und Jugendlichen mit einem Borderline-Syndrom ist höchste Beanspruchung und Herausforderung gleichermaßen. Ich sage das mit einer Überzeugung, die jeder nachvollziehen kann, der in seiner eigenen Arbeit diese Kinder und Jugendlichen erlebt. Leser, die das Buch zur Hand nehmen, um das Störungsbild kennenzulernen oder eigene erste Erfahrungen durch Wissensinhalte und Denkanstöße zu ergänzen, möchte ich einladen, in die Welt kindlicher traumatischer Erfahrungen und der daraus folgenden scheinbar rätselhaften psychischen Phänomene »einzutauchen«.

Ziel des Buches ist es, die Erscheinungsbilder und ihre Verursachung, Wirkweise und Funktion nachvollziehbar zu machen. Das Verstehen des Borderline-Störungsbildes in seiner Komplexität im Kindes- und Jugendalter ist wie bei kaum einem anderen Störungsbild die Voraussetzung für effizientes therapeutisch-pädagogisches Arbeiten mit den Betroffenen. Erst wenn man »die Funktionsweise« der Borderline-Dynamik erkannt hat, kann man sich *persönlich* mit diesen Kindern und Jugendlichen in der entsprechenden Verantwor-

13

tung einlassen, wobei die persönliche Eignung auch von anderen Faktoren abhängt. Versteht man die Dynamik nicht, wird man ungewollt zum unkontrollierten »Spielball« der Borderline-Welt von Kindern und Jugendlichen. Die eigene Absicht, ihnen zu helfen, schlägt dann für die Betroffenen in eine erneute Erfahrung von Enttäuschung, Kränkung und Verlassenwerden um.

In diesem Buch soll es um die Betroffenen gehen: die betroffenen Kinder und Jugendlichen und die betroffenen Helfer in ihrem Bemühen, Lebenspfade zu verändern. Spreche ich von der Eindrücklichkeit und Faszination des Störungsbildes, so meine ich die bewegenden Schicksale und Irrwege dieser Kinder und Jugendlichen. Was kann daran nun faszinieren? Gefesselt bin ich immer wieder von den Wiederholungseffekten und Gesetzmäßigkeiten der Phänomene in deren Erleben und Verhalten, die sich aus der Psychodynamik der Borderline-Störung erklären lassen. Für mich spielte die Faszination, die von diesem Störungsbild ausgeht, eine wesentliche Rolle, dieses Buch zu schreiben.

Ich gehe davon aus, daß das Thema und die Fallbeispiele in ihrer Spezifik für Psychotherapeuten oder besser Kinder- und Jugendlichenpsychotherapeuten, egal welcher Schule sie angehören, nicht ganz unvertraut sind. Meine Absicht ist es, über eigene praktische Erlebnisse in der Arbeit mit borderlinegestörten Kindern und Jugendlichen in der ambulanten und stationären Therapie und im Bereich der Jugendhilfe zu berichten.

Das inhaltliche Spektrum des Buches orientiert sich aber nicht nur an praktischen Erfahrungen oder deren Verallgemeinerungsversuchen. Es geht insbesondere um Überlegungen zu Erklärungsmöglichkeiten des Störungsbildes im Kindes- und Jugendalter, die von der Bindungstheorie ausgehen sollen — es geht um die therapeutisch wirksame Umsetzung grundlegender bindungstheoretisch fundierter Prämissen.

Die gedanklichen Ansätze möchte ich durch die Einbeziehung bisheriger Ergebnisse bindungstheoretisch orientierter wissenschaftlicher Untersuchungen belegen. Unter anderem handelt es sich dabei auch um erste Ergebnisse aus der Arbeit eines Forschungsprojekts mit dem Thema »Borderline-Störung im Kindes- und Jugendalter« am Institut für Entwicklungspsychologie, Persönlichkeitspsychologie und Psychodiagnostik der Universität Leipzig. Dieses Projekt leitete ich gemeinsam mit Herrn Professor Klaus Udo Ettrich bis Januar 2001.

Das Projekt begann in seinen Ursprüngen bereits 1995, zu einem Zeitpunkt, als ich in meiner Arbeit mit borderlinegestörten Kindern und Jugendlichen ein starkes Spannungsfeld zwischen Kinder- und Jugendpsychiatrie bzw. Psychotherapie und Jugendhilfe feststellen konnte. Diese Spannungen ergaben sich aus dem teilweise konträren prinzipiellen, interdisziplinären Betreuungs- bzw. Behandlungsverständnis, das besonders in der Übergabesituation zwischen den genannten Betreuungsinstanzen zum Tragen kam. Zudem wurde in dieser Zeit wieder einmal die Diskussion über die geschlossene Unterbringung von »gefährlichen« und »unerziehbaren« Jugendlichen seitens der Jugendhilfe intensiv und polarisierend geführt – eine Diskussion, bei der es sich, wie v. Wolffersdorff, Sprau-Kuhlen & Kersten (1996) feststellen, in erster Linie um eine populistische Projektion zyklischer gesellschaftlicher Prozesse auf die Ebene restriktiver Forderungen nach härteren Strafen und verschärften Gesetzen (»short sharp shocks«) handelt.

Von 1995 bis 1998 untersuchten wir besonders die Anforderungsspezifik für die Mitarbeiter von Jugendämtern, Kinderheimen und Kliniken. Wir taten dies mit Hilfe möglicher Indikatoren auf der Ebene des Verhaltens und der emotionalen Merkmale bei Kindern und Jugendlichen, die unter der etikettierenden Zuschreibung »Pendeltür-Kinder« (hin- und herwandernd zwischen Kinder- und Jugendpsychiatrie und Jugendhilfe) bekannt sind. Aus den Indikatoren sollten Kriterien, die eine professionelle Betreuung nach der stationären psychiatrisch-psychotherapeutischen Intervention begründen, abgeleitet werden.

Als Ergebnis der Befragung fanden wir auch die besonderen Konsequenzen schwerer Bindungsstörungen – und speziell der Borderline-Störungen im Kindes- und Jugendalter – gerade im Betreuungskontext. Es handelte sich dabei durchgängig um Probleme, die durch die spezifische aggressiv fremd- und selbstgefährdende, selbstdestruktive oder intrigant anmutende Kommunikation zustande kamen.

Diese Qualität der Beziehungsgestaltung borderlinegestörter Kinder und Jugendlicher macht besonders die pädagogisch konventionell denkenden Betreuungssysteme hilflos. Sie sind mit dieser Art der Kommunikation überfordert. Dies sind tragende Gründe für ständige Beziehungsabbrüche, die wiederum eine Form gewollten oder ungewollten Betreuungs- und Behandlungstourismus der Betroffenen zwischen Jugendhilfe, Psychiatrie und letztendlich den Strukturen der Justiz in Gang setzen. Die ständigen Beziehungsabbrüche chronifizieren die von uns angenommene zugrundeliegende Bindungsstörung.

Wie kann die Bindungstheorie ein Ansatz sein, die Borderline-Störung des Kindes- und Jugendalters zu beschreiben?

Neben den bisher bekannten psychodynamischen, biosozialen und sozialpsychiatrischen Ansätzen zur Beschreibung der Borderline-Störung haben sich auf der Grundlage der empirisch fundierten Säuglingsforschung und der klinischen Bindungsforschung, die in ihren ersten Ursprüngen auf John Bowlby zurückgeht, weitere Erklärungsmöglichkeiten etabliert. Im Mittelpunkt dieser Erklärungsansätze steht die Trias von Wechselwirkungen zwischen

- den frühen interpersonellen Bindungsbedingungen,
- den frühen individuellen affektiven Regulationsbedingungen und
- deren Beziehung zur Entwicklung der individuellen und interpersonellen Wahrnehmung.

Die Entwicklung dieser Trias mündet in Abhängigkeit von unterschiedlichen Sozialisationsbedingungen, die von bindungsrelevanten Schutz- und Risikofaktoren geprägt werden, in verschiedene Lebenswege ein. Diese wiederum äußern sich in der späteren Art der Beziehungs- und Identitätsentwicklung.

Die bindungstheoretisch fundierten Ansätze in der vordergründig klinisch-entwicklungspsychologischen Betrachtung der Borderline-Störung gehen in ihrem Ursprung auf Main und Solomon (z.B. 1986) mit der Bindungsdesorganisation, auf Fonagy mit der bindungsabhängigen Entwicklung der emotionalen Regulationsstörung des Selbstempfindens oder der Selbstreflexivität (Daudert & Egert, 2002; Daudert, 2001) bzw. auf Meares mit der Störung der affektiven Regulation zwischen Mutter und Kind, die hier als Mutualität (Milch, 1998) beschrieben wird, zurück.

Aus klinisch-diagnostischer Sicht ist das entscheidende klassifikatorische Zuordnungskriterium des DSM IV für die Borderline-Persönlichkeitsstörung die »Angst, verlassen zu werden« und das verzweifelte Bemühen, dieses tatsächliche oder vermutete Verlassenwerden zu vermeiden (DSM IV, 1996, S. 739). Aus diesem Kriterium läßt sich ein wesentliches Störungsmuster, nämlich das der gestörten Bindungsentwicklung, beginnend mit der Störung der mütterlichen Bindungsprägung, auch bonding genannt, ab dem Zeitpunkt der Geburt ableiten. Verschiedene bindungstheoretische Untersuchungen gehen bereits auf die vorgeburtliche Zeit zurück, in der sich Phantasien über das zukünftige Kind (Dornes, 1995) oder Besonderheiten der Geburtssituation (Frühgeburten; Buchheim et al., 1999) auf die spätere Bindungsentwicklung des Kindes auswirken.

Die Borderline-Störung ist allgemein wie auch in der Entwicklungsspanne des Kindes- und Jugendalters durch besondere Phänomene geprägt. Die sichtbaren Phänomene im Verhaltensbereich wurden oben bereits erwähnt und können in vielfältigster Qualität in Erscheinung treten. Sie sind aber nicht die Störungsqualitäten, die eine Borderline-Störung definieren. Die Borderline-Störung wird im wesentlichen durch die pathologischen Besonderheiten der internen (nicht sichtbaren) emotionalen Regulation definiert, die den beobachtbaren Phänomenen vorausgehen und sie verursachen. Solche Besonderheiten sind auf den unterschiedlichen Ebenen der gestörten emotionalen Regulation zu finden. Auf der affektiven Ebene ist es

17

zum Beispiel die Unfähigkeit, Wut zu kontrollieren. Auf der interpersonellen Wahrnehmungs- und Bewertungsebene sind es massive
Störungen in der Nähe-Distanz-Regulation und damit zusammen-
hängende Trennungs-, Verlust- und Bedrohungsängste. Von solchen
Störungen in der Wahrnehmung und Bewertung des eigenen Selbst
und dessen Beziehung zu anderen wir die Identitätsentwicklung
durchzogen. Wenn Kernberg (2000) von einer Borderline-Persönlichkeitsorganisation spricht, meint er diese spezifische Konstellation intrapsychischer Regulationsbesonderheiten. Die bei der Borderline-Störung bekannten Abwehrmechanismen wie Spaltung und
projektive Identifikation werden als Ausdruck der emotionalen
Regulationsstörung in der Beziehungsgestaltung gesehen, die auf
der gestörten Bindungsentwicklung basiert.

Aus der Beantwortung der ersten Frage ergibt sich, sieht man die
Begrifflichkeit der Borderline-Persönlichkeitsstörung, vermutlich
die nächste Frage: Kann man von einer Borderline-Störung (im Sinne einer Störung der Persönlichkeitsorganisation) schon im Kindes-
und Jugendalter sprechen?

Mit der Bezeichnung des »Borderline-Syndroms« im Titel dieses
Buches wird vor allem die Darstellung und Beschreibung der »borderlinetypischen« Phänomene angestrebt, die in ihrer Qualität der
Zusammengehörigkeit von Erscheinungsbildern beobachtbar und
im Betreuungs- und Therapieprozeß bei borderlinegestörten Kindern und Jugendlichen für jede Bezugsperson spürbar (!) sind. Es
soll die kontroverse Diskussion zu dieser Thematik aufgezeigt und,
ausgehend von einer Untersuchung von Diepold (1995), der entwicklungspsychologische Zugang zu diesem Störungsbild – einer
Störung der Entwicklung der Persönlichkeitsorganisation bereits im
Kindes- und Jugendalter – aus bindungstheoretischer Sicht dargestellt werden.

Dieser Ansatz wird, klassifikatorisch betrachtet, immer Anlaß zu
einer durchaus berechtigten Kritik geben, sieht man besonders die
damit verbundene frühe Stigmatisierungsgefahr. Allerdings hat ein
bindungstheoretisch fundierter Denkansatz, der die sich entwickeln-

de Borderline-Persönlichkeitsorganisation bereits im Kindes- und Jugendalter anerkennt, seine wesentlichste Bedeutung im Herangehen an den Prozeß der Betreuung und Therapie. Im Vordergrund steht die Beachtung der *Komplexität* der Borderline-Störung, einer Komplexität, die die intrapsychische Dynamik einer bindungsfundierten Regulationsstörung der Beziehung und Identität impliziert und nicht die im Entwicklungsverlauf häufig wechselnden beobachtbaren und spürbaren Phänomene in Form von Symptomen.

Ausgehend von diesen Darstellungen wird das erforderliche individuelle und bindungsorientierte Grundverhalten von therapeutischen, sozialpädagogischen und pädagogischen Bezugspersonen in der Arbeit mit borderlinegestörten Kindern und Jugendlichen betont und näher beschrieben. Dabei handelt es sich weniger um die Darstellung von Personenvariablen im Rahmen eines Therapiekonzepts, sondern um die Darlegung eines grundlegenden bindungsfundierten Verständnisses und eines daraus folgenden bindungsmotivierten Handelns, das Personen, die mit borderlinegestörten Heranwachsenden arbeiten, entwickeln müssen. Das betrifft nicht nur die psychotherapeutische oder sozial- und sonderpädagogische Arbeit im engeren Sinne, sondern auch Personen, die in beratenden oder entscheidenden Institutionen wie Jugend- und Sozialämtern arbeiten. Das bindungsorientierte Verständnis und das bindungsmotivierte Handeln von verantwortlichen Bindungspersonen, die diese in jedem Fall sind, sobald sie mit borderlinegestörten Kindern und Jugendlichen zu tun haben, ist von entscheidender prognostischer und präventiver Relevanz für die Betroffenen.

Dieser Grundgedanke gilt ebenso für die Betreuung von betroffenen Kindern und Jugendlichen in Nachfolgeeinrichtungen der Kinder- und Jugendpsychiatrie und -psychotherapie, die Einrichtungen der Jugendhilfe sind. Dulz & Schneider (1997) und Dulz, Schreyer & Nadolny (2000) heben in der stationären Therapie der Borderline-Störung von Erwachsenen neben anderen therapeutischen Variablen besonders die »altende Funktion« hervor. In der entwicklungspsychologisch orientierten therapeutischen Arbeit mit borderlinegestörten Kindern und Jugendlichen erhält diese Funktion eine wesentliche und tragende Bedeutung. Bindungsmuster sind, solange sie noch einer Entwicklungs- und Veränderungsmöglichkeit unterliegen, an die Entwicklungsbedingungen gekoppelt. Solche spezifischen institutionellen Entwicklungsbedingungen ergeben sich in der Betreuungs- oder Therapiesituation in einer Einrichtung der Jugendhilfe, zumal die Betreuung prinzipiell über mehrere Jahre möglich ist. Die komplexe Betreuungssituation soll in diesem Buch als »haltende und aushaltende Bindungsfunktion« dargestellt werden, in der über »professionelle Feinfühligkeit« wechselseitige Bindungsübertragungen erfolgen.

Der Aufbau des Buches

In Teil A werden die borderlinetypischen Erscheinungsbilder als spezifische Symptomkonstellationen im Kindes- und Jugendalter dargestellt. Dabei werden im ersten Kapitel die Zusammenhänge zwischen einer frühen Borderline-Angst und der später folgenden Störung der Beziehungsgestaltung und der Identitätsentwicklung auf unterschiedlichen Ebenen beschrieben. Diese Ebenen von Regulationsstörungen – ich unterscheide zwischen vier Schwerpunkten –, die im beobachtbaren Phänomenbereich auch als Symptomebenen zu verstehen sind, werden als subjektive Erlebenswelten in den Kapiteln 2 bis 5 aufgezeigt, detailliert erläutert und an Fallbeispielen veranschaulicht.

In den Kapiteln 6 und 7 erörtere ich die Wechselwirkungen dieser Phänomene der Regulationsbesonderheiten der Borderline-Störung mit den unterschiedlichen (Bindungs-)Bezugssystemen, d. h. der Familie und therapeutischen bzw. pädagogischen Einrichtungen.

Die theoretischen Grundlagen der Verursachung und Entwicklung der Borderline-Störung stehen in Teil B im Mittelpunkt. In den Kapiteln 8 bis 10 werden die Bindungstheorie, die Theorie der Identitätsentwicklung und, aus beiden abgeleitet, die Grundlagen einer klinisch-entwicklungspsychologischen Perspektive der Borderline-Persönlichkeitsorganisation dargestellt.

20

Teil C thematisiert die Schwerpunkte einer bindungstheoretisch fundierten Grundhaltung in der Betreuung und Therapie von borderlinegestörten Kindern und Jugendlichen. Das Konzept der multimodalen Betreuung formuliert personelle, d. h. therapeutische und pädagogische Anforderungen, bzw. notwendige subjektiv-professionelle Standards. Formale Schwerpunkte dieses Konzepts in der Therapie der Borderline-Störung sind die »sichere Basis« und die Entwicklung von individuellen reflexiven Fähigkeiten.

A

Wie borderlinegestörte Kinder und
Jugendliche sind und was sie selber erleben

1

»Borderline-Angst« und ihre Folgen für die Beziehungsgestaltung und Identitätsentwicklung

Wer kennt sie nicht – Kinder und besonders Jugendliche mit unerklärlichem Verhalten: In Worten und Handlungen geben sie sich aggressiv, fügen sich selbst mutwillig Verletzungen zu, konsumieren Drogen, begehen Diebstähle und Körperverletzungen, und sie zeigen bedrohlich-erpresserisch anmutende Symptome oder Erkrankungen, wie es zum Beispiel Ängste, Zwänge, aber auch die Anorexia nervosa sein können. Wer kennt nicht die als »gestört« empfundenen Verhaltensweisen von Kindern und Jugendlichen, die von Bezugspersonen nicht selten wie undurchschaubare Intrigen geschildert werden: Sie fühlen sich »ausgespielt«, benutzt oder »in Schach gehalten«. Als Therapeut, Betreuer, Erzieher, Mitarbeiter in einer psychotherapeutischen Einrichtung oder als Verantwortlicher im Jugendamt kennt man das Gefühl der eigenen Hilflosigkeit im Umgang mit diesen Kindern und Jugendlichen sowie jene Resignation, die durch Eltern, Lehrer, Erzieher oder Institutionen auf professionelle Helfer übertragen wird. Oder es passiert einem selbst als geschulte Fachkraft, daß man Verführungssituationen erliegt, in denen einen der Schützling von der Unersetzbarkeit der eigenen fachlichen Kompetenz überzeugt, und man sich durch dessen Erwartungen dann unversehens einem Verpflichtungskatalog unterworfen sieht.

Die gestörte Beziehungsgestaltung als Ausdruck einer gestörten Bindungsentwicklung

Die genannten Phänomene beziehen sich insbesondere auf die Ebene der kommunikativen oder interpersonellen Beziehungsgestaltung. Es kennzeichnet sie eine Gemeinsamkeit: die Wirkung, die sie als eine emotionale oder formale Botschaft auf die in der Verpflichtung stehenden Bezugspersonen haben. Dies mag zunächst einseitig oder verkürzt klingen, sieht man die breite und im Verlauf der Entwicklung oft wechselnde Äußerungsqualität der Borderline-Störung oder die Möglichkeit, daß altersabhängig auch andere Störungsbilder differentialdiagnostisch angenommen werden können. Unterschiedliche Erklärungsansätze gehen aber nicht ohne Grund davon aus, daß die sich entwickelnde Persönlichkeitsorganisation, die der Borderline-Störung zugrunde liegt, bereits früh in der Entwicklung durch eine prägende Besonderheit gekennzeichnet ist, die sie von anderen Störungsbildern sofort eindrucksvoll unterscheidet. Diese spiegelt sich im entwicklungspsychopathologischen Verständnis während der Kindheit in externalisierenden Anteilen wider, die Loeber & Hay (1997) als »externalisierende Störung« definieren. Sie steht in einer Prävalenz zur späteren Persönlichkeitsstörung.

Im sozialpsychiatrischen Verständnis wird diese Besonderheit als »Extrovertiertheit« bezeichnet. Der Begriff »extrovertiert« meint eine Störungsqualität, die sich von der psychologischen Dimension »extravertiert« unterscheidet (Extraversion nach C. G. Jung). Die Grundeinstellung der Extraversion beschreibt eine sozial-kommunikative Offenheit, Aufgeschlossenheit, Vertrauensseligkeit oder Kontaktfreudigkeit, während die im Erwachsenenalter als »extrovertiert« bezeichnete Persönlichkeitsstörung (Kartsching, Demal, Lenz & Bergner, 2000) in ihrem Verhalten dadurch dominiert, daß ein Publikum benötigt wird, um mit den oben beschriebenen Symptomen zu appellieren und zu manipulieren oder Bezugspersonen offen und direkt »auszubeuten«. Extroversion ist als ein Mechanismus zu verstehen, der unterschiedliche Ursprünge hat und verschiedene pathologische Bedürfnisse befriedigt. Mit der inszenierten Beachtung durch andere wird die eigene Angst vor Einsamkeit, Verlassenheitsgefühlen und Isolation reduziert. Es findet ein ständiger »Wettlauf« statt: Die Ablehnung, die die Folge dieser Strategien ist, wird immer wieder zu kompensieren versucht. Andererseits ist die Extroversion ein Wirkmechanismus der pathologischen Identitätsfindung: »Ich bin, weil andere ›nach meiner Pfeife tanzen‹, Angst vor mir haben, mich verachten usw.« Es handelt sich dabei um eine Identitätswelt, in der man sich durch die Wirkung auf andere definiert.

Im psychotherapeutischen Verständnis wird das Phänomen der gestörten Beziehungsgestaltung von Menschen mit einer Borderline-Störung ebenfalls mit der Begrifflichkeit der sogenannten »Inszenierung der Borderline-Pathologie« (Janssen, 2000) oder der »symbolischen Re-Inszenierung« von Beziehungsmustern (Clarkin, Yeomans & Kernberg, 2001) im therapeutischen Setting bezeichnet. Die psychotherapeutische Begrifflichkeit verdeutlicht den Sachverhalt der gestörten Beziehungsgestaltung, die besonders durch die Wirkung auf verantwortliche Bezugspersonen zum Ausdruck kommt. Sie geht auf eine Erlebniswelt von Beziehungen und in der frühen Entwicklung von Bindungserfahrungen zurück, egal, ob diese bewußt oder unbewußt das nichtbeobachtbare und beobachtbare Verhalten bedingen.

Diese bereits in der frühen Bindungsentwicklung angelegten und aufgrund von mangelndem Schutz, mangelndem emotionalen Halt oder emotionaler Überforderung in der weiteren Entwicklung verfestigten Erfahrungen sind ohne Zweifel immer subjektiv frustrierend und meist traumatisierend für die Betroffenen. In ihnen zeigt sich stets ein gestörtes Beziehungswechselspiel, das durch ein zentrales Thema bestimmt wird. Das zentrale Thema der borderlinetypischen Beziehungsstörung ist die Angst, eine Angst, die lebensgeschichtlich bedingt ist. Sie basiert auf weit zurückliegenden negativen Bindungserfahrungen. Es ist eine Angst, die auch im weiteren Entwicklungsverlauf aus Mangel an positiver Stabilisierung und Entängstigung bekräftigt wird und somit zu einer subjektiven Realität für die Betroffenen wird.

»Verlaß mich nicht!« Die imperative Angst und ihre Auswirkung

Bei der Angst borderlinegestörter Kinder und Jugendlicher handelt es sich eigentlich um eine zweifache: die Angst, verlassen zu sein, und die Angst, verlassen zu werden. Nach dem Diagnostischen und Statistischen Manual psychischer Störungen, dem DSM IV, ist ein wesentliches Kriterium der Borderline-Persönlichkeitsstörung (301.83) das verzweifelte Bemühen, tatsächliches oder vermutetes Verlassenwerden zu vermeiden (Saß et al., 1996, S. 739). Sieht man diese Angstqualitäten als treibende Motive für auffälliges Verhalten in der Beziehungsgestaltung und Selbstwahrnehmung, wird ein unmittelbarer Zusammenhang mit der Störung in der Bindungsentwicklung deutlich.

Wenn man davon ausgeht, daß die Angst, verlassen zu sein, einen subjektiven, realen Erlebnishintergrund reflektiert und die Angst, verlassen zu werden, eine ängstliche Phantasie oder Erwartungsangst widerspiegelt, stellt sich die Frage: Wie entstehen diese beiden Angstqualitäten?

Aus der Säuglingsforschung ist bekannt, daß Angst als Primäraffekt eine der psychobiologischen Verhaltensausstattungen des Säuglings ist. Unter affektiver Disposition versteht man ein breites Band von Basis- oder Primäraffekten, die zu den angeborenen Verhaltensweisen des Säuglings gehören. Dornes (1998) beschreibt anhand von Gesichtsausdrucksmustern sieben bis acht dispositionelle Affekte, etwa Angst, Freude oder Ekel. Das frühe und anfangs eher physiologisch gesteuerte System der Affekte ist wahrscheinlich die Basis für die Entwicklung der lebenserhaltenden Bindungsbeziehungen (»versorge mich«) und der damit in Verbindung stehenden Entwicklung der Persönlichkeitsorganisation. Dieses System basiert auf frühen Wahrnehmungen und dem affektiven Leistungszirkel eines aktiven und »kompetenten Säuglings« (Dornes, 1997). Nach Kernberg (1994) sind die Affekte, die darunter verstanden werden, die Brücke zwischen biologischen und psychologischen Determinanten in der Entwicklung der Persönlichkeitsorganisation. Bei sechs bis acht Wochen alten Säuglingen können aversive Reize gezielt angstauslösend sein (Oerter & Montada, 1995; Resch, 1996). Eine komplexere Furcht kann ab dem 6. bis 7. Lebensmonat vom Säugling empfunden werden (Dornes, 1997), jedoch können Säuglinge in den ersten Lebenswochen und -monaten nicht phantasieren. Es kann kein inneres Bild, das unabhängig von der Umwelt ist, als zeitlich überdauernde innere Repräsentation (Symbolisierung) aufrechterhalten werden. Man kann die Tendenz nachweisen, daß Säuglinge in dieser Altersphase die inneren Bilder in Gefühle umwandeln (Dornes, 1998). Die in der Entwicklung implizierte frühe Angst hat damit bei der Borderline-Qualität einen realen, pathogen ausgelösten Hintergrund.

In der Ursachenforschung über die Entwicklung der Borderline-Störung kann man unterschiedliche Erklärungsansätze finden, die meist auf empirische Studien der Säuglingsforschung zurückgehen. Bedeutsam ist, daß in der frühesten Entwicklung (erste Lebenswochen oder -monate) nicht zwingend traumatische Erlebnisse im Sinne eines realen Traumas für die frühe Angstentwicklung bei der Borderline-Störung entscheidend sind.

Schwere Disharmonien in der Interaktion von Bezugspersonen und Kind regen die Aktivierung der dispositionell-affektiven Angst des Kindes in inadäquater Weise an. Die Mutter-Kind-Interaktion wird eher der Regelfall sein, sieht man aber die große Zahl der frühen Kindesadoptionen bei späteren Borderline-Karrieren, möchte ich dies auch auf die Bezugspersonen beziehen. Milch (1998) gibt eine umfassende Übersicht über Ansätze und Untersuchungen, die die Störung der Mutualität, der gegenseitigen affektiven Abstimmung zwischen Mutter und Kind, betreffen. Danach können die Disharmonien in der Entwicklung bereits auf den Erwartungs- und Bindungsmustern basieren, die Eltern ihrem Kind entgegenbringen. Geht man davon aus, daß der biologische Auftrag des Säuglings ist, gebunden zu werden (»kümmere dich um mich«), sind natürlich die Fähigkeiten der Mutter, Eltern bzw. Bezugspersonen entscheidend, also inwieweit Bindung (Schutz und Harmonie) gegeben werden kann und welche eigenen Bindungsmuster und -erfahrungen sie mitbringen. Traumatisierende Disharmonien der Mutter-Kind-Interaktion sind z.B. mangelhafte und inadäquate emotionale Begleitung des Kindes durch die Mutter. Die mütterliche Bindungsprägung (bonding) unmittelbar nach der Geburt, ein hormonell gesteuertes mütterliches Verhalten der emotionalen Begleitung, ist dabei der erste Schritt einer möglichen traumatisierenden Entwicklung. Im weiteren Verlauf können die traumatisierenden Disharmonien durch eine Störung des sogenannten intuitiven Elternverhaltens in den ersten Wochen und Monaten entstehen, in denen keine Affektkontinuität beim Säugling erzeugt wird. Milch betont die Bedeutung der Störung der Mutualität, die über die Steuerung des Blickkontakts und der begleitenden motorischen Abläufe reguliert wird.

Diese frühen traumatisierenden Erfahrungen von affektiver Disharmonie in der Interaktion münden ab dem 6. bis 8. Lebensmonat, dem Beginn der Entwicklung der Lokomotion (der motorischen Entwicklung – Krabbelalter mit der Fortbewegung von der Mutter) und der »eigentlichen« Bindungsentwicklung (attachment), in reale Trennungsängste (Bowlby, 1961). Nichtverfügbarkeit, Ablehnung, Zurückweisung sind dann ein massiver Ausdruck der fehlenden elterlichen Feinfühligkeit.

Die Angst, verlassen zu werden, ist hingegen eine phantasierte Erwartungsangst. Folgt man den Ergebnissen der Säuglingsforschung, so ist diese ab dem 10. bis 12. Lebensmonat möglich (Dornes, 1998). Die phantasierte Erwartungsangst setzt eine frühe Lernerfahrung und subjektive Verarbeitungsqualität voraus. Sie folgt auf die traumatische Angstfixierung und reale Trennungsangst der ersten Lebensmonate.

Die Angst bei der Borderline-Störung vereint beide Qualitäten. Die pathogene und reale primäre Angsterfahrung in den frühen Lebensmonaten entwickelt sich zu einer gesteigerten Empfindsamkeit, d. h. zu einer Vulnerabilität (Dulz, 1999; Dulz et al., 2000). Da diese der pathogenen affektiven Regulation der Bindungsentwicklung entspringt, sei sie hier Bindungsvulnerabilität genannt.

Die weiterhin risikobesetzte gestörte Bindungsentwicklung basiert auf dem wechselseitigen Prozeß der Entwicklung der Hirnstrukturen und den gestörten sozialen Bindungskontakten. Prospektive Längsschnittstudien bestätigen die Vermutung, daß bei borderlinegestörten Kindern und Jugendlichen in der frühen Entwicklung eine komplette Bindungsdesorganisation (Main & Solomon, 1986) oder zumindest eine unsichere Bindungsentwicklung vorgelegen haben muß. Durch Lern- und Erfahrungsprozesse in der weiteren Entwicklung konstituieren sich frühgestörte Affekte zu immer differenzierteren emotionalen Qualitäten hin zu einer emotionalen Regulationsstörung.

Die Entstehung von Bindung (später auch als Erfahrung von Schutz oder Trauma) und Identität im Lebenslauf realisiert sich über die Entwicklung von affektiven Grundmustern zu emotionalen Regulationsstrukturen, mit denen die weitere Beziehungsgestaltung zu anderen Personen erfolgt. Die Qualität der Bindungsbeziehung überträgt sich im Entwicklungsverlauf als zwischenmenschliche Lernerfahrung auf die Beziehungsgestaltung zu allen späteren sozialen Bezugspersonen. Situationen wie Beziehungsaufnahme, Schutz- und Hilfesuche, Aufrechterhaltung von Beziehung und Trennung sind immer mit intensiven, auf die frühen Affekte zurückgehenden Gefühlen verbunden. Solche emotionalen Lernerfahrungen konstituieren sich im Entwicklungsverlauf über individuelle Anpassungsprozesse zu sogenannten internalen Arbeitsmodellen oder Bindungsrepräsentanzen. Internale Arbeitsmodelle sind relativ verfestigte, innere emotionale, aber auch kognitive (Erfahrungswissen) Strukturen, mit denen das Verhältnis von sozialer Anpassungsfähigkeit und Autonomie (Abgrenzung der eigenen Person gegen andere) im Lebenslauf realisiert wird.

Im Prozeß der affektiven Mutualitätsentwicklung und der Bindungsentwicklung wird die Selbstempfindung reguliert. Es entwickeln sich Selbst- und Objektbilder, Selbst- und Objektgrenzen und schließlich Selbst- und Objektrepräsentanzen. Ähnlich wie bei den Bindungsrepräsentanzen gibt es bei der Entwicklung von Selbstwahrnehmung und Selbstempfindung hin zur Bildung der

Identität internale Arbeitsmodelle, die ihrerseits die sozial-kommunikative und emotionale Beziehungsgestaltung bestimmen.

Dieser kurze Vorgriff auf die weitere Entwicklung soll die Konsequenzen der frühen realen und phantasierten Angstfixierung verdeutlichen. Die pathologisch ängstliche Bindungsvulnerabilität und die sich daraus in den ersten Entwicklungsjahren ergebende phantasierte Erwartungsangst haben Auswirkungen auf die spätere Beziehungsgestaltung, auf die Wahrnehmung anderer Personen und das Erleben von sich selbst. Da aufgrund dieses Erlebens ständig mit erneuter Einsamkeit, Schutzlosigkeit, Bedrohung, Verlassenheit, Vernachlässigung und Mißachtung gerechnet wird, entwickelt sich diese Angst ungerichtet, diffus. Dulz & Schneider (1997) sprechen von einer frei flottierenden, diffusen Angst, die sie als »Borderline-Angst« bezeichnen.

Nach eigenen Erfahrungen und den entsprechenden Untersuchungen muß man eher der These folgen, daß die »Borderline-Angst« der zentrale Affekt der Borderline-Störung ist und nicht die Wut, wie Kernberg meint (Dulz, 1999; Hofmann, 2000). Wut, Haß, Verzweiflung, Ohnmacht und die daraus entstehenden aggressiven Verhaltensweisen oder anderen Formen extrovertierten Verhaltens sind eher Folgen von Trennungsangst bereitendem Traumatisierungserleben in der Kindheit mit Wiederholungscharakter im Jugendalter. Im bindungstheoretischen Verständnis müssen diese nicht zwingend an ein Realtrauma (tatsächliche Trennung) gebunden sein. Auch emotionale Vernachlässigung und emotionale Nichtverfügbarkeit von Bindungs- bzw. Schutzpersonen, Androhung von Weggabe und körperlichen Sanktionen und familiäre Tabuisierungen sind traumatisierende Einflüsse, die die »Borderline-Angst« produzieren können. Sie können das Kind hilflos und ohnmächtig machen und aggressive Mechanismen als emotionale Regulationsvarianten auslösen.

Die Gefühlsqualitäten Wut und Haß prägen die ursprünglich frei flottierende, diffuse »Borderline-Angst« in der Beziehungsgestaltung als fordernde, zwingende, bindende Angstqualität – die imperative Angst. Diese wiederum äußert sich in der kommunikativen Beziehungsqualität, nämlich in der erwähnten Hilflosigkeit und

Ohnmacht der Bezugspersonen, die gerade im Kindes- und Jugendalter für die Sozialisation und die Psychogenese verantwortlich sind. Wechselnde Symptome mit aggressiv-destruktiven und selbstdestruktiven, dann wieder klammernd und manipulativ-intrigierend erlebten Verhaltensweisen sind nur einige mögliche Mechanismen der Entäußerung der Borderline-Störung und prägen wesentlich das Erscheinungsbild im Kindes- und Jugendalter (Hofmann, Ettrich & Huth, 2001). Sie stehen in Verbindung mit Selbstwertstörungen und Gefühlsdefiziten in Form situationsinadäquater emotionaler Reaktionen, sozialer Anpassungsschwierigkeiten bzw. Kontaktstörungen und sekundärer Leistungs- bzw. Motivationsstörungen. Im weiteren Verlauf des Bewältigungs- und Anpassungsprozesses der Bindungs- und Beziehungsentwicklung wird die »Borderline-Angst« durch soziale Untauglichkeit und mißglückte Kompensations- oder Anpassungsversuche in der Beziehungsgestaltung zunehmend bekräftigt.

Die Borderline-Störung des Kindes- und Jugendalters unterscheidet sich psychodynamisch und motivational von anderen extrovertierten Störungsqualitäten, z. B. von histrionischen und ängstlichen Lebensstrategien. Histrionisch bedeutet: Dramatisierung bezüglich der eigenen Person, theatralisches Verhalten, übertriebener Ausdruck von Gefühlen, leichte Beeinflußbarkeit sowie Mittelpunkts- und Aufmerksamkeitsstreben. Die »Borderline-Angst« ist in diesem Verständnis nicht gleichzusetzen mit der Verlassenheitspanik oder der Trennungsangst (Rehberger, 1999) im Rahmen der Angstneurose.

Die frei flottierende, diffuse und in der Beziehungsgestaltung imperative »Borderline-Angst« zeigt sich in der zwischenmenschlichen Beziehungsgestaltung durch Unstetigkeit oder Instabilität. Einerseits fällt eine ängstliche Suche nach Nähe, Bestätigung, Schutz und Halt auf, andererseits dominiert eine massive Angst vor Nähe, Enttäuschung, vor dem Gefühl, abgelehnt und zurückgestoßen zu werden. Die Besonderheit der emotionalen Nähe-Distanz-Regulation ist ein Grund dafür, daß Kontakte nicht lange ausgehalten werden und eine soziale Integration kaum möglich ist. Die emotionale Nähe-Distanz-Regulation der Borderline-Störung ist immer chaotisch und schmerzhaft für die Kinder und Jugendlichen wie für die verantwortlichen Bezugspersonen. Sie hängt wie ein Damoklesschwert über dem Leben der Betroffenen. In den von uns untersuchten Lebensläufen von Kindern und Jugendlichen ist häufig die Bezeichnung »Gruppenunfähigkeit« zu finden, meist mit Beginn des 3. bis 4. Lebensjahres. Wie ein roter Faden ziehen sich derartige Beurteilungen durch Kindertagesstätten, Schulen und Jugendämter durch den Lebenslauf der Betroffenen.

Wie sich die »Borderline-Angst« äußern kann – die Studie

Die »Borderline-Angst« repräsentiert die innere Erlebenswelt der borderlinegestörten Kinder und Jugendlichen. Sie ist in dieser Form, von außen gesehen, wenig nachvollziehbar. Kaum ein borderlinegestörtes Kind wird seine Angst direkt und verbal zum Ausdruck bringen. Hier möchte ich nochmals an die einleitenden theoretischen Bemerkungen erinnern. Die Borderline-Störung ist eine Störung der emotionalen Regulation. Die Betroffenen sind kaum, manchmal gar nicht in der Lage, Gefühle wahrzunehmen, zu erkennen oder auszudrücken. Noch stärker wirkt sich die angstmotivierte Störung der emotionalen Regulation auf die Wahrnehmung, das Erkennen und Ausdrücken dieser Gefühle gegenüber anderen aus. Fonagy spricht in diesem Zusammenhang von einer Störung der Selbstreflexivität (Daudert & Eckert, 2002; Daudert, 2001).

Eine Folge der »Borderline-Angst« und der emotionalen Regulationsstörung ist die Produktion von Symptomen, mit denen das Selbstempfinden und die Beziehung zu anderen in pathologischer Qualität reguliert werden. Dulz & Schneider (1997) sprechen dabei von der deskriptiven Ebene, der Ebene der beschreibbaren Erscheinungen. Die Symptome drücken pathologische Anpassungs- oder Regelungsversuche aus und beinhalten individuelle Bindungsbotschaften an verantwortliche Bezugspersonen, d. h. jedes Symptom hat einen Adressaten (extrovertierte Qualität). Es sei an dieser Stelle nochmals darauf hingewiesen, daß die Borderline-Störung nicht

durch Symptome, Erscheinungsbilder oder vielfältige Krankheits-
bilder definiert wird. Die Besonderheiten der spezifischen Border-
line-Persönlichkeitsorganisation zeigen sich in der emotionalen
Störung der inneren Erlebenswelt, der Bindungsregulation und der
Regulation der Selbstempfindung (Identitätsentwicklung). Dulz &
Schneider (1997) sprechen hier von der strukturellen Ebene.
Gemeint ist die Ebene der Ich-Struktur, dem angenommenen Kern
der Persönlichkeit.

In einer eigenen Studie von 1999 (Hofmann, Ettrich & Huth, 2000)
untersuchten wir Heimkinder unterschiedlicher Einrichtungen, bei
denen in psychiatrischen Befundberichten hinsichtlich der symptomatischen Ausprägung Hinweise auf eine Borderline-Störung im
Kindes- und Jugendalter nachvollziehbar waren. Das Kriterium war,
daß mindestens fünf Symptome nach DSM IV im Sinne der Borderline-Störung in der Epikrise benannt sein mußten bzw. die Diagnose
Borderline-Syndrom oder Borderline-Störung aufgestellt worden
war.

Untersucht werden sollte auch, wie früh in der Entwicklung Hinweise auf eine Borderline-Störung mit einer Heimeinweisung korre-
liert sind. Da die Einweisungsmodi in eine Heimbetreuung nicht
vergleichbar waren und keine durchgehende diagnostische Untersuchung für alle Kinder und Jugendlichen der Heimeinrichtungen vorhanden war, bezieht sich diese unsystematische Aufstellung (Tabelle 1) lediglich auf Kinder und Jugendliche mit der Diagnose einer
Borderline-Störung. Sie erhebt daher keinen Anspruch auf Verallge-
meinerung, sondern dient mehr der Illustration des Anliegens.

In dieser Stichprobe konnten bei 25–80 % der untersuchten Kinder und Jugendlichen nachvollziehbare diagnostische Hinweise auf
eine Borderline-Störung nachgewiesen werden. Im Durchschnitt
hatten die Kinder bis zum 11. Lebensjahr dreimal einen Wechsel des
Bezugssystems erlebt. Dabei überwogen der Wechsel vom Elternhaus in eine Heimeinrichtung und zurück, um dann erneut in eine
Heimeinrichtung eingewiesen zu werden, bzw. der Wechsel vom
Elternhaus in eine Pflegefamilie und dann in eine Heimeinrichtung.

Tabelle 1: *Kinder und Jugendliche mit einer Borderline-Störung in Heimbetreuung*

Altersverteilung	männlich	weiblich
8 Jahre	2	0
9 Jahre	4	0
10 Jahre	7	1
11 Jahre	5	3
12 Jahre	13	2
13 Jahre	8	5
14 Jahre	5	2
15 Jahre	11	3
16 Jahre	8	2
17 Jahre	15	5
18 Jahre	6	1
Gesamt:	**84 (77,8 %)**	**24 (22,2 %)**

Bei allen war mindestens einmal eine stationäre psychiatrische Einweisung erfolgt. Bei den Jugendlichen ab dem 12. Lebensjahr war durchschnittlich fünf- bis sechsmal ein Abbruch der Beziehung festzustellen, wobei hier die Häufigkeit des Wechsels von Heimeinrichtungen dominierte, der in den meisten Fällen durch stationäre psychiatrische Unterbringungen unterbrochen wurde. Seltener, nur zu 20%, kehrten die Jugendlichen nach der stationären psychiatrischen Unterbringung wieder in die alte Heimeinrichtung zurück. Deutlich wurde, daß der Wechsel und damit die Beziehungsabbrüche mit dem Beginn der Pubertät zunahmen.

Bei 80% der untersuchten Kinder und Jugendlichen waren bis zum Alter von sechs Jahren »Entwicklungs- und Verhaltensauffälligkeiten« nachweisbar (zusammengefaßt): bei 70% Aggression, 40% »Gruppenunfähigkeit« (Beziehungsstörungen), 35% Ängste, 30% Hinweise auf psychosomatische Symptome, 60% Lern- und Leistungsschwierigkeiten.

Tabelle 2 zeigt die Symptomverteilung der erhobenen Stichprobe. Für die Analysen der Erscheinungsbilder wurden Angaben aus Entwicklungsberichten der Jugendämter, aus Epikrisen der psychiatrischen Einrichtungen und Berichten der Erzieherinnen und Erzieher der Heimeinrichtungen einbezogen.

Tabelle 2: Häufigkeitsverteilung der Symptome für die »Heimpopulation«

Kardinalsymptomatik (Symptomgruppierungen)	männlich (N = 84)		weiblich (N = 24)	
Delinquenz (bereits strafrechtlich registriertes Verhalten)	53	63,1 %	12	50,0 %
Substanzenmißbrauch	24	28,6 %	9	37,5 %
impulsive Aggression	54	64,3 %	16	66,7 %
Selbstdestruktion	42	50,0 %	11	45,8 %
parasuizidale Handlungen (Suizidversuche)	13	15,5 %	5	20,8 %
depressive Symptome	22	26,2 %	10	41,7 %
multiple Angstsymptomatik	11	13,1 %	9	37,5 %
Zwangshandlungen als Ausdruck der Angstkompensation	8	9,5 %	3	12,5 %
extreme Stimmungslabilität	21	25,0 %	16	66,7 %
psychosomatische Symptome	7	8,3 %	8	33,3 %
präpsychotische Symptome	11	13,1 %	3	12,5 %
Störung der Sexualität: provokantes und riskantes Sexualverhalten	21	25,0 %	13	54,2 %
Eßstörungen: Anorexia nervosa Adipositas	1 11	1,2 % 13,1 %	5 3	20,8 % 12,5 %

Die genannten Symptome führen dazu, daß Pendeltür-Karrieren schon frühzeitig beginnen, betrachtet man besonders die Folgen der emotionalen Qualitäten von Wut und Haß, die sich in ungesteuerten, impulsiv-aggressiven Verhaltensweisen zeigen. Die Betroffenen sind unfähig, sozial und situativ angemessen zu reagieren und eigene Affekte zu steuern, soweit deren Wahrnehmung überhaupt möglich ist und die Notwendigkeit dazu erkannt wird. Die Folgen sind reale Ablehnung, Ausgrenzung und in letzter Konsequenz die Abschiebung in eine andere Kindergruppe, Klasse, Familie oder Betreuungseinrichtung der Jugendhilfe.

Die Klassifikation und Zusammenfassung der erhobenen Erscheinungsbilder herrschen impulsiv-aggressives Verhalten, Delinquenz und Selbstdestruktion (selbstverletzendes Verhalten) als aggressiver Symptomkomplex vor (siehe Verteilungscharakteristik der Tabelle 2). Der Zusammenhang zwischen Angst, Aggression und Delinquenz (Dulz & Jensen, 1997) wird in Kapitel 2 (S. 91 ff.) des Buches behandelt. Bei weiblichen borderlinegestörten Kindern und Jugendlichen ist die gestörte Sexualität meist im Sinne des riskanten Sexualverhaltens hochprozentiger besetzt.

Entgegen bekannten Verteilungsmustern überwiegt in der Heimpopulation das männliche Geschlecht, ohne daß wir einen genauen Bezug auf die Gesamtpopulation von Heimkindern diskutieren können. Ein in der Praxis beobachtbares Phänomen, das andeutungsweise in der Erhebung sichtbar wird, »deckt« sich mit eigenen Erfahrungen: Weibliche borderlinegestörte Kinder und Jugendliche sind in ihren Verhaltensweisen oft aggressiver und damit wesentlich schwieriger zu betreuen. In den folgenden Kapiteln werden die einzelnen Symptome in ihrer Erscheinungsform näher beschrieben.

2

Das subjektive Erleben bei Regulationsstörungen der affektiven Entwicklung

»Ich bin einer, der sich in das rettet, was ihn zerstört.«

GERHARD MELL (1996)

Die problematischen Verhaltensweisen von borderlinegestörten Kindern und Jugendlichen sind »extrovertierte Verhaltensstrategien«, die als Inszenierung der inneren Konflikte auf die Beziehungswelt übertragen und dort ausagiert werden. Motor dieser Verhaltensstrategien ist die frei flottierende, diffuse und imperative »Borderline-Angst«.

Die subjektive Erlebenswelt der Borderline-Störung

Besonders in Situationen, in denen Verlassenheits-, Trennungs- und Bedrohungsängste real vorliegen bzw. phantasiert werden (was meist der Fall ist), wird die »Borderline-Angst« aktiviert. Gerade im Kindes- und Jugendalter werden vielfältigste Situationen in der zwischenmenschlichen Beziehungsgestaltung, in der Leistungsanforderung oder in der »pädagogischen Grenzsetzung« mit Verlassenheits-, Trennungs- und Bedrohungsphantasien besetzt, die sofort und ohne Aufschub reguliert werden müssen.

Die Verhaltens- und Reaktionsweisen von borderlinegestörten Heranwachsenden unterscheiden sich allerdings, sie variieren wie auf einem Kontinuum. Der eine Pol dieses Kontinuums dokumentiert aggressive, impulsive Qualitäten mit unkontrolliert-destruktiven selbst- und fremdgefährdenden Verhaltensweisen. Diese sind, bezogen auf die Situation, in höchstem Maße inadäquat, unreif und oftmals stark regressiv. In der Diagnostik von borderlinegestörten Kindern und Jugendlichen, bei denen diese Verhaltensweisen im Mittelpunkt stehen, können deutliche Defizite in der Wahrnehmung, Regulation und im Ausdruck von Gefühlen nachgewiesen werden. Ebenso zeigen sich Defizite in der Realitätsorientierung. Die Betroffenen verkennen Situationen und Personen. Die Fähigkeit zur Prüfung dessen, was in einzelnen sozialen Situationen real vor sich geht, ist hier stark subjektiv und wird von den genannten Gefühlsdefiziten geprägt. Der Grad der sozialen Anpassungsfähigkeit und Integration ist sehr gering.

Der andere Pol des Kontinuums repräsentiert Verhaltensweisen, in denen scheinbar geplant manipulierende und intrigierende Verhaltensqualitäten zum Ausdruck kommen. Situationen und Personen werden aufgrund eines egozentrisch-subjektiven Erlebens bewertet und eingesetzt, um die eigene Angst (»Borderline-Angst«) zu reduzieren. Dieses Verhalten setzt im Vergleich zum erstgenannten Pol eine bessere Realitätsorientierung voraus – die Personen sind eher in der Lage, soziale Situationen zu erkennen und darauf nach eigener Bedürfnislage zu reagieren. Die Wahrnehmung, Bewertung und der Ausdruck von Gefühlen ist auf dieser Seite des Kontinuums nicht so sehr durch die Qualität der Unfähigkeit gekennzeichnet, sondern durch eine Fehlregulation von pathologischer Ausprägung. Der Grad sozialer Anpassungsfähigkeit und damit sozialer Integration ist hier potentiell höher, allerdings führt die pathologische Ausprägung der emotionalen Regulation zu weiteren Anpassungsdefiziten.

Bei erwachsenen Borderline-Patienten kann man beobachten, daß beide Pole des Kontinuums relativ stabil besetzt sind, also *eine* Verhaltensstrategie überwiegt. Bei Kindern und Jugendlichen dagegen sind stärkere und schnell erfolgende Verhaltensvariationen beobachtbar. Im entwicklungspsychologischen Verständnis hat sich bei ihnen noch keine individuelle Verhaltensstrategie herausgebildet. Eine Erklärungsmöglichkeit dafür ist, daß im Entwicklungsverlauf unterschiedliche Wirkungsweisen erprobt werden und sich daraus ein Verhaltensmuster entwickelt, das die Fehlanpassung oder Anpassung mehr oder weniger reguliert. Eine weitere Erklärungsmöglichkeit läge in dem schnellen Wechsel zwischen unterschiedlichen Entwicklungsniveaus, den Diepold (1994) beschreibt. In ihrer Untersuchung stellt sie fest, daß borderlinegestörte Kinder belastungsabhängig im plötzlichen und schnellen Wechsel (Instabilität) einmal altersentsprechend, ein anderes Mal kleinkindhaft-regressiv und dann wieder »frühreif« reagieren.

In unseren Untersuchungen zeigt sich, daß im Laufe der Entwicklung ein Trend in Richtung des zweiten Pols stattfindet. Dominierten im Kindes- oder frühen Jugendalter noch impulsiv aggressive Verhaltensweisen, sind es im späten Jugendalter eher die manipulierenden. Sie äußern sich meist im Erleben von eigener selbstüberschätzender Größe, der egozentrischen Abschätzung der sozialen Situation zum eigenen Vorteil und der Ausnutzung anderer Personen. Diese scheinbare Spontanremission, betrachtet man die verbesserte soziale Anpassungsfähigkeit, kann in erster Linie bei Betroffenen beobachtet werden, bei denen die soziale Einbindung (die Bindungsstruktur) über den Entwicklungsverlauf erhalten blieb (z. B. keine Heimeinweisungen). Bei Kindern und Jugendlichen unter familienfremden Entwicklungsbedingungen ist nach unseren Untersuchungen die »Spontanremission« hingegen nicht zu beobachten. Entwicklungs- und Reifungsprozesse zur verbesserten Realitätsprüfung sind hier unter langjährigen therapeutisch-pädagogischen Interventionsbedingungen eine Zielgröße.

Unabhängig davon, welchem Pol der Verhaltensbesonderheiten borderlinegestörte Kinder und Jugendliche zuzuordnen sind, ist deren inneres Erleben in besonderer Weise gekennzeichnet. Intensität und Qualität des inneren Erlebens bestimmen allerdings, auf welchem Pol des Kontinuums man die entsprechenden Verhaltensweisen lokalisiert.

Empirische Untersuchungen zeigen, daß eine normale affektive Entwicklung unter adäquaten Bindungsbedingungen die ganzheitliche

Wahrnehmung von Bezugspersonen (frühe interpersonelle Austauschprozesse) begünstigt und ermöglicht. Frühe Trennungs-, Verlust-, Versagens- und Bedrohungsphantasien bzw. Traumatisierungen und daraus folgende »Borderline-Ängste« haben aber zu Mechanismen geführt, durch die sich die affektive Steuerung, die mentale Reflexion und die emotionale Bewertung der eigenen Person sowie anderer Personen verändert. Gleiches gilt für die emotionale Ausdrucksfähigkeit gegenüber Mitmenschen. Außerdem wirkt sich die »Borderline-Angst« auf die Fähigkeit zur Konfliktregulation aus. Zach (2000) konnte in einer Längsschnittstudie feststellen, daß bei Vorschulkindern die Art der Konfliktlösung und Verhaltensregulation mit der Bindungsqualität im Zusammenhang steht und sogar aus den frühen Bindungsmustern im Kleinkindalter vorhersagbar war. Auch die Bevorzugung von Konfliktlösungsstrategien, der Affektausdruck und die Kommunikationsbereitschaft gegenüber fremden Personen spielen eine Rolle.

Hat die frühe affektive Entwicklung in der Eltern-Kind-Interaktion eine pathologische Qualität durch Defizite bezüglich elterlicher Feinfühligkeit oder reflexiver Fähigkeiten, ergibt sich als Folge eine Störung der Identitäts- und Bindungsorganisation, d. h. es besteht kein konsistentes Selbst- (innere Selbstrepräsentanzen) und Fremdbild (Personen- oder Objektrepräsentanzen), ebensowenig die Fähigkeit, eigene und fremde Befindlichkeiten zu reflektieren. Fonagy (1989) betont in diesem Zusammenhang den Begriff der Selbstreflexivität, eine Qualität der Reflexion des eigenen mentalen Befindens und des Einfühlungsvermögens in das mentale Befinden anderer. Die Störung der Selbstreflexivität steht im Zusammenhang mit erfahrungsbedingten, inkonsistenten Bindungsverhaltensweisen gegenüber anderen Personen. Es existiert kein personelles und interpersonelles Schema von Stabilität, demzufolge keine emotionale Verbindlichkeit bzw. Regelhaftigkeit und keine gelernte Erfahrung von Schutz. Diese Defizite bedingen die »Borderline-Angst«. Subjektive affektive Spannungen sind die Folge.

Die gestörte ganzheitliche Wahrnehmung führt lediglich zur Wahrnehmung einzelner Teilbereiche von Personen, Beziehungssituationen und der eigenen Person. Man geht davon aus, daß ebenso frühzeitig, wie die »Borderline-Angst« entsteht, die selektive Wahrnehmung dazu führt, daß sich komplexe affektive und später emotionale Regulationsmechanismen entwickeln, die der Kompensation der »Borderline-Angst« und damit der Spannungsreduktion dienen.

Dieses *komplexe System der Regulationsstörungen* kennzeichnet die Borderline-Störung als umschriebenes Störungsbild im Sinne der Borderline-Persönlichkeitsorganisation.* In diesem und den folgenden Kapiteln sollen die Regulationsstörungen voneinander abgegrenzt und eingehend erläutert werden.

Die genannten Defizite und Schwierigkeiten der Wahrnehmung und Reflexion von Gefühlen (was fühle ich?), ihrer Bewertung (wie fühle ich, wie geht es mir?) und ihres Ausdrucksvermögens (körperlicher, sprachlicher bzw. körpersprachlicher Ausdruck) kann man bei borderlinegestörten Kindern und Jugendlichen, wenn man mit ihnen in Kontakt tritt, nicht leicht nachvollziehen. Auf die Frage nach ihrem Befinden können sie in der Regel keine Antwort geben. Erfolgt der kooperative Versuch der Befindlichkeitsbeschreibung, dann wird deutlich, daß die dargestellten Inhalte nicht dem augenblicklichen Erlebensbild entsprechen. Eine Erinnerung an Gefühle (»Was ging in dir vor, als du einfach weggelaufen bist?«) kann noch weniger realisiert werden. Ebenso sind die verbalen, nonverbalen und motorischen Ausdrucksfähigkeiten gestört.

Bei Untersuchungen dieser Kinder und Jugendlichen wurden sogenannte paraphrastische (umständlich umschreibende) Qualitäten in der verbalen Äußerung und bizarre Bewegungsmuster in der motorischen Entwicklung festgestellt (Stadelmann, 2000). Die

---

* Unter Borderline-Persönlichkeitsorganisation verstehe ich im Entwicklungskontext des Kindes- und Jugendalters die Gesamtheit aller sich entwickelnden affektiven und reflexiv-emotionalen Regulationsbesonderheiten, basierend auf einer Wechselwirkung mit der Bindungs- und Identitätsentwicklung, die initial mit den typischen gestörten affektiven Prozessen der frühen »Borderline-Angst« in Verbindung stehen. Die Borderline-Persönlichkeitsorganisation bezeichnet ein Kontinuum unterschiedlicher pathologischer Anpassungs- und Bewältigungsqualitäten an die Entwicklungsanforderungen bzw. Lebensaufgaben im Sinne von Havighurst (1982); sie bedingt die Borderline-Störung.

Betroffenen sind durch ihre inneren Zustände verwirrt, irritiert, teilweise hilflos. Sie nehmen das innere Chaos, den oftmals schnellen Wechsel von Befindlichkeitszuständen im besten Fall noch wahr, aber sie verstehen sich selbst nicht mehr. Häufig beschreiben sie eine unkontrollierbare innere Leere.

Die Unfähigkeit, Wut zu kontrollieren

Die borderlinetypische Unfähigkeit zur Kontrolle von Wut ist eine direkte Folge der »Borderline-Angst«. Auf reale und phantasierte Trennungs-, Verlust-, Versagens- und Bedrohungssituationen folgen prompt und ohne Aufschub Wutgefühle. Die Beziehung von Angst und Wut bei der Borderline-Störung bzw. deren theoretische Positionierung habe ich im ersten Abschnitt thematisiert.

Bei der Unfähigkeit, Wut zu kontrollieren, handelt es sich im psychologischen Verständnis um eine Qualität der Frustrationsintoleranz. Der Begriff Frustrationstoleranz stammt von Rosenzweig (1938) und bedeutet die Fähigkeit, innere Spannungen über eine längere Zeit auszuhalten. In unseren Untersuchungen von Jugendstraftätern, bei denen eine Borderline-Persönlichkeitsorganisation nachgewiesen werden konnte, zeigte sich ebenfalls, daß die sogenannte Ambiguitätstoleranz gestört ist. Diese drückt, psychologisch gesehen, die Fähigkeit aus, Vieldeutigkeiten (z. B. in der Beziehungsgestaltung) und Unsicherheiten zur Kenntnis zu nehmen und zu ertragen. Ambiguitätsintoleranz ist somit Ausdruck einer Störung der Reflexion von Gefühlen, die man sich selbst und anderen Personen entgegenbringt.

Bei jüngeren Kindern zeigt sich die Unfähigkeit, mit der eigenen Wut umzugehen, in ausgeprägt trotzigen Verhaltensweisen, die weit über das Trotzalter hinausgehen und besonders in späteren Lebensabschnitten (6 bis 10 Jahre) sehr kleinkindhaft und regressiv vorgetragen werden. Eine borderlinetypische Abgrenzung ist sicher schwierig – nicht jedes trotzige Verhalten eines Kindes weist auf eine Borderline-Störung hin. Aus im späteren Lebensalter erhobenen Patientenanamnesen wird jedoch deutlich, daß die Trotzreaktionen extreme und unangemessen zornige Qualitäten hatten. Außerdem existieren sie als relativ stabiles Verhaltensmuster von früher Kindheit an. Diese Kinder »rasten völlig aus«.

Extremer Zorn verbindet sich mit völlig unangemessenen Reaktionen in fast jeder Alltagssituation, speziell da, wo Begrenzung, Konsequenz oder Verbindlichkeit gefordert werden. Bei genauerer Betrachtung zeigt sich, wie solche Alltagssituationen aus kindlicher Sicht an Trennung, Verlusterleben oder Bedrohung gekoppelt sind. Die pathologisch mißverstandene Beziehungsbotschaft, die bei den Kindern ankam, lautete: »Du tust dies, weil du mich nicht mehr liebst«. Eltern oder enge Bezugspersonen können diesen Inhalt bei sich selbst nicht nachvollziehen. Eine Mutter, deren Tochter mittlerweile 16 Jahre alt war und wegen wiederholten parasuizidalen Handlungen zur Behandlung in die Sprechstunde kam, sagte kürzlich zu mir: »Ich habe meine Tochter nie spüren lassen, daß ich einfach für sie da bin, ich war zu sehr mit mir beschäftigt«. Diese Frau hatte selber eine von Verlassenheitsängsten geprägte Kindheit gehabt und sich um jeden Preis vorgenommen, eine gute Mutter zu sein. Daß es ihr offenbar nicht gelang und es deshalb zur Weitergabe von negativen Bindungserfahrungen kam, spielt bei solchen pathologischen Lebenswegen häufig eine Rolle.

Man weiß aus der Bindungsforschung, daß Mütter bindungsgestörter Kinder eine adäquate emotionale Regulation auf dem Boden von Bindungssicherheit nicht anbieten und weitergeben können, da sie diese selber nie erfahren haben. Für die Entwicklung von Bindungsdesorganisation sind nicht nur die individuellen Dispositionen des Kindes (z.B. affektive Dispositionen), sondern auch die sozialen Bindungserfahrungen mit den Bezugspersonen entscheidend (Spangler, Grossmann & Fremmer-Bombik, 2000).

Inwieweit die Bindungskompetenz oder die Erziehungsfeinfühligkeit der Eltern oder engen Bezugspersonen für die Entwicklung über das frühe Alter hinaus eine Rolle spielen, zeigen Untersuchungen von Ziegenhain und Wolff (2000). In ihrer Untersuchung stellten sie fest, daß die Bindungsbeziehung der Krippenkinder zur Erzieherin bei Krippeneintritt von der Bindungsqualität der Kinder zur Mutter unabhängig war. Die Qualität der Beziehungsgestaltung durch die Erzieherinnen hatte einen wesentlichen Einfluß auf die Bindungssituation unter Krippenbedingungen.

Später, im Übergang zum Jugendalter, wird die Spanne der Auslösesituationen auf das Ausdrucksniveau der Pubertätskrise übertragen. Symbolhafte Einschränkungen der pubertären Autonomiebestrebungen, die auch alterstypisch den Abtrennungs- und Machtkampf der Generationen ausdrücken (Festlegungen, wann ein Jugendlicher wieder zu Hause sein muß, wenn er zur Disko geht; was er als 14-, 15- oder 16jähriger darf oder nicht darf), führen zu massiven »Gefühlsausbrüchen« der borderlinegestörten Kinder und Jugendlichen, so daß spätestens zu diesem Zeitpunkt aufgrund der Überforderung der Familie an eine Fremdbetreuung gedacht wird. Ein 16jähriges Mädchen setzte ihre Familie mit solchen massiven Entladungen so unter Druck, daß der Vater monatelang das Familiengericht und das Jugendamt bedrängte, sie doch geschlossen unterzubringen.

Hier wird eine Ausdrucksform der Unfähigkeit, Wut zu kontrollieren, sichtbar, nämlich die Impulsivität. Unfähigkeit zur Wutkontrolle und Impulsivität liegen eng beieinander.

Impulsives Verhalten und seine Folgen für die individuellen Entwicklungswege

Impulsivität oder Verlust von Impulskontrolle bilden ein durchaus komplexes Störungsmuster, das sich in unterschiedlichen Bereichen zeigt: Die Störung der affektiven Regulation von Impulsivität kann eine autoaggressiv-selbstdestruktive Qualität haben, sie kann sich andererseits fremdaggressiv äußern oder von einer aggressiven, delinquenten Entwicklung begleitet sein. Typisch für diese Regulationsstörung ist außerdem – dies soll am Schluß des Unterkapitels thematisiert werden – eine mangelnde Fähigkeit zur Konfliktregulation im Beziehungs- und Leistungsbereich.

Störung der affektiven Regulation mit autoaggressiv-selbstdestruktiver Qualität

Die Frage, warum sich im Entwicklungsverlauf Störungsqualitäten von autoaggressiven und selbstdestruktiven Verhaltensweisen und nicht nur expansive Formen von aggressiver Impulsivität herausbilden, kann man unterschiedlich beantworten. Die hier aufgeführten Möglichkeiten erheben nicht den Anspruch auf Vollständigkeit. Es sind vordergründig diejenigen Entstehungsmuster bzw. die daraus folgenden Erklärungsmodelle, die bei borderlinegestörten Kindern und Jugendlichen, mit denen ich im Verlauf meiner Arbeit zu tun hatte, nachweisbar bzw. hypothetisch nachvollziehbar waren.

Autoaggressive und selbstdestruktive Impulsivität können im Kontext sozialer Lernprozesse normabweichenden Verhaltens stehen: Betrachtet man die sich entwickelnde Borderline-Persönlichkeitsorganisation im Sinne der extrovertierten Persönlichkeitsorientierung, so stehen die auf andere Personen gerichteten Verhaltensweisen unter dem individuellen Eindruck der Wirkung und des entsprechenden Feedbacks. Besenders muß man feststellen, daß die autoaggressiven und selbstdestruktiven Verhaltensweisen der borderlinegestörten Kinder und Jugendlichen nicht zu vergleichen sind mit den demonstrativ appellhaften parasuizidalen Handlungen in der pubertären Krise oder auf dem Boden hysterischer Mechanismen. Inhalt der extrovertierten Qualität der Borderline-Störung ist die Identifikation, das Wahrnehmen, Erspüren und Erleben der eigenen Person durch die Existenz oder die Verhaltens- und Bewertungsweisen anderer Personen – »Ich bin, weil du reagierst«. Insofern kann sich aggressive und selbstdestruktive Impulsivität vor dem Hintergrund von Verstärkerprozessen in der sozialen Interaktion als Verhaltensstrategie herausbilden und entwickeln.

Im sozialpsychologischen Kontext kann diese Form der Impulsivität im Sinne der Theorie des sozialen Lernens nach Sutherland und Cressy (1955) bzw. der Theorie der Selbstkontrolle unter sozialen Bedingungen (Gottfredson & Hirschi, 1990) als sozial unangepaßtes, gelerntes Verhalten bewertet werden. Der sozialpsychologisch orientierte Ansatz hebt den Zusammenhang zwischen der Entwicklung der ursprünglich affektiven Regulationsstörung und ihren Wechselwirkungen mit sozialen Instanzen und Systemen hervor. Im sozial-kognitiven lerntheoretischen Ansatz von Curtis (1989) wird selbstdestruktives Verhalten als Selbsterhöhung dargestellt. Dadurch entwickeln sich in Form von fehlangepaßten Auffassungen über die eigene Person und die Welt entsprechende Überzeugungssysteme.

Bei autoaggressiver und selbstdestruktiver Impulsivität kann es sich zum anderen um einen selbstentwertenden und selbstbeschuldigenden Mechanismus aufgrund früher Traumatisierungen handeln:

Der Zusammenhang zwischen frühen Traumatisierungen wie Mißhandlung und Vernachlässigung und einer unsicheren bzw. desorganisierten Bindung ist häufig beschrieben worden (Crittenden, 1995; Carlson et al., 1989). Brisch (1999) zeigt in einer Übersicht die Verbindung zwischen unsicherer Bindungsrepräsentation, sexuellem Mißbrauchstrauma und der möglicherweise folgenden Entwicklung einer Borderline-Persönlichkeitsstörung und suizidalem Agieren.

Andere empirische Untersuchungen belegen die Abhängigkeit der Aggressionsrichtung bei der Borderline-Störung von der Form der erlebten frühkindlichen Mißhandlung. Dulz und Schneider (1997) stellen fest, daß sexuelle Mißbrauchstraumatisierungen eher zu autoaggressiven und das Erleben körperlicher Mißhandlung zu fremdaggressiven Tendenzen führen. Opfer sexueller Mißbrauchshandlungen beschuldigen sich wegen ihrer passiven Rolle während dieser Handlungen oft selbst. Borderlinegestörte Kinder und Jugendliche mit einer derartigen Vita entwerten sich autoaggressiv-selbstdestruktiv – Selbstbeschuldigung und Selbstherabsetzung setzen sich in Form von Selbstschädigung fort (Dulz & Schneider, 1997).

Aus der praktischen Arbeit gibt es viele Beispiele dafür, daß sexuelles Mißbrauchserleben nicht zwingend eine Voraussetzung für autoaggressive und selbstdestruktive Handlungen sein muß. Die Einengung auf diese Verursachungskonstellation birgt die Gefahr, von dieser Qualität der Impulsivität automatisch auf sexuellen Mißbrauch zu schließen. Verfolgt man die Lebensgeschichten der Betroffenen, scheint aber sicher, daß frühe psychische Traumatisierungen in Form massiver emotionaler Beeinträchtigung vorgelegen haben müssen. Die Jugendlichen entwickeln das subjektive Bild des Selbstbezuges und der Selbstbeschuldigung.

Aus der klinischen Praxis sind Beispiele bekannt, in denen autoaggressive und selbstdestruktive borderlinegestörte Jugendliche in ihrer Entwicklung eine Bindungsstörung mit Rollenumkehr (Brisch, 1999) aufwiesen. Diese sogenannte »Parentifizierung« beinhaltet, daß die Kinder, motiviert durch Trennungsängste, eine überfürsorgliche Haltung gegenüber ihrer Mutter an den Tag legten. Es fand eine Umkehrung der Eltern-Kind-Beziehung statt, die meist auch auf jüngere Geschwisterkinder übertragen wurde. Schlugen diese Bemühungen fehl, weil durch egozentrische Strategien der Mutter (hier dominierten dissoziale Milieus) eine permanente Trennungsangst nicht überwunden werden konnte, kam es in der späteren Entwicklung zu der Selbstbezichtigung, versagt zu haben. Daraus entstanden dann Autoaggression und Selbstdestruktion: Die jüngere Schwester eines Mädchens (14 Jahre), das bereits in Heimbetreuung war, wurde den Eltern wegen Vernachlässigung und familiärer Gewalt entzogen. Als das Mädchen davon erfuhr, fügte sie sich tiefe Wunden zu. »Ich bin schuld, weil ich ins Heim mußte und nicht für meine Schwester sorgen konnte«, waren ihre Äußerungen, nachdem sie wieder aus der intensivmedizinischen Versorgung gekommen war.

Autoaggressive und selbstdestruktive Qualitäten sind Ausdrucksformen von selbstschädigendem Verhalten. Unter Selbstschädigung kann man im weitesten Sinne Verhaltensweisen verstehen, die in unterschiedlicher Qualität und Intensität für ein Individuum negativ oder ungünstig sind (Mummendey, 2000). Schwere körperliche Selbstverletzung oder gar Selbstmord gelten gemäß dieser Definition als Extremfall. Für die Borderline-Störung im allgemeinen ist dies jedoch in abgestuften Qualitäten durchaus die Regel. Die Ursachen dafür sind vielfältig und beziehen sich auf situative und situationsübergreifende Zusammenhänge. In erster Linie geht selbstschädigendes Verhalten auf die Qualität der borderlinetypischen Selbstwertstörung zurück, in der sich die Überzeugung, »böse und nichts wert zu sein«, manifestiert.

Autoaggressive Verhaltensentwicklung

Unter autoaggressiven Verhaltensweisen versteht man ein suizidales Agieren, das sich in parasuizidalen Handlungen (Suizidversuchen) und final angelegten Suizidhandlungen zeigt. In unserer Untersuchungsstichprobe der »Heimkinder mit einer Borderline-Diagnose« konnte bei 15,5 % der Jungen und 20,8 % der Mädchen aus den Akten mindestens eine parasuizidale Handlung nachvollzogen werden.

Wer mit borderlinegestörten Kindern und Jugendlichen arbeitet, wird nie sofort eine Antwort auf die Frage erhalten, ob die konkrete Handlung in finaler Absicht vollzogen wird oder das extrovertierte Motiv in Form von Zuwendungs- und Beachtungsforderungen im Vordergrund steht. Ich habe die Autoaggression der Impulsivität zugeordnet, weil beim suizidalen Agieren der Betroffenen der Entladungscharakter eine Rolle spielt, der insgesamt wenig Zeit zum Überlegen läßt. Prinzipiell gilt auch für borderlinegestörte Kinder und Jugendliche die »alte Regel«: je mehr Ankündigung und Drohung, desto unwahrscheinlicher die Möglichkeit der finalen Planung. Die Aura als Vorphase der eigentlichen Handlung ist bei borderlinegestörten Kindern und Jugendlichen weniger verbal drohend oder ankündigend, sondern im nonverbalen Bereich der Andeutung durch Verhaltensänderung angelegt. Oftmals ist eine genaue Kenntnis der Abläufe erforderlich, um diese stillen Ankündigungszeichen zu erkennen. Die Spezifik des suizidalen Agierens bei borderlinegestörten Kindern und Jugendlichen liegt in der *Dramatik der Inszenierung*. Drei Fälle, an die ich mich erinnere, möchte ich schildern:

Eine Jugendliche schnitt sich eine tiefe Wunde (Längsschnitt) in den Unterarm. Sie stand hinter einer Glastür und hatte diese verschlossen. Die diensthabende Nachtschwester, deren Gegenwart natürlich Teil der Inszenierung war, konnte die Tür nicht öffnen und mußte anfangs hilflos zusehen, wie das Blut pulsierend floß. Eine ähnliche Situation ist mir aus einer Heimeinrichtung bekannt. Doch diesmal war der Weg für eine der diensthabenden Betreuerinnen frei. Als sie sich am Ende eines langen Ganges befand, stand am anderen Ende stand plötzlich die Jugendliche. Sie hatte sich bei der Erledigung des abendlichen Küchendienstes ein großes Messer besorgt und schnitt sich mit dem überdimensionalen Instrument ohne Ankündigung, und aus der momentanen Gesamtsituation unerwartet, ebenfalls am Unterarm mit einem tiefen Längsschnitt die Pulsader auf. Sie hatte das Erscheinen der Betreuerin abgewartet. In der nachfolgenden Aufarbeitung konnte festgestellt werden, daß es am Abend zwischen beiden eine Situation gegeben hatte, die eine negative Bindungserfahrung bei der Jugendlichen aktivierte.

Als letztes Beispiel sei ein damals 13jähriger Junge genannt, der durch die ablehnende Mutter wiederholt in die Psychiatrie gedrängt worden war. Während eines Besuchstages hatte die Mutter ein Gespräch beim Chefarzt der Klinik. Das Chefarztzimmer befand sich in einem anderen Gebäude als das Zimmer des Jungen. Die Mutter kam mit dem Chefarzt gerade um das Klinikgebäude gelaufen, als der Junge vor beiden auf dem Asphalt aufschlug. Er war aus dem 3. Stock gesprungen. Wie durch ein Wunder waren die inneren Verletzungen bei ihm nicht gravierend, so daß er nach entsprechender intensivmedizinischer Behandlung genesen konnte.

Verdeutlicht werden sollen zwei Sachverhalte: 1. Suizidales Agieren basiert auf dem Boden auslösender negativer Bindungserinnerungen und hat meist eine dramatische Inszenierungsqualität. 2. Die Borderline-Störung kann eine lebensgefährliche Qualität erreichen. Autoaggressive Verhaltensweisen, auch deren Ankündigungen, sind immer ernst zu nehmen.

Selbstdestruktive Verhaltensentwicklung

Selbstdestruktivität impliziert ein breites Band impulsiver selbstschädigender Verhaltensstrategien. In unserer Untersuchungsstichprobe zeigten 50,0 % der Jungen und 45,8 % der Mädchen Symptome von Selbstdestruktivität ohne körperbezogene selbstdestruktive impulsive Handlungen, die in diesem Abschnitt als eigenständige Störungsqualität betrachtet werden. Bezieht man das breitere Band des impulsiv selbstdestruktiven Verhaltens auf die borderlinetypische Selbstwertstörung mit der permanenten Grundüberzeugung »ich bin böse und wertlos«, so können auch bei borderlinegestörten Kindern und Jugendlichen Verhaltensstrategien dazugehören, die nach Mummendey (2000) als »self promotion« (Eigenwerbung, Angeberei) oder »excuse« (Entschuldigungsverhalten) eingeordnet werden. Auch hier ist im Unterschied zu anderen Störungsbildern (z. B. selbstschädigende Persönlichkeitsstörung nach Schill) die differentialdiagnostische Besonderheit der extrovertierten Inszenierung maßgebend.

Impulsive Verhaltensweisen zum eigenen Nachteil
Dazu gehören selbstwertbestätigende, negative, passiv-aggressive Verweigerungen (Schule, Arbeit) im Sinne des *impulsiven Auslassens von Chancen:*
Jörg (15 Jahre) war bereits seit seinem 13. Lebensjahr in drei Heimeinrichtungen, in die er trotz aggressiv-delinquenter Verhaltensweisen und anderer Verhaltensprobleme durchaus integriert werden konnte. Zwischendurch kam es zu zwei stationär-psychiatrischen Interventionen. Das Jugendamt und besonders sein Vormund, eine Mitarbeiterin des Jugendamtes, legten die Meßlatte für die Betreuungsanforderungen unrealistisch hoch. Jörg hatte zur Schule zu gehen! Weil dies in den Einrichtungen nicht gelang (sicher gab es noch andere schwerwiegende Gründe), wurde nach einer geeigneten Betreuungseinrichtung gesucht – die wiederholten Heimwechsel wurden durch das Jugendamt initiiert. In der vorerst letzten stationären Einrichtung der Jugendhilfe verlief es ähnlich. Eine umschriebene und konkrete Traumatisierungserfahrung im Schulbereich konnte durch die betreuende Psychologin ausgeschlossen werden. Der Schulplatz war formal geklärt, und Jörg bekundete, zur Schule gehen zu wollen. Ihm war bewußt, daß er wenig Chancen

hatte, weitere Angebote für Betreuungseinrichtungen zu bekommen. Dem ausgehandelten Willen des Jungen gemäß konnte eine schrittweise, anfangs zwei Stunden umfassende Einzelbeschulung als Einstieg mit dem Direktor der Schule vereinbart werden. Die Schulsachen waren quasi gepackt, die Fahrt war organisiert. Nach dem ersten Einzelunterricht waren ein gemeinsames Eisessen und ein Kinobesuch mit der Kontaktbetreuerin vereinbart. Jörg schien bis drei Minuten vor der Abfahrt besten Willens zu sein, er war locker, gesprächig und bekundete, daß der Einzelunterricht o.k. sei und er sich auf die nachfolgenden Erlebnisse freue. Als die Kontaktbetreuerin ihn dann abholen wollte, weil er nicht am Bus stand, war sein Zimmer verschlossen. Jörg antwortete nicht sofort. Nach längerem Klopfen öffnete er schließlich. Sein Zimmer war total verwüstet, Jörg war irritiert und depressiv. Wortlos und mit leeren Augen legte er sich ins Bett, zog sich die Decke über den Kopf und sprach bis in die Nacht hinein mit niemandem. Sicher gibt es für diese Verhaltensweisen eine Reihe zu beachtender Faktoren, die an dieser Stelle nicht diskutiert werden sollen. Wahrscheinlich ist auch der Vormund der Adressat seines Verhaltens. In dieser Darstellung sollte jedoch allein die sichtbare selbstdestruktive Verhaltensstrategie des Auslassens von Chancen nachvollziehbar gemacht werden.

Eine weitere Form der selbstdestruktiven Verhaltensstrategien borderlinegestörter Kinder und Jugendlicher ist eine Selbstdestruktivität, die *durch ungünstige soziale Kontakte* vermittelt wurde. Auch hier ein Beispiel:

Andreas (16) befindet sich bereits seit drei Jahren in einer stationären Einrichtung der Jugendhilfe. Wie viele andere hatte er zuvor eine Betreuungsodyssee hinter sich. Seine Ursprungsproblematik war mißbräuchlicher Drogenkonsum und unter der berauschenden Wirkung delinquentes Verhalten, seit dem 12. Lebensjahr. Seine Straftaten bestanden meist in Autodiebstählen und Fahren ohne Führerschein. Häufig beschädigte er die Autos massiv, manchmal verursachte er Massenkarambolagen. Hohe Sachschäden waren die Folge. Bemerkenswert ist, daß er diese delinquenten Handlungen immer in unterschiedlichen »Gangs« vollzog, also aus einer spezifischen Gruppendynamik heraus agierte. Dieser Zusammenhang war ihm bewußt, und für etwa ein Jahr gelang es ihm, sich von diesen »Gangs« gezielt fernzuhalten. Glücklicherweise war in der Betreuungsgruppe kein gleichgearteter Jugendlicher, so daß gruppenintern keine begünstigenden Umstände vorlagen. Konfliktsituationen führten dazu, daß er ab und zu die Wohngruppe spontan (aktuell oft nicht nachvollziehbar) verließ. Er lief weg, um sich solchen »Gangs« für eine geraume Zeit anzuschließen. Aus der Situation heraus, unter »Gleichgearteten« zu sein, verfiel er wieder in sein delinquentes Verhalten. Anfangs wurde er durch die Polizei rückgeführt. Später kehrte er selbst zurück und zeigte sich an. Faszinierend bei diesem Verlauf war, wie er auch in weiter entfernten Städten instinktiv diese »Gangs« fand.

Weglaufen oder Ausreißen ist auch bei anderen Störungsbildern zu finden. Das Auftreten dieser Verhaltensbesonderheit spricht noch nicht für eine Borderline-Problematik im Bindungskontext. Bei Störungen des Sozialverhaltens mit Beginn in der Kindheit und Jugend, meist von oppositioneller, aufsässiger Qualität, ist das Weglaufen – eine allgemeine Verweigerungs- oder Trotzreaktion – nicht ungewöhnlich. Bei Geschwisterrivalitäten oder Leistungsängsten ist es eine gewählte Verhaltensstrategie, um Konflikte zu regulieren. Im Kontext der Borderline-Problematik kommt es beim Auslassen von Chancen vor. Durch räumliche Entfernung entsteht die impulsive Qualität in Form von Verweigerung. Wie das obige Fallbeispiel zeigt, sind impulsiv selbstschädigende Verhaltensentwicklungen auch bei ungünstigen sozialen Kontakten zu finden.

Bowlby hat darauf aufmerksam gemacht, daß zurückgewiesene primäre Bindungswünsche zu Trennungsängsten führen. Die daraus folgende Aktivierung des Bindungssystems kann bis zum Kampf um die Bindung führen und sich in aggressiven Verhaltensweisen zeigen. Eine solche bindungstheoretisch fundierte Erklärung kann für die aggressiven und impulsiven Verhaltensweisen der Borderline-Störung als allgemeingültig angenommen werden. Beim impulsiven

Weglaufen spielt der Mechanismus eine tragende Rolle. In Verbindung mit der »Borderline-Angst« können reale oder subjektiv phantasierte Erwartungen von Zurückweisungen pathologisch angelegtes Trennungs- oder Bedrohungserleben aktivieren. Das impulsive Weglaufen hat die Qualität der inadäquaten Angst- und Spannungsreduktion, die aus subjektiven Bewertungssituationen hervorgeht. Bei der selbstdestruktiven Entwicklung mit impulsivem Weglaufen sind weniger soziale Entwurzelung oder Bindungslosigkeit die Ursache, als vielmehr konkrete zwischenmenschliche Beziehungsbesonderheiten mit subjektiver Bindungsbedeutung. Oftmals stehen reale Traumatisierungserfahrungen dahinter. Der imperative Charakter der Handlung resultiert aus der Wirkung auf die Bezugspersonen, die direkte Adressaten sein können. Dabei sind sowohl direkte, selbstdestruktive Beziehungsbotschaften als auch indirekte und auf traumatische Erfahrungen zurückgehende Ausdrucksweisen möglich. Das folgende Fallbeispiel soll die direkte selbstdestruktive Adressierung beschreiben:

Danilo, ein 16 Jahre alter Junge, ist bekannt als »Flüchter«. Jeden Versuch der Alltagsstrukturierung und -begrenzung beantwortet er mit erpresserischen Drohungen, z. B. der, abhauen zu wollen. Dahinter steht die Erfahrung, daß die Mutter in der bindungsgestörten Entwicklung des Jungen anfangs kaum verfügbar war. Sie verhielt sich wenig feinfühlig, später ablehnend und hilflos, und folgte erst dann den Bindungswünschen des Jungen und bemühte sich um ihn, als er sich endgültig von ihr abwandte. Aus der Lebensgeschichte des Jungen geht hervor, daß dies im Alter von sechs bis sieben Jahren passiert sein muß. Beobachtete man den Jungen, waren unsicher-vermeidende Bindungsmuster mit einem gesteigerten Autonomiestreben vorherrschend. Mit etwa acht Jahren war er ständig abgängig und hielt dadurch sowohl die Mutter als auch die Ämter in Atem. Sein Verhalten mag sehr erpresserisch und bewußt manipulierend erscheinen – in den konkreten Situationen, in denen er mit impulsivem Weglaufen reagierte, war aber erkennbar, daß er so handelte, weil Trennungs- und Bedrohungsphantasien aktiviert wurden, Enttäuschungen in jugendlichen Partnerschaften oder auch Verlassenheitsphantasien bezogen auf nahestehende Bezugspersonen (Betreuer und Lehrer).

Anhand eines weiteren Fallbeispiels sollen indirekte, auf traumatische Erfahrungen zurückgehende Ausdrucksweisen verdeutlicht werden. Anja war zum Zeitpunkt der Fallillustration 16 Jahre alt. Sie war ausweislich der Akten sexuell mißbraucht worden. Wegen parasuizidaler Handlungen lebte sie seit ungefähr einem Jahr in einer Heimeinrichtung. Der mißbrauchende Stiefvater war zwischenzeitlich aus der Haft entlassen worden und versuchte, wieder Kontakt zu Anja aufzunehmen. Dies tat er anfangs per Post, wobei er einen falschen Absender auf den Briefumschlag schrieb, um die Betreuer zu täuschen. Anja las also den Brief, in dem er seine Kontaktwünsche offenbarte. Später versuchte er, sie zu treffen. Anja war nicht nur wegen ihrer parasuizidalen Handlungen, sondern auch wegen starker Defizite in der Realitätsorientierung mit teilweise dramatischen Phantasiegebäuden ein Problemfall. Diese wiesen auf eine Bindungsdesorganisation hin. Es bestand kein zeitstabiles Bindungsverhalten, Anja war höchst bindungsvulnerabel und reagierte prinzipiell kaum kalkulierbar. Zu impulsiven Handlungen des Weglaufens kam es meist, wenn die Post ausgegeben wurde, oder in den Abendstunden, in denen Anrufe erfolgten. Das Mädchen meinte, an der Farbe des Briefumschlags oder an den Reaktionen der Betreuerinnen am Telefon erkannt zu haben, daß ihr Stiefvater wieder einen Versuch unternommen hatte.

Beide geschilderten »Flüchter« riefen von unterwegs an und hielten die Bezugspersonen »in Schach«. Danilo teilte telefonisch mit, daß man ihn von da oder dort abholen könne. Er war dann allerdings nicht an dem vereinbarten Ort und rief wieder von anderswo an. Anja äußerte am Telefon Suizidabsichten und behauptete, der Stiefvater verfolge sie.

Körperbezogene, selbstdestruktiv-impulsive Handlungen
Den selbstverletzenden, auch automutilativ genannten Handlungen werden selbstdestruktive, impulsive Handlungen ohne suizidale Absichten zugerechnet, die sich auf Verletzungen am eigenen Kör-

per beziehen. Hier sei an erster Stelle das sogenannte »Schnippeln« oder »Ritzen« genannt, das ich später nochmals thematisiere. Es tritt im späten Kindesalter und besonders im Jugendalter auf. Im Gegensatz zu den bei Jugendlichen durchaus üblichen Kratzern am Handgelenk, sind die Verletzungen bei borderlinegestörten Kindern und Jugendlichen tiefer und über beide Arme oder andere Körperteile verteilt. Meist sind vernarbte neben neuen tiefen Schnittwunden zu finden. Außerdem verletzen sich die Betroffenen am Bauch, an den Genitalien, den Innenseiten der Oberschenkel oder an anderen verdeckten Stellen des Körpers.

Die selbstverletzenden Handlungen im Kontext der Borderline-Störung dienen meist dem prompten emotionalen Spannungsabbau. Sie treten in Situationen auf, in denen die individuell bedeutsame »Borderline-Angst« ausgelöst wird, die zum Spannungszustand führt. Solche Handlungen sind als selbstdestruktive Angstkanalisation mit wenig differenziertem und impulsiv abreagierendem Ausdruck anzusehen und ähneln den aggressiv-impulsiven fremdgefährdenden Handlungen. Meist treten sie bei borderlinegestörten Kindern und Jugendlichen auf, bei denen eine Persönlichkeitsorganisation mit geringer Anpassungskompetenz vorherrscht. Minimale Auslöser, die eine subjektive Trennungs-, Verlust-, Versagens- oder Bedrohungsqualität haben, führen zu solchen Handlungen. Häufig stößt man bei den Betroffenen auf einen selbstbestrafenden Hintergrund.

Susi, eine heute junge Erwachsene, schnitt sich regelmäßig tiefe Wunden an den Unterarmen und am Bauch, wenn in Beurlaubungen der Kontakt mit der Mutter eskalierte. Auch beziehungsdynamische Auslöser, Enttäuschungen über andere Personen oder scheinbar unüberwindbare Anforderungen, die ambivalent zwischen Wunsch und Ablehnung erlebt werden, führen zu derartigen Handlungen.

Teilweise spielt dabei die scheinbar lustbetonte Abreaktion eine Rolle. Zumindest kann man häufig beobachten, daß selbstverletzende Handlungen in »genußvoller Ritualisierung« zelebriert werden. Dabei darf die entsprechende Vorbereitungszeit nicht über die dahinterstehende zwanghafte Impulsivität hinwegtäuschen.

Peter, ein Jugendlicher von 16 Jahren, lebte seit seinem 8. Lebensjahr in Heimbetreuung. Als er aus der geschlossenen psychiatrischen Klinik, dort wurde auch die »Borderline-Diagnose« gestellt, in die Heimeinrichtung übernommen wurde, sagte er: »Ich dachte, mich will niemand mehr«. Mehrere empfohlene Heimeinrichtungen hatten ihn wegen seiner chaotischen und besonders delinquenten Vorgeschichte nicht aus der Psychiatrie übernommen. Zu selbstverletzenden Handlungen kam es immer, wenn Peter die Einsamkeit »überkam«, in der er sich permanent befand. Er hatte Eltern, doch die hatten sich seit Jahren von ihm losgesagt. Auslöser der selbstverletzenden Handlungen waren bereits geringfügige Enttäuschungen und Unzuverlässigkeiten. Wenn beispielsweise jemand sein Wort nicht hielt, schloß er seine Tür von innen zu, entzündete Kerzen und breitete über sein Bett ein Laken aus. Er setzte sich in die Mitte des Bettes auf das weiße Laken und sah dem Blutfluß zu, der aus den Wunden trat, die er sich in aller Ruhe und scheinbar lustvoll schnitt.

Im DSM IV werden zur Impulsivität unter anderem auch

- »Freßanfälle«,
- Störung in der Sexualität und
- Substanzenmißbrauch

gezählt, die ich im Rahmen der Darstellung der Erlebenswelt von borderlinegestörten Kindern und Jugendlichen den impulsiven Selbstdestruktionen zuschreiben möchte.

»Freßanfälle« sind im Kontext der Eßstörungen zu betrachten. In unserer Untersuchungsstichprobe der »Heimkinder mit einer Borderline-Diagnose« zeigten 1,2 % der Jungen (ein Junge) und 20,8 % der Mädchen (fünf Mädchen) in den Akten nachweislich Phasen von Eßstörungen, die als Anorexia nervosa klassifiziert wurden. Zwei der Mädchen hatten zum Untersuchungszeitpunkt noch produktive Zeichen einer Anorexia nervosa.

Die Angaben für Eßstörungen mit Adipositas, die bei den Jungen mit 13,1% und bei den Mädchen mit 12,5% festgestellt wurden, beziehen sich auf psychogene Eßsucht (»Freßsucht«), die meist mit Abnahme anderer Symptome und Verhaltensbesonderheiten (besonders der aggressiven und delinquenten Verhaltensweisen) einhergeht. Man kann von einer Symptomverschiebung sprechen.

Die Einschätzungen zur Eßstörung vom Typ der Anorexia nervosa und der Bulimia nervosa bei einer Borderline-Persönlichkeitsorganisation divergieren in der Literatur (Böhme-Bloem, 2000). Einige Untersuchungen weisen darauf hin, daß es bei unterschiedlichen Persönlichkeitsorganisationen (z.B. frühgestörten, einschließlich der Borderline-Störung, mittelgradigen oder neurotischen) hinsichtlich der Verteilung von Eßstörungen keine Unterschiede gibt. Andere Untersuchungen gehen zusammenfassend davon aus, daß jeder Eßstörung eine frühe Störung der Persönlichkeitsorganisation zugrunde liegt.

Welche Beziehung zwischen der frühen affektiven Entwicklung, der Bindungsentwicklung, der frühen Selbstempfindung und der Störung des Eßverhaltens kann entwicklungspsychologisch eruiert werden? Daß das Saugen eines Neugeborenen oder Säuglings mit Mechanismen der Nahrungsaufnahme und der Erregungsmodulation zusammenhängt, ist bekannt (Oerter & Montada, 1995). Die Modulation zwischen dem sogenannten »non-nutritive sucking« (Saugen ins Leere ohne Nahrungsaufnahme) und dem sogenannten »nutritive sucking« (Saugen zur Nahrungsaufnahme) dient unter anderem der frühen affektiven Regulation, der Balance zwischen Erregung und Beruhigung. Es konnte nachgewiesen werden (De Casper & Spence, 1986), daß sich Kinder in den ersten Lebensmonaten, meist noch in der Neugeborenenzeit, die Stimme der Mutter, eine Melodie oder andere Reize »herbeisaugen« (high-amplitude sucking) konnten. Dies beweist einmal die Möglichkeit der frühen, aktiven Gestaltungspotenzen des Neugeborenen und Säuglings mit den entsprechenden physiologisch fundierten Mitteln im Sinne des »kompetenten Säuglings« (Dornes, 1997). Zum anderen zeigt es frühe Gemeinsamkeiten von Saugen, Nahrungsaufnahme und affektiver Regulation.

Regulationsstörungen in der frühen Kindheit gehen auf eine gestörte Eltern-Kind-Interaktion bzw. auf eine Beziehungsbelastung zurück (Papoušek, 1999; Sarimski & Papoušek, 2000). Beziehungsbelastungen mit ihren Auswirkungen auf die frühe affektive Regulation sind mit einem hohen entwicklungspathologischen Risiko besetzt. Neben Trennungsängsten und Schlafstörungen sind besonders Fütterstörungen (Störung der Nahrungsaufnahme, Trinkschwäche, Eßunlust, Nahrungsverweigerung) und exzessives Schreien als Ausdruck von Regulationsstörungen bekannt (Wolke, 2000).

Papoušek und Sarimski zufolge kommen Entwicklungen vor, bei denen Schreibabys extraversive (oppositionelle oder extrovertierte) und hyperaktive Verhaltensstörungen im Kindergartenalter zeigen. Die als Beziehungsbelastung bezeichneten wesentlichen Verursachungskomponenten der frühen Regulationsstörungen lassen sich aus bindungstheoretischer Sicht als unsichere Bindungskonstellationen interpretieren. Sie gehen auf eine Störung der situationsangemessenen Modulationsfähigkeit (aus bindungstheoretischer Sicht der Feinfühligkeit) der Eltern bezogen auf das Kind zurück. Hier lassen sich direkte Parallelen zur Störung der Mutualität (Milch, 1998), der gegenseitigen affektiven Abstimmung, ziehen, wie sie auch bei der Borderline-Störung wirksam ist. Der Wirkungszusammenhang von gestörter Selbstregulationsfähigkeit des Kindes, dem Verlauf der Bindungs- und Identitätsentwicklung sowie der Störung der Bindungs- und Beziehungsgestaltung durch die Mutter oder die Eltern kann somit über die Nahrungsaufnahme definiert werden. Dies ist als eine Möglichkeit pathologischer Entwicklungen zu verstehen. Trennungs-, Verlust-, Versagens- und Bedrohungsängste in der Qualität der »Borderline-Angst« können somit über die Nahrungsaufnahme frühzeitig thematisiert werden.

Aus bindungstheoretischer Sicht konnte ein signifikanter Zusammenhang von unsicheren Bindungsqualitäten und Eßstörungen vom Typ der Anorexia nervosa im Jugendalter nachgewiesen werden (Becker-Stoll et al., 2000). Brisch (1999) verweist auf den Zusammenhang von Eßstörungen (Essensverweigerung, Erbrechen) im

Kindesalter und unsicher-ambivalenten Bindungsrepräsentationen bei Müttern dieser Kinder bzw. deren Übertragung. Er zeigt die Schwierigkeit der identifikatorischen Abgrenzung des Kindes auf, die sich aus dem ambivalent-ängstlichen Interaktionsmuster zwischen Mutter und Kind – der Fixierung auf die Ernährung – ergibt. Die unsicher-ambivalente und ängstlich motivierte Ohnmacht und Aggression der Mutter ist dabei eine die Bindungsqualität des Kindes prägende Komponente und steht frühzeitig im Kontext der Nahrungsaufnahme.

Sind die oben genannten borderlinebedingten Eßstörungen mit adipösen Entwicklungen im gesamten Kindesalter nachweisbar, so handelt es sich bei der Anorexia nervosa und der Bulimia nervosa um Entäußerungen, die erst im späten Kindesalter ab der präpubertären Phase auftreten. Sieht man Eßstörungen nicht schlechthin als moderne Krankheiten, sondern als Problematik der Identitätskrise im Jugendalter, so wird die Verbindung zwischen Eßstörungen als Ausdruck der frühen Regulationsstörung und Selbstdefekten als Ausdruck der gestörten Identitätsentwicklung deutlich. Böhme-Bloem (2000) verweist darauf, daß bei den Eßstörungen der Borderline-Patienten Selbstdefekte mit Trennungs- und Vernichtungsängsten und mit Angst vor Leere überwiegen.

Aus der klinischen Praxis ist nicht nur die Betonung des Selbstdefekts, sondern auch die gleichzeitige bindungs- und beziehungsdefizitäre Kommunikationsgestaltung von borderlinegestörten Jugendlichen bemerkenswert. Besonders bei der Anorexia nervosa führt die Beschränkung der Interaktion auf das Thema Essen zur Vereinfachung eigener selbstentängstigender omnipotenter Dominanz- und Machtansprüche. Diese entängstigende Omnipotenz, die Flucht in eine sichere Überlegenheit über andere, äußert sich z.B. darin, daß enge Bezugspersonen mit aufwendig angerichteten, opulenten Mahlzeiten verköstigt werden. Da die Krankenhäuser kaum noch über eigene Küchen verfügen, sind solche Inszenierungen höchst selten. Aber in stationären Einrichtungen der Jugendhilfe, in Heimen oder Wohngruppen kann man noch beobachten, daß sich anorektische Jugendliche in ihrer freien Zeit in der Küche aufhalten und dort aktiv die Essenszubereitung für Mitbewohner und Betreuer übernehmen.

Auch hier sind wieder dramatische selbstdestruktive Inszenierungen zu beobachten, die die Borderline-Spezifik verdeutlichen. Bei einer 17jährigen borderlinegestörten Patientin beispielsweise war ein aktiver Typ der Anorexia nachgewiesen, d.h. sie benutzte Abführmittel, trieb Sport und induzierte Erbrechen. Dazu führte sie sich einen Wasserschlauch von beträchtlichem Durchmesser durch die Speiseröhre in den Magen ein und spülte sich diesen nach den Mahlzeiten aus.

Störungen der Sexualität können bereits bei älteren borderlinegestörten Kindern, aber besonders im Jugendalter festgestellt werden. In unserer Untersuchungsstichprobe zeigten 25,0% der Jungen und 54,2% der Mädchen bestehende Zeichen der Störung ihrer Sexualität. Die nachfolgenden Angaben zu Aktivitätsqualitäten konnten nur ungenau identifiziert werden, oder es gab Doppelaktivitäten. Etwa 60% der 21 Jungen der Heimstichprobe fielen durch sexuell provokantes Verhalten (Kernberg, 1986) in unterschiedlicher Form auf. Sie ließen sich zum Zweck der Geldbeschaffung an unterschiedlichen Orten vorsätzlich oder zufällig auf sexuelle Manipulationshandlungen mit erwachsenen Männern ein. Die Kontakte auf größeren Bahnhöfen bei Beurlaubungen üblich. Aus Angaben der Betroffenen konnte in Einzelgesprächen eruiert werden, daß sie sich am Geschlechtsteil berühren ließen oder ihr Gegenüber berühren mußten. Auch oraler Kontakt wurde häufig geschildert. Da aus formalen und persönlichen Gründen nur wenige Jungen gesprächsbereit waren, ist die genaue Kontaktverteilung nicht rekonstruierbar. Bei zwei Jungen dieser Untergruppe wurde bekannt, daß sie sich im Alter von 14 bzw. 15 Jahren mit demselben Mann, oftmals zu dritt, regelmäßig in dessen Wohnung trafen. Dieser Kontakt brach ab, als der Mann inhaftiert wurde, weil Eltern anderer Kinder, die er ebenfalls sexuell mißbrauchte, ihn angezeigt hatten — erst durch das Geständnis des Mannes wurde die Beziehung zu den beiden Jungen bekannt.

Ungefähr 40% der Untergruppe der 21 Jungen waren gegenüber jüngeren männlichen und weiblichen Mitbewohnern oder fremden Kindern aggressiv-sadistisch im Sinne von Sexualtätern aktiv geworden. Dies konnte man vorwiegend den Unterlagen entnehmen. Bei den 13 Mädchen der Stichprobe dominierte ein riskantes Sexualverhalten in Form eines häufigen und schnell wechselnden, unkritischen sexuellen Sich-Einlassens mit gleichaltrigen oder älteren Jugendlichen. Bei einigen war ein Wechsel von zwei bis drei Partnern am Tag bekannt. Nur 30% dieser Mädchen hatten diese sexuelle Kontaktqualität zu erwachsenen Männern. Die Altersspanne bei den Mädchen reichte von 12 bis 17 Jahren. Interessanterweise waren bei 70% der Mädchen mit Störungen der Sexualität Anteile einer undifferenzierten Bindungsstörung (Brisch, 1999) zu beobachten. Sie traten in der Kontaktgestaltung jedem freundlich bis distanzlos gegenüber. Brisch spricht in bezug auf diese Gruppe Bindungsgestörter von einer sozialen Promiskuität. Es hat den Anschein, als sei sexuelle Promiskuität bei borderlinegestörten weiblichen Jugendlichen ein Ausdruck dieser Bindungsqualität. In der Gesamtstichprobe der borderlinegestörten Jungen und Mädchen mit Störungen der Sexualität waren in der Anamnese hochprozentig sexuelle Mißbräuche nachweisbar. Auf genaue Angaben wird hier verzichtet, da in den Unterlagen oftmals nur der Verdacht formuliert war.

Betrachtet man den Sachverhalt der Störung der Sexualität für die borderlinegestörten älteren Kinder und Jugendlichen der Heimstichprobe psychodynamisch, so wird bei den Jungen der subjektive Nutzen, der sekundäre Gewinn der Handlung deutlich. Bei den Mädchen läßt sich dies nur vermuten. Man weiß aus der klinischen Praxis, daß häufiger sexueller Wechsel innerhalb der Gleichaltrigen auf die Position in der Rangordnung oder andere kurzfristige gruppendynamische Ziele verweist.

Aus Gesprächen mit den Betroffenen geht hervor, daß ein gefühlsmäßiges Sich-Einlassen mit dem jeweiligen Gegenüber der sexuellen Handlung nicht vorhanden ist, ja sogar abgewehrt wird. Wenn trotzdem eine gefühlsmäßige Besetzung erfolgt, so ist diese absolut und vollkommen im Sinne einer realitätsfremden Idealisierung. Dulz & Schneider (1997, S. 20) sprechen in diesem Zusammenhang von einer »anhedonistisch-multivariaten Sexualität«. Sie bringen damit zum Ausdruck, daß die gelebte Sexualität von Menschen mit einer Borderline-Störung zwar ohne körperliche Funktionsstörungen abläuft, Intimität und emotionale Tiefe jedoch vermieden werden (Berner, 2000).

Zusammenfassend kann für die Störung der Sexualität von borderlinegestörten älteren Kindern und Jugendlichen aus dieser Stichprobe festgestellt werden, daß provokante und riskante pseudohyperaktive Verhaltensstrategien dominieren. Sie repräsentieren vordergründig eine gefühlsdistanzierte Handlung zum persönlichen Vorteil. Die Sexualität ist eher instrumentalisiert. Bezogen auf das späte Kindes- und Jugendalter ist ein frühes Einsetzen von ausgelebter, umschriebener perverser und paraphiler Sexualität eher der Einzelfall. Bei einem Großteil borderlinegestörter Jugendlicher ist weiterhin vielmehr eine Hemmung der Sexualität bekannt.

Substanzenmißbrauch ist eine weitere Form der impulsiven Selbstdestruktion bei borderlinegestörten Kindern und Jugendlichen. In diesem Abschnitt soll nur auf den selbstdestruktiven Aspekt des Substanzenmißbrauchs eingegangen werden. Dabei wird von einer Störung der Lust-Unlust-Regulation ausgegangen. Ein anderer Aspekt des Substanzenmißbrauchs ist der Einsatz von Suchtmitteln zur Unterstützung der borderlinetypischen inadäquaten Realitätsorientierung, d. h. der bewußt induzierten Veränderung der Phantasietätigkeit (vgl. Abschnitt »Realitätsinadäquate Phantasien und Substanzenmißbrauch«, S. 168 ff.). In unserer Untersuchungsstichprobe der Heimkinder mit einer Borderline-Diagnose zeigten 28,6 % der Jungen und 37,5 % der Mädchen aktenausweislich oder aktuell bestehende Anzeichen von Substanzenmißbrauch.

Das Spektrum der Einnahme von Rauschmitteln bei borderlinegestörten Kindern und Jugendlichen beginnt beim Sammeln von Kräutern und Pilzen, bei denen eine Rauschwirkung bekannt ist, erhofft oder erwartet wird. Es dominieren hier zwar naive Vorstellungen über die Wirkungsweise; andererseits erstaunt immer wieder die Kenntnis von Pflanzen und Pilzen, die zu gefährlichen Vergiftungen führen können. Die Aussicht auf den »Kick« und die damit verbundene Bewußtseinstrübung ist stärker als das Wissen um die Gefährlichkeit der Wirkstoffe. Ähnlich verhält es sich mit der Inhalation von chemischen Reinigungs- und Verdünnungsmitteln.

Der Alkoholkonsum von borderlinegestörten Kindern und Jugendlichen beginnt frühzeitig, meist bereits im späten Kindesalter. In der Stichprobe war die früheste Angabe zum mißbräuchlichen Alkoholkonsum mit Rauschzuständen das Alter von 10 Jahren. Der Alkoholkonsum wird durch gruppendynamische Einflüsse stark beeinflußt, geht man davon aus, daß die Betroffenen bereits im Kindesalter durch Ausreißen und tage- bis wochenlanges Wegbleiben Zuflucht zu dissozialen Gruppierungen suchen. In der klinischen Praxis ist der mißbräuchliche Alkoholkonsum als tägliche Trinkgewohnheit zu finden, da auch die finanziellen Mittel (im Verhältnis zu den teuren Drogen) leichter aufzubringen sind. Bei etwa 30% der borderlinegestörten, substanzenmißbrauchenden männlichen Jugendlichen der Stichprobe ist auf der Basis dieser Trinkgewohnheiten häufig bereits ein beginnender Grad der körperlichen Abhängigkeit erreicht. Dieser kommt in der Abstinenzverlustphase dem Delta-Alkoholismus nach Jellinek nahe, einem Spiegeltrinken mit Entzugserscheinungen. Bei 30% der männlichen Jugendlichen war ein täglicher Drogenkonsum in kleinen Mengen festzustellen, wobei vorwiegend Cannabinoide, aber auch Amphetaminderivate (z. B. »Crystal«) genannt wurden. Die substanzenmißbrauchenden Mädchen der Stichprobe agierten nach vorliegenden Daten vorwiegend auf der Ebene des gelegentlichen Drogenkonsums von Cannabinoiden und Amphetaminderivaten. Bei 40% der substanzenmißbrauchenden weiblichen und männlichen Jugendlichen war ein unregelmäßiger Konsum von Opioiden (Heroin) und Kokainderivaten (Crack) bis zu zweimal im Monat zu beobachten. Hinsichtlich der beschaffungskriminellen Handlungen des »Dealens« konnten aus der Stichprobe keine Angaben abgeleitet werden. Betrachtet man diese Zahlen der Heimstichprobe von borderlinegestörten Kindern und Jugendlichen, so kann man von einem ziemlich intensiven Substanzenmißbrauch sprechen. Die Daten sind jedoch mit Vorsicht hinsichtlich ihrer Verallgemeinerungsmöglichkeit zu genießen.

Psychodynamische Erklärungsansätze des Substanzenmißbrauchs bei Menschen mit einer Borderline-Persönlichkeitsorganisation orientieren sich am Spannungsabbau, an der Affektabwehr und -regulation, der Selbstwertstabilisierung und an der Abwehr von Triebdurchbrüchen, besonders bei versagenden Abwehrmechanismen (Lürßen, 2000).

Bindungstheoretische Erklärungsmodelle sind aus der Literatur kaum bekannt. Brisch (1999) beschreibt den Zusammenhang von frühen Bindungsenttäuschungen und der Entwicklung vermeidender Bindungsqualitäten. Auch bei eigenen bekannten Fällen und unseren Untersuchungen (Ettrich, Hofmann & Huth, 2001) zum möglichen Zusammenhang von Störungen der Bindungsorganisation und emotionaler Regulation dominiert bei substanzenmißbrauchenden borderlinegestörten Jugendlichen eine unsicher-vermeidende Bindungsentwicklung. Diese nimmt die Qualität eines übersteigert-selbstgenügsamen und emotional ungebundenen Bindungsstils nach dem Erwachsenen-Bindungsprototypen-Rating an (Strauss et al., 1999a, 1999b). Die emotionalen Regulationsbesonderheiten bei diesen Jugendlichen waren geprägt durch Mechanismen der entwertenden Distanzierung anderer Personen. Auch der Zusammenhang von Bindungsdesorganisation mit Substanzenmißbrauch war nachweisbar.

Fallbeispiel Olaf

Olaf ist zum Zeitpunkt des Kontakts ein 18jähriger junger Mann. Er kam im Rahmen eines Begutachtungsauftrags wegen Körperverletzung, Drogenkonsum und Drogenhandel in meine Praxis.

Angaben zur Lebensgeschichte:
Die Mutter habe seit seiner Geburt immer wieder wechselnde Lebensgefährten. Seinen Vater habe er bisher nur selten gesehen,

und den Aufbau einer Beziehung zu ihm strebe er nicht an. Er habe einen sechs Jahre jüngeren Bruder, mit dem er immer schon ein konflikthaftes Verhältnis hatte – sie seien im Verhalten und Charakter sehr unterschiedlich. Der Bruder habe einen anderen Vater. Er selbst sei anfangs jedesmal froh gewesen, wenn die Mutter einen neuen Mann kennenlernte, da er sich immer einen Vater wünschte. Allerdings habe er sich nur mit wenigen verstanden. Bis zum Beginn der Schulzeit, so könne er sich erinnern, habe die Mutter wenig Zeit für ihn gehabt. Von der Schulzeit sei ihm noch bewußt, daß die Mutter sich immer auf die Seite ihrer Partner stellte, die sich in die »Erziehung einmischten«. Auch seinen Bruder habe sie mehr unterstützt, er selber habe zurückstecken müssen. Ab seinem 13. Lebensjahr habe sich die Beziehung zur Mutter zugespitzt. Er sei ihr gegenüber ablehnend aufgetreten, wobei es auch zu handfesten Auseinandersetzungen mit dem damaligen Lebensgefährten der Mutter gekommen sei. Olaf erinnert sich an sein Verhalten bis zu dieser Zeit wie folgt: Er erscheine zwar anderen gegenüber als temperamentvoll, jedoch schätze er sich selbst als eher ruhig, zurückhaltend und abständig (gemeint ist innere Distanz) ein. Er habe einen »geringen Sinn für seine Familie« entwickelt und schon als kleines Schulkind seine Zeit lieber mit »Kumpels« verbracht, als zu Hause zu sein.

Olaf habe den Kindergarten zunächst in Dresden besucht, da seine Mutter dort studierte. Das letzte Jahr des Kindergartens habe er in seiner jetzigen Heimatstadt verbracht. Er erinnere sich noch, daß er im Kindergarten andere Kinder schlug. Deshalb sei er oftmals von seiner Mutter und später der Großmutter vorzeitig abgeholt worden. Er habe als kleines Kind viel herumgeträumt. In seinen ersten Lebensjahren sei er häufig bei seiner Großmutter gewesen, die Mutter habe nach ihrem Studium eine anspruchsvolle Stellung in der Industrie übernommen und wenig Zeit für ihn gehabt. Die Großmutter habe ihn sehr herrisch und streng erzogen, besonders im Leistungsbereich sei viel Druck auf ihn ausgeübt worden, wodurch seine Leistungsmotivation schwand. Auch seine Mutter habe unter dem Einfluß der Oma gestanden, weshalb sich Olaf ihr bei Streitigkeiten mit der Großmutter nicht anvertrauen konnte. Heute sei der Kontakt zur Oma – wegen ihres Erziehungsverhaltens – schlecht. Zur Mutter, die negativ auf den Substanzenmißbrauch reagierte, habe er keinen Kontakt mehr.

Im Verlauf seiner schulischen Karriere habe Olaf durchschnittliche Leistungen erbracht. Bessere Leistungen seien möglich gewesen. In der Schule habe er wegen seiner aggressiven Entgleisungen häufig die Klasse wechseln müssen. Das Verhältnis zu seinen Mitschülern sei immer beeinträchtigt gewesen, eine richtige Freundschaft habe er nie gehabt. Dies sei noch schlimmer geworden, als er aufs Gymnasium kam. Die »scheinheilige Leistungswelt« konnte er nicht aushalten. Die Lehrer dort seien arrogant und eiskalt gewesen. Er habe sie gehaßt, wie auch die meisten seiner überheblichen Mitschüler. Er fühlte sich ständig unnütz und dumm, was ihn alle hätten spüren lassen. Er sei immer häufiger ausgerastet, habe die Umwelt feindlich erlebt und ständig das Gefühl gehabt, sich verteidigen zu müssen. Als er es dort nicht länger ausgehalten habe, sei er in der 9. Klasse auf eine Realschule gewechselt. Zum damaligen Zeitpunkt habe er sich um seinen Bruder kümmern müssen, da seine Mutter aus beruflichen Gründen nur alle 14 Tage zu Hause war. Er habe zu dieser Zeit begonnen, »herumzuziehen«. Er sei nächtelang durch die Stadt spaziert und mit der Bahn umhergefahren. Erst dann habe er sich frei und in Ruhe gelassen gefühlt. Sein Desinteresse an der Beaufsichtigung des Bruders habe zu massiven Konflikten mit der Mutter, ihrem damaligen Lebensgefährten und der Großmutter geführt. In dieser Zeit habe er begonnen, die Interessen der »Punker« zu vertreten. Auch durch sein entsprechendes Aussehen seien zusätzlich viele Probleme entstanden.

Nach Beendigung der Schule mit dem Abschluß der zehnten Klasse sei sein Leben zunächst planlos verlaufen. Er habe nur »rumgehangen« und nicht gewußt, wie es weitergehen sollte. Er sei einfach ziellos gewesen. Seine Mutter habe ihm dann eine Lehrstelle als Vermessungstechniker verschafft. Ein Jahr lang habe er während der Ausbildung in einem Internat gelebt. Hier sei er ebenfalls ein Außenseiter gewesen. Nur mit einem »Typ« habe er ab und an gesprochen, mit dem er dann nachts viel herumgezogen sei. Er habe die Lehre nach einem Jahr abgebrochen, da er mit den Bedingungen nicht zurechtkam – besonders mit den Lehrausbildern und Berufsschullehrern habe es Probleme gegeben. Ihm sei es wieder wie in der Schulzeit ergangen. Er habe sich gedemütigt und klein gefühlt, alle seien gegen ihn eingestellt gewesen. Olaf sei ab dieser Zeit keinem geregelten Tagesablauf mehr nachgegangen, sondern habe sich regelrecht »gehen lassen«, in den Tag hineingelebt, sei zeitweise bis fünf Uhr früh wach gewesen. Er habe sich eine Traumwelt aufgebaut. Schon unter Einfluß von Drogen, habe er sich vorgestellt, reich zu sein und allen zu beweisen, was für ein »cooler Typ« er sei. Gleichzeitig habe er erkannt, daß er kein Arbeitsmensch und kein Mensch für dieses Leben sei.

Zu seinen Partnerschaften gab Olaf an, daß er seit dem 14. Lebensjahr sehr viele Freundinnen hatte, nach seiner Meinung zu viele. Er fühle sich unfähig, eine vertrauensvolle Partnerschaft einzugehen. Viele seiner bisherigen Beziehungen hätten nur auf sexuellen Kontakten basiert. Er wolle immer seine Autonomie wahren und habe ein bedrängendes und erstickendes Gefühl, wenn man sich ihm nähert. Um dem aus dem Weg zu gehen, beende er jedesmal vorzeitig die Beziehung. Er habe Angst, daß eine Frau zu nah an ihn herankomme. Seine längste Beziehung habe ein Jahr gedauert, sie habe nur auf Sex basiert. Die Partnerschaft zu der Frau, die ihn später angezeigt habe, sei dagegen sehr innig und liebevoll gewesen. Um so mehr sei er jetzt von ihr enttäuscht. Er habe sie im Drogenrausch auf einer Party kennengelernt. Zwischen beiden habe es sofort »gefunkt«. Durch die Drogen seien sie sehr eng zusammengekommen. Wegen einer handgreiflichen Auseinandersetzung zwischen ihnen, der Eskalation seines Drogenkonsums sowie einer angeblichen Prostitution ihrerseits sei die Beziehung auseinandergegangen.

Befragt nach seiner Zukunftssicht, äußerte Olaf, daß er momentan »planlos« sei. Er hoffe, daß sich etwas ändere, würde gern wieder mit seiner Ex-Freundin zusammenkommen, jedoch seien die Umstände momentan ungünstig. Er könne sich nicht vorstellen, in der »Provinz« zu bleiben, und wolle gern nach Berlin, um sich dort zu einem technischen Konstrukteur umschulen zu lassen.

Anamnese des Substanzenmißbrauchs:
Olaf nahm seit dem 12. Lebensjahr in seinem sozialen Umfeld regelmäßig Alkohol zu sich. Seiner Meinung nach sei eine »psychische Abhängigkeit« entstanden, als er 13 Jahre alt war. Mit 14 Jahren habe er das erste Mal gekifft, für etwa ein Jahr habe er dann keinen Alkohol mehr zu sich genommen. Danach habe er sowohl Drogen als auch Alkohol konsumiert. Mit 17 Jahren sei er zu LSD übergegangen, nachdem er sich über die Effekte und Wirkungen der Droge erkundigt hatte. Ursprünglich habe er aus Neugier angefangen, Drogen zu nehmen. Der Drogenkonsum habe immer in sozialer Einbettung stattgefunden, doch es sei auch vorgekommen, daß er zu Hause einen Joint rauchte. Kokain habe er mit 15 Jahren das erste Mal allein ausprobiert. Auch Speed habe er schon genommen. Er selbst gab an, daß er keine Abhängigkeit von diesen Drogen verspürt habe. Als er dann die Droge Crystal regelmäßig probierte, seien Entzugserscheinungen aufgetreten, die auf eine körperliche und psychische Abhängigkeit hindeuteten. Er vermute, daß sich in diesem Stoff auch Heroin befand. Er habe Veränderungen in seiner Psyche dahingehend bemerkt, daß er ein größeres Selbstbewußtsein spürte. Aber auch seine aggressiven Entladungen seien häufiger vorgekommen. Früher habe er hauptsächlich Drogen zu sich genommen, um Probleme zu lösen. Dies sei momentan nicht mehr der Fall. Er habe jetzt kein Verlangen« mehr nach Drogen und nehme sie nur gelegentlich, wenn ein anderer ihn dazu ermuntere. Seine Hausärztin habe ihm wegen innerer Unruhe und Schlafstörungen Beruhigungstabletten verschrieben, die er regelmäßig zu sich nehme. Er könne von den Geschehnissen des Tages schlecht abschalten, weshalb ihn Einschlafstörungen plagten. Zu seinem Handel mit Drogen meinte er, es sei allmählich dazu gekommen. Unter »normalen« Umständen hätte er dies nicht getan. Die zunächst geringfügigen Aktivitäten hätten sich zusehends verstärkt.

Eingeholte Befunde:
Von der behandelnden Allgemeinärztin erging folgender Befund: Beim letzten Termin habe Olaf über Schlafstörungen, Unruhe,

Angstzustände und Halluzinationen geklagt. Er fügte von sich aus hinzu, daß er keine andere Möglichkeit sehe, als diesen Zustand mit Alkohol und Drogen zu kompensieren. Er komme zu der Ärztin nur sehr sporadisch und sei unzuverlässig.

Der Bericht des behandelnden Kreiskrankenhauses gibt Auskunft darüber, daß Olaf sich im Januar 1999 drei Wochen in stationärer Behandlung befunden habe. Er schaffe es nicht allein, von den Drogen loszukommen, und wolle eine Entgiftung in der Klinik versuchen. Im psychischen Befund sei der Patient bewußtseinsklar gewesen, zur Zeit, zum Ort und zur Person voll orientiert. Der Gedankengang war formal geordnet, die Sprache monoton. Der Patient wirkte verlangsamt, im Gespräch freundlich, dennoch leicht reizbar. Gedankeninhaltlich fanden sich keine Symptome einer produktiv psychotischen Symptomatik. Es habe sich eine bedrückte Stimmungslage gezeigt. Der Nachweis von Amphetaminen im Urin erfolgte zum damaligen Zeitpunkt. Olaf wurde auf das Medikament Aponal eingestellt. Im stationären Verlauf habe sich eine massive Entzugssymptomatik mit psychomotorischer Unruhe entwickelt. Ein unerlaubtes Entfernen von der Station endete mit der Einnahme von Amphetaminen. Er erklärte, er wolle dennoch versuchen, ohne Drogen zu leben. Im weiteren Verlauf sei seine Stimmung von häufigen Wechseln geprägt gewesen, einmal habe Olaf kooperativ an den Therapien teilgenommen, ein anderes Mal habe er sich völlig zurückgezogen. Familiäre Diskrepanzen spielten eine große Rolle, er finde kein Verständnis in der Familie. Sein Verlangen nach Drogen sei während des stationären Aufenthalts immer wieder sichtbar geworden. Ende Januar wurde er auf eigenen Wunsch entlassen. Zum Entlassungszeitpunkt sei er zunehmend ungeduldig, spürbar unbeherrscht gewesen, habe das Verlangen nach Amphetaminen geäußert und die Station ohne Abmeldung verlassen.

Im Sommer 2000 wurde Olaf einem Facharzt für Psychiatrie und Neurologie vorgestellt. Die psychiatrische Exploration und Untersuchung ergab folgende Angaben: Zu ersten Erfahrungen mit Rausch-

71

mitteln sei es mit 14 Jahren gekommen – er selbst habe den Konsum angestrebt. Das Rauchen von Marihuana habe er als angenehm empfunden. Aus der Berufsausbildung sei Olaf wegen Arbeitsbummelei und Drogenkonsum entlassen worden (Angaben der damaligen Lehrstelle). Zuvor sei es zum Bruch mit der Mutter gekommen, die ihn aus der Wohnung verwiesen habe. Zur Finanzierung seines Drogenkonsums habe er sich zeitweise als Dealer betätigt und auf der Straße oder in Abbruchhäusern gelebt. Olaf habe über zunehmende Trugwahrnehmungen und Realitätsverlust berichtet, daher der Aufenthalt in einer psychiatrischen Klinik. Im Laufe des Jahres 1999 sei er zweimal in Berlin in einer Wohngemeinschaft Drogenabhängiger gewesen und habe dort versucht, sein Suchtverhalten in den Griff zu bekommen. Diese Versuche ebenso wie die Behandlung habe er abgebrochen. Wegen verschiedener Delikte (Diebstahl, Körperverletzung) laufe ein Gerichtsverfahren gegen ihn. Derzeit lebe er allein, zur Mutter beständen kaum Kontakte. Gelegentlich helfe ihm die Großmutter.

Während der neurologischen Untersuchung war Olaf bewußtseinsklar und in allen Dimensionen sicher orientiert. Motorisch wirkte er unruhig und nervös mit häufigen Nestelbewegungen und Bewegungsunruhe der Hände. Er trinke derzeit 5–10 Flaschen Bier, dies jedoch nicht jeden Tag. Eine innerlich stabile Abstinenzhaltung in bezug auf den Drogenkonsum war keineswegs erkennbar – bei dem Patienten liege eine Suchterkrankung mit Abhängigkeit von Drogen und Alkohol vor. Es fänden sich deutliche Zeichen eines Kontrollverlusts. Er sei differenziert, aber emotional labil und selbstwertunsicher. Er habe erkannt, daß er seine Einstellung ändern muß, sei bisher aber nicht über einige Behandlungsansätze hinausgekommen.

Überlegungen zu Störungen in der Bindungs- und Beziehungsentwicklung:
Dieses Fallbeispiel wurde gewählt, weil es illustriert, daß nicht nur bei fremderzogenen, sondern auch bei formal familiengebundenen Kindern und Jugendlichen eine Borderline-Störung entstehen kann.

Die Mutter des Betroffenen ist zum Zeitpunkt der Begutachtung beruflich erfolgreich und sozial anerkannt. Aus den Angaben des jungen Mannes wird eine frühe Störung der Bindungsentwicklung deutlich. Die Mutter selbst scheint eher eine unsicher-vermeidende, zwanghaft selbstgenügsame Bindungsrepräsentation aufzuweisen, die tendenziell eine übersteigerte autonomiestrebige Qualität annimmt. Sie äußert sich in einer ehrgeizigen und auf Leistung bezogenen kompensatorischen Grundhaltung. Die Mutter grenzt sich frühzeitig von dem Sohn ab. Wechselnde Partnerschaften weisen auf eine »Bindungsflucht« hin. Es scheint, als entziehe sie sich so den Einflüssen ihrer eigenen Mutter, der Großmutter des jungen Mannes, die Olaf als dominant fordernd und diktatorisch beschreibt. Die mangelnde Stabilität des Bindungsangebots und der Haltefähigkeit der Mutter zeigt sich besonders dann, wenn Olaf zunehmend problematisch reagiert.

Bereits frühzeitig zeigt die Bindungsentwicklung von Olaf nicht nur eine defizitäre Feinfühligkeit der Mutter, sondern auch die Erfahrung von Ablehnung, mangelndem Schutz und wenig Anerkennung. Die Labilität in der Beziehungsgestaltung der Mutter führte beim Kind von Geburt an zu häufigem Wechsel der männlichen Bindungspersonen und zu Irritationen hinsichtlich einer Identifikationsfigur. Auch real erlebte Demütigung und Entwertung durch die männlichen Bezugspersonen gepaart mit Bindungsfrustrationen durch die Mutter sind wahrscheinlich. Er erlebte die Mutter nie auf seiner Seite. Zumindest wird dies in der Schulzeit sichtbar, in der er die permanente Bedrohung durch Lehrer oder Autoritätspersonen spürte.

Seine frühzeitig vorhandene unsicher-vermeidende Bindungsstörung, die aus der Irritation entstand, wird in der Rivalität zum später geborenen Bruder aktiviert und verstärkt. Die anzunehmende aggressive Bindungsstörungsqualität zeigt sich ab dem Kindergartenalter. Hier führen aggressive Entladungen zu sozialen Integrationsproblemen. Die unsicher-vermeidende und seit dem Schulalter autoaggressive Entwicklung manifestiert sich in sozialem Rückzug. Olaf flüchtet in Phantasiewelten und begegnet so einer emotionalen

Isolation. Er hat keine Freunde, sieht sich durch die Umwelt bedroht und agiert bzw. inszeniert protestierend seinen Beziehungsausstieg, indem er Leistungsanforderungen nicht erbringt und damit sich selbst durch Auslassen von Chancen schadet. Trotzdem – sicher auf Betreiben der ehrgeizigen Mutter – besucht er das Gymnasium. Anzeichen einer unsicher-vermeidenden, bindungslosen und aggressiven Bindungsstörung mit Selbstbestrafung werden im Abbruch des Gymnasiums und in der beginnenden Pubertät sichtbar. Einerseits provoziert er durch sein äußeres Auftreten (als Punker) die aggressive Ablehnung durch andere Personen. Andererseits inszeniert er Hilferufe. In der Partnerschaft äußert sich seine Bindungsstörung massiv durch Probleme in der Nähe-Distanz-Regulierung und durch ein undifferenziertes Muster an Beziehungserwartungen und -ängsten, die ein verwickeltes, chaotisches Beziehungsmuster dokumentieren. Daß massive Trennungs- bzw. Bedrohungsängste aktiviert werden, zeigt sich in aggressiven körperlichen Übergriffen auf den Menschen, den er liebt und dessen Nähe er sich nach der Trennung besonders wünscht.

Überlegungen zur spezifischen emotionalen Regulation der
»Borderline-Angst«:
Aus den Angaben von Olaf, aus dem Bild von seiner Mutter läßt sich auf frühe Trennungs-, Verlust-, Versagens- und Bedrohungsphantasien schließen. Sie wird als nicht verfügbar, ablehnend und distanziert dargestellt. Zugleich äußert er sich zur Mutter – anders als zur Großmutter – eigentlich nicht negativ. Die Identifikation mit männlichen Personen scheint eher reale Demütigungen und Entwertungen zu beinhalten. Negative Gefühle, minderwertig, ungeliebt und ausgestoßen zu sein, sowie eine Umwelt, die er als bedrohlich erlebt und auf die er seit dem Kindergartenalter aggressiv-impulsiv reagiert, deuten auf eine Überforderung in der identifikatorischen Entwicklung hin.

Im schulischen Bereich wiederholen sich massive, affektiv früh angelegte Regulationsstörungen der Wahrnehmung und Bewertung von sich selbst und anderen. Permanente Bedrohungsphantasien von

Autoritätspersonen (verbindlichen Bezugspersonen) wirken sich auf seine emotional regulatorischen Bemühungen aus. Sie führen zu Spannungen, die er nur durch Rückzug und Flucht in eine selbstgewählte und selbstbestrafende Einsamkeit lösen kann. Hier entwickeln sich realitätsfremde Phantasien von einer »heilen Ersatzwelt«, einer unantastbaren Welt von Größe und phantasiertem Reichtum. Die anfänglichen kindlich-offenen, impulsiv-aggressiven Regulationsbesonderheiten verändern sich zu aggressiv-selbstdestruktiven Qualitäten. Die unterstützende und begünstigende Spannungskontrolle durch Substanzenmißbrauch hat außerdem den Effekt der Perfektionierung seiner unrealistischen Phantasiewelt.

Besonders in der Beziehung zur Freundin wird der schnelle, impulsiv-ungesteuerte Wechsel der emotionalen Besetzung dieser weiblichen Person sichtbar. Die Störung der emotionalen Nähe-Distanz-Regulation zeigt sich einerseits in ihrer Idealisierung, andererseits in ihrer Entwertung mit aggressiv-impulsiver Qualität. Berauschende Substanzen werden als emotional-regulatorisches Hilfsmittel zur Wahrnehmungsarbeit, Spannungsreduktion und Selbstwertstabilisierung eingesetzt und führen zu einer sekundären Abhängigkeitsentwicklung.

Impulskontrollverlust und Störung der affektiven Regulation mit fremdaggressiver Qualität

Impulsives, fremdaggressives Verhalten wurde oben als Problem der Beziehungsgestaltung bei borderlinegestörten Kindern und Jugendlichen dargestellt. Ähnlich der autoaggressiven und destruktiven Impulsivitätsdynamik spricht die impulsive, fremdaggressive Verhaltensstrategie für eine reflexiv-emotionale Regulationsqualität in der Borderline-Persönlichkeitsorganisation. Dadurch wird eine adäquate Anpassungsleistung an die Entwicklungsaufgaben kaum möglich. Die betroffenen Kinder und Jugendlichen sind kaum in der Lage, emotionale Inhalte zu reflektieren und zu steuern. Im nachhinein äußern sie häufig ein undifferenziertes »aufsteigendes Gefühl in der Magengegend«, das sie nicht näher bezeichnen können, und das sie einfach zwingt, sich abzureagieren. Es ist von einem allgemein diffusen Spannungszustand auszugehen.

Die sekundären und realen Auslöser der impulsiv-aggressiven Entladungen sind indifferent und im vorab nicht auszumachen. Neben real auslösenden Frustrationssituationen (Trennung von der Freundin, Weggang einer Bezugsperson u. a. m.) können auch Trennungs-, Versagens-, Verlust- und Bedrohungsphantasien in alltäglichen Situationen auftreten. Der Mensch auf der Straße, der »mich dumm anschaut«; der Lehrer, der eine Forderung stellt; die Erzieherin, die nachdrücklich zum Abendbrot ruft. Alle diese Momente haben eine subjektive Bedeutung, die die »Borderline-Angst« aktiviert. Im allgemeinen ist die aggressiv-impulsive Abreaktion ebenso unspezifisch. Gegenstände, die sich anbieten oder im Weg stehen, werden zerstört – eine Tatsache, mit der Betreuungseinrichtungen leben müssen. In der Regel hilft bei den stationären Einrichtungen der Jugendhilfe nur ein gut kalkulierter Pflegesatz, der die Renovierung der Schäden abdeckt bzw. einrechnet. Egal wie und in welchem Umfang die Renovierung sich gestaltet, man muß in ungünstigen Zeiten mit dem Unverständnis von Jugendamtsmitarbeitern rechnen, die nicht verstehen können, warum die Tür kaputtgeschlagen ist oder die Fensterscheibe gerade fehlt.

Eine Vorphase solch aggressiv-impulsiver Entladungen – ich nenne sie Aura – ist kaum auszumachen. Meist spüren die engen Bezugspersonen, daß »etwas in der Luft liegt«. Das Ansprechen des Betreffenden vor dieser Phase des Abreagierens ist immer eine abzuwägende Einzelfallösung. Meist hat dies aber keinen Sinn und führt eher zum sofortigen Ausbruch. Problematisch ist es, wenn Personen diesen haltlosen Entladungen zum »Opfer fallen«. Nicht selten sind schwerere Verletzungen die Folge, da ein ungehemmtes Abreagieren nicht einkalkuliert, wohin und mit welcher Kraft geschlagen wird.

Fallbeispiel Rene

Es soll hier der Fall einer aggressiv-impulsiven Fremdverletzung nach realer Bindungsfrustration geschildert werden. Rene wohnt in

einer Wohngruppe mit sieben weiteren Kindern und Jugendlichen.
Er ist zum geschilderten Zeitpunkt (Herbst 2000) 16 Jahre alt.

Beobachtete Situation der aggressiven Fremdverletzung:
Rene hatte in der Wohngruppe seine Freundin kennengelernt, bei der
ebenfalls eine Borderline-Störung diagnostiziert wurde. Das
Mädchen kam später in die Gruppe, legte gegenüber den Jungen ein
riskantes Sexualverhalten an der Tag und schloß sich rasch Rene an,
der als »Führer« der Wohngruppe galt. Das Mädchen zeigte unsicher-vermeidende Bindungsqualitäten und war bis zu diesem Zeitpunkt durch Weglaufen und eine geringe Integrationsmotivation mit
delinquenter Entwicklung aufgefallen. Insofern hatte sie ohnehin die
Einstellung, die Wohngruppe schnell wieder zu verlassen. Sie ging
sofort eine Beziehung zu einem anderen jungen Mann außerhalb der
Wohngruppe ein. Durch Spaltungsmechanismen konfrontierte sie
Rene nach relativ kurzer Zeit mit ihrem »Freund«, bei dem sie sich
mittlerweile eingerichtet hatte. Rene, der sie in dieser Zeit »verliebt«
idealisierte und in der Annäherungsphase eine zunehmende »Nähe«
zu ihr probierte, ging sofort darauf ein. Da auch die Betreuerinnen
vom Auftauchen der Jugendlichen mit ihrem Freund überrascht
waren (und werden sollten), konnte niemand die aggressiv-impulsive Entladung erahnen. Rene entäußerte sich innerhalb weniger
Sekunden. Er reagierte sich aber nicht an dem Mädchen oder ihrem
Freund ab, sondern an seiner Kontaktbetreuerin, die gerade Dienst
hatte und zu ihm ging, um ihm in seiner Enttäuschung beizustehen.
Schon auf die Frage hin, wie es ihm gehe, schlug er brutal auf sie ein.
Ein männlicher Betreuer, der ihn halten wollte, bekam dieselbe Stärke der Aggression zu spüren. Die Betreuerin mußte mit Verdacht auf
eine Schädelverletzung sofort medizinisch behandelt werden und
wurde ins Krankenhaus eingewiesen. Nachdem Rene sie niederge-
schlagen hatte, rannte er in den nahen Wald und rief nach zwei Stunden von seinem Handy an, um sich bei der Betreuerin zu entschuldi-
gen. Er hatte wahrscheinlich überhaupt nicht realisiert, daß sie
wehrlos am Boden gelegen hatte und nicht mehr reagieren konnte.
Am Telefon sagte man ihm, sie sei vom Notarzt abgeholt worden.

Daraufhin unterstellte er, dies sei nur ein Trick, weil sie ihm jetzt sicher böse sei.

Angaben zur Lebensgeschichte:
Rene wurde 1984 geboren. Die Geburt und die frühkindliche Entwicklung des Jugendlichen seien normal verlaufen. Seine Eltern haben beide den Realschulabschluß. Der Vater des Jugendlichen ist als Kraftfahrer tätig, die Mutter erhält Rente wegen eines Bandscheibenvorfalls. Rene hat eine zwei Jahre jüngere Schwester. Zum Zeitpunkt der Geburt der Schwester sei der Jugendliche für ein Vierteljahr bei seiner Oma aufgewachsen. Ab seinem 3. Lebensjahr habe er den Kindergarten besucht. Aus den vorwurfsvollen Erzählungen der Mutter sei ihm bekannt, daß er bereits im Kindergarten meist nur »Mist baute«. Mit sechs Jahren sei er eingeschult worden. Rene habe bis zur zweiten Klasse die Grundschule besucht, danach sei er aufgrund von Verhaltensauffälligkeiten in eine Förderschule für Erziehungshilfe mit Internat umgeschult worden. Er habe nach Beendigung der Klasse 8 die Realschule verlassen. Eine Benotung seiner Leistungen sei zuletzt nicht möglich gewesen, da der Schulbesuch durch mehrfaches Fehlen (Klinikaufenthalte und Schulverweigerung) unterbrochen war. 1997 sprang der Jugendliche im Alter von 13 Jahren aus dem Fenster der elterlichen Wohnung im 3. Stock, nachdem er vom Vater wegen eines Diebstahls geschlagen worden war. Seitdem war er auf eigenen Wunsch in Betreuung der Jugendhilfe.

Im September 1998 wurde wegen Renes aggressiver Entladungen erstmals ein Wechsel der Heimeinrichtung erforderlich. Wegen erneuter Aggressionen befand er sich 1999 durch einen Gerichtsbeschluß (§ 1632b BGB) in der geschlossenen Abteilung einer kinder- und jugendpsychiatrischen Klinik. Weitere Aufenthalte in Heimeinrichtungen folgten, bis für Rene im April 2000 eine geeignete Einrichtung gefunden wurde, in der die Erzieher auf das zu erwartende Verhalten von Rene angemessen reagieren konnten. Insbesondere wird auffällig, daß es dem Jugendlichen sehr schwerfällt, sich in eine Gruppe einzuordnen und Regeln und Normen zu akzeptieren.

Seit April 2000 befindet sich der Jugendliche in der oben genannten Wohngruppe. Im Sommer brach der Kontakt zu den Eltern völlig ab. Aus deren Sicht ist das Verhältnis, insbesondere das zum Vater, stark gestört. Seit seinem Aufenthalt in der Wohngruppe verliefen die wenigen Kontakte zur Familie ausnahmslos mit Auseinandersetzungen. Beide Seiten zeigten sich dabei nicht kompromißbereit. Eine Rückkehr in den elterlichen Haushalt wird demzufolge, sowohl von den Eltern als auch von Rene abgelehnt. Beide Seiten wünschen keine weiteren Beurlaubungen ins Elternhaus. In einem Gespräch mit Rene bedauerte er diese Situation offen. Er habe versucht, es den Eltern recht zu machen, es sei aber alles »Sch...« gelaufen. Er habe sich bemüht, den Eltern Erfolge berichten zu können, doch sie hätten das gar nicht registriert. Der Vater habe sich an Kleinigkeiten hochgezogen und gleich losgebrüllt. Es sei dann zu körperlichen Auseinandersetzungen zwischen ihnen gekommen. Die Mutter wende sich immer gleich ab und rede dann nicht mehr mit ihm. Er hasse seine »Alten«. Seine Mutter wolle er zwar nicht enttäuschen, aber was er auch tue, er könne es ihr nicht recht machen. Er sei deshalb verzweifelt und wisse nicht weiter.

Beobachtete Verhaltensweisen:
Im Leistungsbereich konnte festgestellt werden, daß Rene über eine durchschnittliche Intelligenz verfügt. Er ist in der Lage, sich über längere Zeit zu konzentrieren, auch nach schwerer körperlicher Arbeit zeigt er kaum Ermüdungserscheinungen. Die Interessen des Jugendlichen liegen im Bereich der KFZ-Instandhaltung, bei der er gute Fähigkeiten zeigt. Bisher gab es in der Lebensgeschichte von Rene noch keine dauerhafte und kontinuierliche Beschäftigung. Es mangelt an Stetigkeit, wobei dies auf die fehlende Motivation des Jugendlichen und nicht auf zu geringe Fähigkeiten zurückzuführen ist.

In der Wohngruppe konnte, wie auch in den anderen Einrichtungen, ein sehr impulsives Verhalten von Rene beobachtet werden. In Einzelsituationen und im Umgang mit ihm vertrauten Personen verhält er sich durchaus kooperativ. In Gruppensituationen gerät er zusehends unter Druck. Er wird vorlaut, arrogant und überspielt seine Unsicherheit mit Clownerien. In solchen Situationen weist er eine geringe Frustrationstoleranz auf. Er scheint sich und den anderen etwas beweisen zu müssen. Dies ist seine Art, die Angst vor Nichtakzeptanz und seine Selbstunsicherheit zu überspielen – Rene baut regelrecht eine Fassade auf. In Streßsituationen reagiert der Jugendliche impulsiv mit verbaler Aggression in Form von Gewaltandrohungen. Er läßt seine Wut auch am Mobiliar aus. Jugendliche der Einrichtung griff er ebenfalls tätlich an.

Im Symptombereich zeigen sich bei Rene während des Aufenthalts in der Wohngruppe folgende Besonderheiten: stark gestörte Beziehungs- und Bindungsfähigkeit, narzißtische Kränkbarkeit, sehr geringe Frustrationstoleranz, häufiges Androhen von Gewalt, manchmal auch von Suizidabsichten, latent suizidale Handlungen (Alkoholmißbrauch), Herausfordern von »Kampfgegnern«, Ritzen, Kopf gegen Wände und Türen schlagen, massive Reaktionen bei Wunschversagung (besonders Alkohol- und Drogenmißbrauch), permanente Entwertung von Personal und Bezugspersonen. Rene kaschiert sein sehr geringes Selbstwertgefühl durch Überhöhung und Selbstdarstellung (Clownerie, Imponiergehabe). Auffällig sind weiterhin stark sexualisierte Verhaltensweisen gegenüber Männern und Frauen, extrem starkes Macht- und Mittelpunktstreben (z.B. wurde Rivalität mit einer Axt reguliert), Übererregbarkeit, Affektlabilität, schneller Wechsel zwischen euphorischen und depressiven Phasen in Zeiten erhöhter psychischer Belastung (Schlaflosigkeit, Appetitverlust, Überaktivität).

Eingeholte Befunde:
Im Rahmen seines Aufenthalts in der Klinik wurden bei Rene aufgrund seiner Verhaltensweisen Störungen des Sozialverhaltens mit narzißtischer Problematik diagnostiziert. Wie aus dem Bericht der Klinik hervorgeht, führe die Selbstunsicherheit des Jugendlichen dazu, daß er sich in Konfliktsituationen nicht adäquat zur Wehr setzen kann. Er fühle sich in Frustrationssituationen so sehr angegriffen, daß kein innerer positiver Kern ihn vor eigen- und fremdgefähr-

denden Reaktionen zurückhalten kann. Er schlage zu, wenn ihn die narzißtische Kränkung tief treffe. Andere Konfliktlösungen seien ihm in diesen Momenten nicht möglich. Durch mangelnde Ich-Stärke und Identitätsunsicherheit sei der Jugendliche schutzlos seinen eigenen destruktiven Impulsen und Angriffen aus der Außenwelt ausgeliefert. Vermutlich suche er Schutz und Sicherheit – enttäuscht von der Mutter, die ihm in ihrer eigenen Unsicherheit den notwendigen Schutz versagte und alle Schuld auf ihn übertrug, habe Rene immer mehr »den Boden unter den Füßen« verloren.

Nach der Entlassung aus der Klinik und einem kurzzeitigen Verbleib in einem weiteren Kinderheim wechselte der Jugendliche wegen aggressiver Verhaltensweisen in eine andere Heimeinrichtung. Aus dieser liegt folgender Bericht vor: Rene zeige von Beginn an Verhaltensauffälligkeiten, so daß eine Integration in die Gruppe nur schwer möglich war. Streitigkeiten trage er mit solcher Gewalt aus, daß sich die Erzieher nicht dazwischen wagen. Durch seinen regelmäßigen Alkoholkonsum sei der Jugendliche unberechenbar. Auf Anforderungen reagiere er häufiger überhaupt nicht. Mehrfach unterschlage der Jugendliche zweckgebundene Gelder, reagiere auf Klärungsgespräche aggressiv. Wenn ihm etwas zuwider läuft, zerschlage er wiederholt Gegenstände. Die Eltern von Rene distanzierten sich zunehmend von ihm, wodurch sich sein Verhalten verschlechtere. Er verweigere die Schule, provoziere und werde aggressiv. Ausschlaggebender Grund für die Entlassung aus diesem Kinderheim war ein Vorfall im Januar 2000. Rene sei derart ausgerastet, daß er Blumentöpfe zerschlug, einen Stuhl im Haus herumwarf, die Klingel demolierte und tätlich gegenüber einer Erzieherin wurde. Nach einer Beratung der Betreuer des Heims wurde Rene aus Sicherheitsgründen aus der Einrichtung verwiesen. Insbesondere sei sein Verhalten durch eine geringe Frustrationstoleranz und Kritikunfähigkeit gekennzeichnet. Immer wieder sei es zu heftigen verbalen und auch tätlichen Auseinandersetzungen gekommen, so daß das Kinderheim eine weitere Zusammenarbeit ablehne. Wurden an den Jugendlichen unliebsame Forderungen gestellt oder wurde ihm etwas vorenthalten, habe er sehr aggressiv und unkontrolliert reagiert. Nach diesem Zwischenfall wurde er wieder geschlossen psychiatrisch untergebracht.

Überlegungen zu Störungen in der Bindungs- und Beziehungsentwicklung:

Da Rene erst ab seinem 13. Lebensjahr beim Jugendamt bekannt wurde, waren nur wenige Daten zu seiner Entwicklung zugänglich. Als Indikatoren für die Bindungsentwicklung sind besonders seine Äußerungen zu den Gefühlsqualitäten gegenüber seinen Eltern und die Beziehungsgestaltung in der Wohngruppe zu sehen. Deutlich wird eine allgemeine Irritation in der Beziehung zu seinen Eltern. Es besteht keine Differenzierung hinsichtlich der Bindungserwartungen und des Bindungsmusters an Mutter und Vater. Nimmt man seine Äußerungen, er könne tun, was er wolle, es sei seinen Eltern nie recht, so weist dies eher auf mangelnde Gegenseitigkeit, geringe Bindungszuverlässigkeit, Fehlen von Schutz, Anerkennung und Verfügbarkeit hin.

Dornes (1997) fand heraus, daß bereits Säuglinge ihr Verhalten an der Reaktion der Eltern orientieren. Dieser Sachverhalt weist eher auf eine frühe Bindungsdesorganisation Renes hin. Bindungsdesorganisation ist einerseits auf individuelle Komponenten der reflexiv-emotionalen Regulation des Verhaltens zurückzuführen, anderseits spielen interaktionelle Komponenten der Feinfühligkeit der Eltern eine Rolle. Die Mutter verhält sich in Situationen der Bindungswünsche Renes unspezifisch und undifferenziert abwehrend, sie erfaßt nicht die Bedürfnislage des Jungen. Der Vater reagiert offenbar schnell mit körperlicher Gewalt, die meist mit Demütigung und Entwertung einhergeht.

Renes Verhaltensprobleme im Kindergarten und in der Schule zeigen, daß sich diese Irritation in der Bindungsqualität in den Folgejahren weiterentwickelt. Die Situation des Fenstersprungs ist ein Hinweis auf das angstmachende Gewaltpotential, mit dem er aufwuchs. Seine eigenmotivierte Hilfesuche beim Jugendamt spricht einmal mehr für seine ambivalente Suche nach Schutz und Struktur, die er aber, bindungsdesorganisiert, nicht realisieren kann. Eine aggressive Bindungsstörung, in der Bindung über Kampf erzwungen werden soll, führt zur Ablehnung und zum Ausschluß aus bindungsverpflichteten Systemen, die ihn, wie im Fall seiner Eltern, nicht aushalten.

Überlegungen zur spezifischen emotionalen Regulation der
»Borderline-Angst«:
In der Lebenssituation der Wohngruppe, in der das oben beschriebene Ereignis stattfand, verdeutlichen sich die aufgrund der Bindungsvulnerabilität vorhandenen reflexiv-emotionalen Regulationsstörungen. Trennungs-, Verlust-, Versagens- und Bedrohungsphantasien und damit in Verbindung stehende »Borderline-Ängste« kann man in der Beziehung zu Gleichaltrigen und verpflichteten Bezugspersonen nachweisen. Ein breites Spektrum gestörter Mechanismen der Wahrnehmung und Bewertung von sich selbst und anderen zeigt sich in der Qualität des Agierens von Rene. Die Bindungsdesorganisation wird in pathologischer reflexiv-emotionaler Form kompensiert. Es erfolgt mit hoher Wahrscheinlichkeit eine pathologische Stabilisierung angstmachender labiler Bindungs- und unklarer interpersoneller Wahrnehmungsmuster. Dies geschieht durch »Vereinfachungen« in der Nähe-Distanz-Regulation, durch vermeidende egozentrisch-autonomiestrebige Selbsterhöhungen, durch Zuschreibungen einseitiger Bedrohung von seiten »böser« und durch Idealisierung »guter« Menschen. So führen zum Beispiel Bedrohungsphantasien in Verbindung mit übersteigertem Anerkennungsanspruch zu aggressiv-impulsiven Entladungen gegenüber einseitig negativ besetzten »Angreifern«. Eine Kooperation in der Gruppe mit gleichaltrigen Mitbewohnern ist damit nicht möglich.

Für eine unrealistische Idealisierung steht demgegenüber das beschriebene Ereignis der impulsiven Fremdaggression. Die Freundin, die ihn zur eigenen Angstreduktion einsetzt, wird von Rene idealisiert. Er entwickelt zudem pubertäre sexuelle Phantasien. Als das Mädchen ihn dann real massiv frustriert, gelingt es ihm deshalb nicht, sie sofort als tatsächlichen Auslöser seiner Frustration zu identifizieren. Die Idealisierung der Freundin wird aufrechterhalten, die Frustration entlädt er aggressiv-impulsiv an der Betreuerin, die gerade Dienst hat. Sie ist aufgrund der Bindungserinnerungen an die leibliche Mutter die ambivalent besetzte und entwertete Bezugsperson. Ihr besorgtes Nachfragen, was denn los sei, und ihr damit verbundenes Hilfsangebot kann er situativ nicht adäquat realisieren. Im Gegenteil, ihr Verhalten wird im Kontext des »Mutterbildes« als zusätzlich bedrohlich und labilisierend erlebt. Er entwertet quasi die unzuverlässige und ihm nicht zur Seite stehende Mutter.

Generell ist festzustellen, daß gerade die Bezugspersonen impulsiv-aggressiv entwertet und bestraft werden, die dem Betroffenen am nächsten stehen und sich um ihn bemühen. Das ist eine schwere, aber nicht zu umgehende Anforderung an alle, die mit betroffenen Kindern und Jugendlichen arbeiten.

Impulskontrollverlust und Störung der affektiven Regulation mit aggressiv-delinquenter Qualität

Unter dem Begriff der delinquenten Verhaltensweisen sind alle sozial devianten oder kriminellen Verhaltensweisen im strafrechtlichen Sinne zu verstehen, legt man soziale und gesellschaftliche Normen zugrunde. Die delinquente Entwicklung im Kontext der Borderline-Störung ist im Phänomenbereich Ausdruck eines normativen Rechtsbruchs. In ihrer Dynamik kann sie allerdings als tiefe Gestörtheit in der Gestaltung der komplexen Beziehung zur Umwelt angesehen werden, die auf moralischen Wertsystemen basiert. Die moralische Entwicklung der individuellen Akzeptanz sozialer Normen schließt sowohl die interpersonelle Beziehungsgestaltung als auch die Beziehung zu den gegenständlichen Symbolen und Wertsymbolen des Gesamtkomplexes Gesellschaft und Umwelt ein. So gesehen ist die Borderline-Störung nicht nur eine soziale Störung schlechthin, sondern eine Störung in der moralischen Bindung an die Gesellschaft. Dieser Schluß basiert darauf, daß sich die Problematik in den frühen interaktionell-familiär bedingten Bindungsmustern nicht nur in der späteren interpersonellen Beziehungsgestaltung, sondern auch in der Gestaltung der Beziehung zum sozialen Umfeld und in den gesellschaftlich-normativen Strukturen äußert.

Im Entwicklungsumfang der Symptomatik der Borderline-Störung im Kindes- und Jugendalter läßt sich über Substanzen- und Alkoholmißbrauch, impulsives fremdgefährdendes Verhalten und selbstdestruktive Verweigerung gegenüber sozialen Pflichten (Schulproblematik, Weglaufen) dieses komplexe Muster der sozialen Bindungsstörung (Einbindungsstörung) gut erkennen. Es ist von einem breiten Band sozial gestörten Verhaltens auszugehen, das während der Entwicklung der Kinder und Jugendlichen durchaus in gesellschaftlich-moralisch sanktionierten Verhaltens- oder Erscheinungsformen zutage treten *kann*.

Die folgenden Ausführungen beziehen sich auf das strafrechtlich relevante Alter ab 14 Jahren (Strafmündigkeitsregelung nach § 19 StGB). Natürlich sind analoge Handlungen auch vor dem Erreichen der Strafmündigkeit bekannt. Bei 60% der jugendlichen Straftäter in der Stichprobe »Heimkinder mit einer Borderline-Störung« sind bereits vor dem Erreichen der Strafmündigkeit delinquente Verhaltensweisen – in Form gesellschaftlich abgelehnter Erscheinungsformen – nachweisbar. In der klinischen und gutachterlichen Praxis lassen sich solche Verhaltensweisen bei borderlinegestörten, jugendlichen Straftätern prinzipiell in zwei psychogenetische Ebenen unterscheiden:

• Die *habituell-delinquente Verhaltensentwicklung* ist geprägt durch gesellschaftlich-moralisch sanktionierte Verhaltens- oder Erscheinungsformen, die in antisoziale Entwicklungsverläufe eingebettet sind.
• Die *ereignis- oder situationsinduzierten delinquenten Verhaltensweisen* im Kontext der Borderline-Persönlichkeitsstörung bringen die Unmittelbarkeit der Störung der reflexiv-emotionalen Regulation in einer konkreten Tathandlung zum Ausdruck.

Die Notwendigkeit der Unterscheidung in zwei psychogenetische

Ebenen ergibt sich aus der Tatsache der unterschiedlichen Qualität von Tathandlungen bzw. der differenzierten psychodynamischen und juristischen Bewertung. Bei Tathandlungen oder Tathandlungsverbindungen kann es zur Überschneidung beider Ebenen kommen.

Die habituell-delinquente Verhaltensentwicklung von borderlinegestörten Kindern und Jugendlichen

Der Begriff der *habituell-delinquenten Verhaltensentwicklung* impliziert das bereits genannte breite Band sozial gestörten Verhaltens. In diesem Zusammenhang wird davon ausgegangen, daß die habituell-delinquente Verhaltensentwicklung auf der borderlinetypischen und frühen reflexiv-emotionalen Regulationsstörung basiert und habitualisierte antisoziale Entwicklungen bedingt. Diese antisozialen Entwicklungen borderlinegestörter Kinder und Jugendlicher sind durch eine unspezifische aggressive und normabweichende Impulsivität in bezug auf die Anforderungen der sozialen Beziehungsgestaltung gekennzeichnet.

In der von uns untersuchten Stichprobe (vgl. Tabelle 2, S. 37) konnte bei 63,1 % der Jungen und 50,0 % der Mädchen die Symptomkategorie »Delinquenz« festgestellt werden. Sie beinhaltet kindlich delinquentes Verhalten vor der Strafmündigkeit und jugendliche Straftaten, die bereits registriert und damit als gesellschaftlich sanktioniertes Verhalten aktenkundig wurden, unabhängig von der Art der delinquenten Verhaltensweise. Symptomkategorien wie Anzeigen wegen impulsiver Aggression, Verfahren wegen Substanzenmißbrauchs oder -handels sind in dieser Kategorie nicht enthalten, sondern ausschließlich Eigentumsdelikte (Diebstahl, Einbruch) und Verkehrsdelikte (Fahren ohne Führerschein, meist in Verbindung mit Autodiebstahl) handelt. In der Analyse wurde nicht in bestrafte oder nicht geahndete Verhaltensweisen unterschieden. Auch wurde nicht zwischen einmaligen oder Mehrfachtätern unterschieden.

Die habituell-delinquente Verhaltensentwicklung als eine psychogenetische Ebene der gesellschaftlich mißbilligten Verhaltensweisen wurde bisher auf dem Hintergrund des sichtbaren und damit strafrechtlich relevanten (bestrafbaren) Verhaltens dargestellt. Bei einer extrovertierten Störung in der Beziehungsgestaltung werden in der habituell-delinquenten Verhaltensentwicklung keine Normen eingehalten. In der Praxis zeigen sich bei den betroffenen Kindern und Jugendlichen emotionale und psychosoziale Besonderheiten in der Persönlichkeitsorganisation. Diese gehen mit Störungen in der Beziehungsgestaltung, besonders des Sozialverhaltens mit oppositionellem, aufsässigem Verhalten, einher. Verbunden ist diese Störung des Sozialverhaltens mit einer unspezifischen aggressiven Impulsivität bzw. der Unfähigkeit, antizipatorisch Normen einzuhalten und strafrechtlich relevantes Verhalten zu vermeiden. Unspezifische aggressive Impulsivität kommt in der Unfähigkeit zum Ausdruck, Reue, Schuld, Mitgefühl und soziale Verantwortung zu entwickeln. Die Betroffenen sind scheinbar unfähig, aus Strafen zu lernen (Rauchfleisch, 2000).

Intellektuelle Defizite sind *ein* Indikator für die reifebedingt fehlende Unrechtseinsichtsfähigkeit (§ 3 JGG) oder die mangelnde Fähigkeit, das Unrecht der Tat einzusehen (§§ 20, 21 StGB). Die fehlende Einsicht in normabweichendes Verhalten steht jedoch nicht immer in Verbindung mit intellektuellen Defiziten. Im Gegenteil, es kommt mit dem sogenannten »kriminellen Charme« eine emotional »kalte« und oberflächliche, aber wohlmotivierte Verhaltensqualität zum Einsatz, die ein intellektuelles Wissen um Normen und Recht bzw. Unrecht impliziert. Aus der klinischen und gutachterlichen Praxis sind Fälle borderlinegestörter Kinder und Jugendlicher, bei denen zusätzlich intellektuelle Entwicklungsdefizite vorliegen, dagegen weniger bekannt.

Eckert et al. (1997) verweisen, ähnlich Dulz und Jensen (1997), auf die Prävalenz der Borderline-Persönlichkeitsstörung bei Straffälligkeit von Erwachsenen. Sie unterscheiden jedoch in geschlechtsspezifische Entwicklungen. Ein erheblicher Anteil der Insassen deutscher Strafvollzugsanstalten erfülle die Kriterien einer Borderline-Persönlichkeit. Dabei dominieren die männlichen Strafgefangenen. Weibliche Gefangene seien als Patienten in der klinischen

Stichprobe eher zu finden. In unserer Stichprobe der borderlinegestörten Heimkinder gab es prozentual etwa gleich viele delinquente
Jungen und Mädchen. Bei 55 % der Jungen und Mädchen treffen in
diesem Zusammenhang Hilfemaßnahmen nach § 34 in Verbindung
mit § 35; § 35a KJHG zu (Hilfemaßnahmen im Sinne von Heimun-
terbringung und intensiver therapeutischer Einzelbetreuung bei seelischer Behinderung). Bei 25 % lag Schutzmaß nach § 1631 b BGB
(mit familiengerichtlichem Beschluß, der ausgesetzt wurde) und bei
20 % gerichtliche Zuweisung nach §§ 3 ff. JGG (Erziehungsmaßre-
gel zur Heimerziehung) vor.

Bei der Borderline-Störung im Erwachsenenalter gehen Dulz und
Jensen (1997) davon aus, daß das antisoziale Verhalten eines ihrer
Symptome ist. Sie berufen sich unter anderem auf Kernberg (1988),
der ermittelte, daß sich bei »allen antisozialen Persönlichkeitsstörungen regelmäßig eine typische Borderline-Persönlichkeitsstruktur« feststellen läßt (Dulz & Jensen, 1997, S. 192). Bei Klini-
kern und Forschern stößt die Annahme von persönlichkeitsgestörten
(auch Borderline-Störung) oder psychopathischen, antisozialen
Kindern und Jugendlichen auf Ablehnung (Hare, 2000). Problematisch ist für die Annahme psychopathischer, antisozialer Störungen
im Kindes- und Jugendalter, sie von Störungen der emotionalen Entwicklung und des Sozialverhaltens zu unterscheiden. Hare (2000)
verweist auf Untersuchungen, wonach Kinder mit Störungen des
Sozialverhaltens zum Teil psychopathische Züge aufweisen (fehlendes
Schuldgefühl, fehlendes Mitgefühl, oberflächlicher Charme, aufsäs-
siges, impulsives Verhalten), die zu falschen Schlüssen führen könnten.
Die Gefahr einer möglichen Stigmatisierung von Heranwachsenden
scheint jedoch nicht mehr so schwerwiegend, wenn man demgegenüber die Chancen früher Interventionsmöglichkeiten bedenkt.

Kinder und besonders Jugendliche werden zusätzlich mit den
gesellschaftlichen Entwicklungsproblemen, der tendenziell zuneh-
menden Kriminalität und den damit verbundenen normativen
Urteilsschwierigkeiten konfrontiert. Wie die Kinder-, wird auch die
Jugendkriminalität als Ausdruck entwicklungsbedingten Spiel- und
Probierverhaltens verstanden (Schwind, 2000). Bei ca. 75 % des

delinquenten Verhaltens von Kindern vor der Strafmündigkeit und des strafrechtlichen Verhaltens von Jugendlichen bleibt der Rechtsbruch eine einmalige Episode (Pongratz et al., 1977). In Untersuchungen von Hare (2000) an männlichen Teenagern in Nordamerika und Großbritannien im Jahre 1993 gaben mehr als 50% der Befragten zu, in der Vergangenheit eine oder mehrere kriminelle Handlungen begangen zu haben. Schwind erforschte in Untersuchungen das Dunkelfeld der Jugendkriminalität in Deutschland (Kirchhoff, 1975; Frehse, 1978; Schumann et al., 1985). Die entsprechenden Befragungen von Schülerinnen und Schülern zeigen eine hohe Rate (86%) von unentdeckten Straftaten (Schwind, 2000, S. 66). Das Spektrum der angegebenen strafrechtlich relevanten Handlungen reicht von Prügeleien, Sachbeschädigung, Diebstahl bis zum Fahren ohne Fahrerlaubnis und Betrug.

Diese Beispiele sollen verdeutlichen, daß besonders im Kindes- und Jugendalter eine Differenzierung der habituell-delinquenten Verhaltensentwicklung im Kontext der Borderline-Persönlichkeitsorganisation kompliziert ist, da sie vor dem Hintergrund der Kinder- und Jugendkriminalität betrachtet wird. Modelle der Kriminalitätserklärung aus soziologischer und sozialpsychologischer Perspektive treffen nicht den Kern des motivationalen und psychodynamischen Gefüges der habituell-delinquenten Verhaltensentwicklung. Hinzu kommen, besonders aus der soziologischen Perspektive, Erklärungsversuche anhand eines psychologischen Defizitmodells. Selbst verhaltens- und lerntheoretische kriminologische Ansätze, die die Bindungsentwicklung betrachten, darunter der Ansatz nach Gottfredson & Hirschi (1990), erklären die Entwicklungsbedingungen von Kriminalität nur im psychosozial normabweichenden Verständnis. Sie gehen von einem Zusammenhang zwischen Konformität und Selbstkontrolle in Abhängigkeit von der Erziehung aus und beziehen die steigende emotionale Bindung des Kindes an die Eltern auf eine sinkende Delinquenz. Im Vordergrund dieser Ansätze steht »nur« die Entwicklung über die Identifikation durch Sanktionierungsbedingungen.

Auch nach dem Urteil der Moralpsychologie ist die Entwicklung normativen und nichtnormativen Handelns von der pädagogisch-erzieherischen Ebene abhängig. Entwicklungspsychologische Ansätze sprechen von einem Einsetzen der Moralentwicklung im Alter von zwei bis fünf Jahren. Nach Piaget (1983) steht das Stadium des kindlichen Egozentrismus mit der kognitiven Auseinandersetzung mit Regelwerken in Zusammenhang. Auch bei Kohlberg (1977; 1987) wird der Beginn der moralischen Urteilsentwicklung als kognitiver Prozeß ins Vorschulalter gelegt, indem mit der Orientierung an Gehorsam und Strafen bzw. Konsequenzen richtiges und falsches Denken und Handeln gelernt wird. Nach Kohlberg ist in diesem Alter das »moralische Universum« in das »Gute«, das belohnt wird, und das »Schlechte«, das bestraft wird, geteilt. Folgt man dem Ansatz der frühen reflexiv-emotionalen Regulationsstörung vor dem Erreichen des Vorschulalters, so ist die Moralentwicklung in Verbindung mit der Herausbildung von habituell-delinquenten Verhaltensweisen im bindungstheoretischen Verständnis nicht erklärbar.

Ereignis- oder situationsinduzierte delinquente Verhaltensweisen

Für ereignis- oder situationsinduzierte delinquente Verhaltensweisen sind ein Impulskontrollverlust und die Störung der affektiven Regulation mit aggressiver Qualität verantwortlich. Es handelt sich hier nicht um eine unspezifische aggressive Impulsivität im Kontext antisozialer Entwicklungen, sondern um eine spezifische, auf ein Ereignis oder eine konkrete Situation bezogene delinquente Handlung mit impulsiven aggressiven Entladungen. Meist trifft dies auf strafrechtlich relevante fremdaggressive Handlungen wie Körperverletzung, Mord, Totschlag oder auch Brandstiftung zu, oder es sind selbstdestruktiv-autoaggressive Handlungen, z. B. Verstöße gegen das Betäubungsmittelgesetz. Das Kriterium für die ereignis- oder situationsinduzierten delinquenten Handlungen ist der »episodische Verlust der Impulskontrolle als Versuch der Angstreduktion vorwiegend im Zusammenhang mit realer und subjektiv empfundener Kränkung ...« (Dulz & Schneider, 1997, S. 60). Hinsichtlich der

Kriminalitätseinstufung spielt für die fremdaggressiven Handlungen die Gewaltproblematik eine wichtige Rolle. Hier wird zwischen Gewalt gegen Personen (Gewalttätigkeiten: Körperverletzung, Tötungsdelikte, Vergewaltigungen) und Gewalt gegen Gegenstände (Vandalismus, Brandstiftung) unterschieden.

Aus der klinischen und gutachterlichen Praxis lassen sich vielfältige individuelle Verläufe nachvollziehen, bei denen sich die ereignis- oder situationsinduzierten delinquenten Verhaltensweisen nicht zwingend aus antisozialen Entwicklungen ergeben müssen. Sie können im Phänomenbereich durchaus relativ isoliert und eigenständig, auch als Mehrfach- oder Wiederholungstat, vorkommen, ohne daß andere delinquente Handlungen nachweisbar sind. Wie bereits erwähnt, ist eine prinzipielle Trennung beider Qualitäten der delinquenten Entwicklung (Impulskontrollverlust und Störung der affektiven Regulation mit aggressiv-delinquenter Qualität) immer eine Einzelfallentscheidung.

Die ereignis- oder situationsinduzierten delinquenten Verhaltensweisen können auch die Qualität einer multiplen Delinquenzentäußerung mit antisozialen Entwicklungen annehmen. In der intrapsychischen Dynamik und der Qualität der affektiven Entladung unterscheiden sich beide Delinquenzentwicklungen. Bei den ereignis- oder situationsinduzierten Verhaltensweisen spielt eine unmittelbare und subjektiv bedeutsame Auslösesituation in Form von realen oder phantasierten Ängsten (Trennung, Bedrohung, Verlust, Versagen) eine Rolle, die handlungsdynamisch in Aggression umgesetzt wird. Bei den habituell-delinquenten Verhaltensweisen kann eine latente, zur »Gewohnheit« gewordene und zunehmend gelebte antisoziale aggressive Grundhaltung angenommen werden.

Bindungsstörung – »Borderline-Angst« – Aggression – Delinquenz
Delinquente Verhaltensweisen von borderlinegestörten Kindern und Jugendlichen sind nicht gleichzusetzen mit kriminellen Handlungen, wie Pubertierende sie begehen. Sie basieren im allgemeinen Verständnis auf frühen Versagens- und Frustrationserlebnissen

91

(Rauchfleisch, 2000). Emotionale Mangelzustände und frühe Traumatisierungen sind bei delinquenten Karrieren borderlinegestörter jugendlicher Straftäter nachweisbar. Nicht zwingend entstammen sie sozial schwachen Milieus. Meist gibt es aber eindeutige Hinweise auf frühe Bindungsprobleme. Straftäter machten in ihrer Kindheit und Jugend häufiger Heimerfahrungen als diejenigen, die in familiären Strukturen aufwuchsen (Roß, 2000).

Die Delinquenz der Borderline-Persönlichkeitsorganisation ist nicht nur eine Störung des Sozialverhaltens oder der moralischen Entwicklung bzw. ein Ausdruck sozialer Entwurzelung. Solche Phänomene haben eher eine sekundäre entwicklungspsychopathologische Qualität. Sie sind die Folge der frühen Störung der affektiven und reflexiv-emotionalen Regulation, die an dieser Stelle nochmals thematisiert werden soll.

Auf dem Boden einer gestörten Mutualität, der gegenseitigen affektiven Abstimmung der Eltern-Kind-Interaktion (Milch, 1998), ist die frühe affektive Selbstregulation des Säuglings unzureichend (Sarimski & Papoušek, 2000). In der weiteren Entwicklung führt dies zur risikohaften Bindungsunsicherheit von ambivalenter und vermeidender Qualität oder zur Bindungsdesorganisation. Die reflexiv-emotionale Selbstempfindung der eigenen Person in Beziehung zu Bindungspersonen ist labilisiert und für die weitere Entwicklung der betroffenen Kinder gestört. Trennungs- und Verlustängste realer Art werden aufgrund der entstandenen Bindungsvulnerabilität als phantasierte, frei flottierende, diffuse und imperative Ängste weiterentwickelt. Im Kontext der »Borderline-Angst« entwickeln sich Ärger und Aggression. In allen Fällen erleben die betroffenen Kinder, bei denen sich eine Borderline-Störung herausbildet, ein individuell traumatisierendes und multipel defizitäres Bindungsmilieu. In diesem werden die Bedürfnisse nach Schutz, Zuwendung, emotionaler Verfügbarkeit der Bindungspersonen nicht nur behindert, sondern auch massiv frustriert.

Diese traumatisierende Frustration wirkt sich auf alle weiteren Entwicklungsprozesse der geistigen und emotionalen Fähigkeiten aus. Die Frustration von frühen physiologischen (ab dem 2. Monat, spätestens aber ab dem 6.–8. Monat) und späteren geistigen und kommunikativen Bedürfnissen ist der Auslöser der trennungsangstinduzierten Aggression der Borderline-Störung, zumal zusätzlich phantasierte Erwartungsängste wirken.*

Daß Aggressionen nicht nur im beobachtbaren Verhalten ausgelebt werden, zeigen Angaben, nach denen bei ständiger Zurückweisung von Bindungsbedürfnissen mit 12 Monaten kein Ärger oder Kummer mehr ausgedrückt wird. Ist dagegen die Zurückweisung des Ärgers in Bindungssituationen nicht konsistent, entsteht eine unstrukturierte und desorganisationsbegünstigende Situation, infolgedessen der Ärger deutlicher ausgedrückt wird. Im Alter von 8 bis 18 Monaten, in dem sich das Bindungssystem normalerweise strukturiert, wird auch die Aggressionsmodulation vielfältiger. Dies ist bedingt durch die motorische Entwicklung, durch die eine Vielfalt von Ziel-Mittel-Relationen möglich wird. Mit planvollem aggressiven Handeln werden bedürfnisbehindernde Situationen kompensiert. In dieser Zeit strukturiert sich auch die Reflexion der Beziehung der eigenen zu anderen Personen (die spezifische reflexiv-emotionale Regulation). Damit ist die Art und Weise der Bedürfnisbefriedigung verbunden. Voraussetzung ist die Fähigkeit, daß eigene emotionale Befindlichkeiten anderen mitgeteilt werden können. Stern (1992) spricht von der interpersonellen Bezogenheit der Affektabstimmung.

Störungen dieser Regulation oder der Modulation von gegenseitigen emotionalen Signalen auf interpersonelle Handlungen (was ist richtig oder falsch, was ist gut oder schlecht) führen – wie in den Versu-

---

* Entwicklungspsychologisch wird das Ärgererleben auf physiologische Fehlregulation mit Reaktionen von Kummer und Unbehagen bereits bei zwei Monate alten Säuglingen festgestellt (Brazelton & Cramer 1991). Ab dem 2. Lebensmonat (Kontrolle der Kopfbewegungen) und regelmäßiger ab dem 4. Monat entsteht Ärger vor dem Hintergrund der sich entwickelnden kognitiven Fähigkeiten, wenn Ziel-Mittel-Relationen frustriert werden (Lewis, Alessandri & Sullivan, 1990). Die Grundvoraussetzung für die Ärgerentwicklung bei frustrierten Ziel-Mittel-Relationen ist das Erkennen, daß Ziele durch bestimmte Mittel erreicht werden können. Erst dann ist Ärger eine Reaktion auf die Blockierung von Zielen und die Verletzung von Erwartungen (von Salisch, 2000).

chen von Stern (1992) – wegen der massiven und chronischen Defizitlage bei borderlinegestörten Kindern irgendwann zu situativen Irritationen oder fragenden Blicken.

Zum anderen kommt es höchstwahrscheinlich zu bleibenden Veränderungen der Wahrnehmung und Bewertung von Personen und deren Handlungen. Das Bild der permanenten Verlassenheit, das Gefühl,»böse zu sein« oder»nichts richtig zu machen«, chronifiziert sich in der Selbstwahrnehmung mit großer Wahrscheinlichkeit. Andere Personen werden einseitig verzerrt wahrgenommen und als bedrohlich, bestrafend, wertlos und klein erlebt. Roß (2000) stellt fest, daß gewalttätige bindungsgestörte Straftäter andere Personen abwerten und weniger auf Lob und Anerkennung ausgerichtet sind, obwohl sie in einer ungünstigeren Lebenssituation waren als die Personen der Kontrollstichprobe. Diese Gewalttätigen unterschieden sich zur Vergleichsstichprobe signifikant hinsichtlich der feindseligen Dominanz und empfanden weniger das Gefühl der Zuneigung.

In einer eigenen Pilotstudie (es handelt sich nicht um die bisher hinzugezogene Stichprobe) konnte nachgewiesen werden, daß bei borderlinegestörten jugendlichen Straftätern ein Zusammenhang zwischen Bindungsdesorganisation und Entwertung anderer Personen, Omnipotenz (Selbsterhöhung als angstreduzierender Selbstschutz) sowie impulsiver Aggression besteht (Ettrich, Hofmann & Huth, 2001).

Dulz und Jensen (1997) nehmen an, daß die delinquente Entwicklung der Borderline-Störung auf subjektiven, realtraumatischen Erfahrungen basiert. Diese Erfahrungen sind in der Regel massive und anhaltende emotionale Bindungsstigmatisierungen, die nicht zwingend, aber mit überdurchschnittlicher Häufigkeit mit Mißbrauchs- und Mißhandlungserfahrungen einhergehen. Delinquente Entwicklungen sind die Folge von frei flottierenden, diffusen und hilflos machenden imperativen Ängsten und daraus resultierenden chronischen Aggressionen und Haß (personenbezogene aggressive Qualität). Bowlby spricht von dysfunktionaler und destruktiver Wut der Verzweiflung (Bowlby, 1976, S. 298 f.).

Fremdaggressive Delinquenz konnte nach Dulz und Jensen (1997) überdurchschnittlich häufig als Folge körperlicher Mißhandlung festgestellt werden, autoaggressive Delinquenz hingegen als Folge von sexuellen Mißbrauchshandlungen. In unseren und anderen Untersuchungen konnte dies nicht eindeutig bestätigt werden, aber es gibt in der praktischen Arbeit deutliche Hinweise dafür.

Die delinquente Entwicklung der Borderline-Störung im Kindes- und Jugendalter kann durch habituell-delinquente Verhaltensentwicklungen mit antisozialen Qualitäten sowie ereignis- und situationsspezifischen Verhaltensweisen erklärt werden. Betrachtet man die delinquente Entwicklung im Kontext der gestörten moralischen Entwicklung, kann man davon ausgehen, daß frühe Störungen der entwicklungsnotwendigen Kontinuität und Regelhaftigkeit (Rauh, 1997) in der Bindungsbeziehung zu schweren Defiziten der affektiven und reflexiv-emotionalen Regulation führen. Man kann die Delinquenz der Borderline-Störung nicht nach normativen Maßstäben messen.

Die frühe Störung des bindungsbezogenen Urvertrauens, des Urgrunds jeder Moral (Oser & Althof, 1997), eine Störung, die eindeutig vor den klassischen Phasen der Moralentwicklung von Piaget und Kohlberg angelegt ist, entwirft die »Welt der Borderline-Störung« von Geburt an jenseits gesellschaftlich-moralischer Systeme. Dabei bieten die vorliegenden empirischen Ergebnisse der Säuglings- und Bindungsforschung einen plausiblen Erklärungsansatz. Sie sind jedoch noch nicht so umfassend, daß die komplexe Prozeßhaftigkeit dieser Störungsentwicklung durchschaubar beschrieben werden kann.

Fallbeispiel Robert

Durch einen Gutachtenauftrag zur Schuldfähigkeit, unter anderem wegen vier Delikten mit schwerer Körperverletzung und 26 Eigentumsdelikten, lernte ich Robert im Frühjahr des Jahres 2000 in einer Justizvollzugsanstalt kennen.

Angaben zur familiären und sozialen Entwicklung:
Robert wurde 1982 geboren. Er war zum Kontaktzeitpunkt gerade 18 Jahre alt geworden. In der Erhebung zur Eigenanamnese gab er an, seine Mutter sei bei seiner Geburt erst 18 Jahre alt und alleinerziehend gewesen. Sie habe sich aus nicht mehr nachvollziehbaren Gründen nicht ausreichend um ihn kümmern können (oder wollen?). Nach Aussagen von Robert ist sie damals nicht mit ihm »klargekommen«. Daher sei er bis zum 4. Lebensjahr sehr oft bei der Großmutter gewesen. Seinen leiblichen Vater kenne er kaum, bis heute bestehe zu ihm wenig Kontakt. Sie hätten einmal im Dezember 1999 telefoniert, jedoch sei das vereinbarte Treffen durch seine Inhaftierung nicht zustande gekommen. Zur Oma gibt er vor allem positive Erinnerungen an. Es sei bei ihr schön gewesen, und er habe sich sehr wohlgefühlt. In seinem 4. Lebensjahr sei die Oma an einem Karzinom erkrankt und zu schwach geworden, um sich weiterhin um ihn zu kümmern. Da seine Mutter ihn »nicht haben wollte«, sei er für zwei Jahre in ein Heim gekommen. Die erste Zeit habe er die Wochenenden bei seiner Großmutter verbracht, später habe er dies von der Mutter aus nicht mehr gedurft. Seine bis heute im Gedächtnis gebliebene Erinnerung an den Heimaufenthalt sei, daß die Nachtwache ihn einmal mit einem Pantoffel geschlagen habe und er oft Sehnsucht nach der Oma hatte. Gegen Ende dieser zweijährigen Zeit sei er zunehmend am Wochenende, später dann ganz in den mütterlichen Haushalt gekommen. Dies sei vorwiegend auf das Drängen des Jugendamtes erfolgt, habe ihm seine Mutter erzählt. Die Lage seiner Mutter habe sich verbessert, da sie im Jahre 1987/1988 heiratete. Die Rückkehr zur Mutter und das damalige Verhältnis zu ihr habe er selbst als gut empfunden. Sie habe ihn unterstützt. Wenn er etwas wollte, habe er es bekommen. Auch das Verhältnis zu dem neuen Partner der Mutter sei anfangs positiv gewesen. Jedoch habe er sowohl im Kontakt zu seiner Mutter als auch zum Stiefvater Liebe und Zärtlichkeit vermißt.

Die neue Umgebung habe er anfangs aufregend gefunden. Im Jahr 1991 sei seine Halbschwester geboren worden. Von diesem Zeitpunkt an sei es zu häufigen Streitigkeiten mit dem Stiefvater gekommen, wobei dieser auch öfter Schläge gegen ihn ausgeteilt habe, besonders dann, wenn er auf die Schwester aufpassen sollte und der Vater diese Aufgabe als nicht ausreichend durch ihn erfüllt empfand.

Angaben zur schulischen- und Leistungsentwicklung:
Robert hat sowohl die Kinderkrippe als auch den Kindergarten besucht. Den Kindergarten habe er wegen eines Umzugs einmal gewechselt. Er sei als schwieriges Kind bekannt gewesen, wisse er von der Mutter, die ihm dies immer wieder vorhielt. Im Jahre 1989 wurde Robert eingeschult. Während der 1. Klasse habe es keine Probleme gegeben. Danach sei die Familie innerhalb der Stadt umgezogen. In der neuen Schule habe er die 2. bis 4. Klasse besucht. Die 4. Klasse habe er wiederholen müssen. Im 5. Schuljahr sei ein erneuter Wechsel auf eine Schule mit Internat erfolgt, die er als Schule für »schwererziehbare Kinder« bezeichnet. Es handelte sich um eine Förderschule für Erziehungshilfe. Ein Jahr lang habe er dort das Internat besucht, sich dann aber geweigert, länger zu bleiben. Der Aufenthalt im Internat war nach seiner Ansicht notwendig geworden, da er in der Schule nicht mit den anderen Kindern zurechtkam und es körperliche Auseinandersetzungen gegeben habe. Anschließend habe er wieder ein Jahr lang eine »normale« Schule besucht. Robert habe die 8. Klasse nach Erreichen seiner zehnjährigen Schulpflicht auf einer Mittelschule mit befriedigenden und ausreichenden Noten abgeschlossen. Die häufigen Schulwechsel hätten eine spannende Abwechslung, aber auch viel Unruhe in sein Leben gebracht. Er habe oft, auch über längere Zeit, die »Schule geschwänzt« und andere »verprügelt«. Dies sei »besonders schlimm geworden«, als seine Schwester geboren wurde und sich seine familiäre Situation zuspitzte. In den Jahren 1997/1998 habe er ein berufsvorbereitendes Jahr absolviert. Er wollte eine Lehre als Bürokaufmann beginnen, habe aber zu viele Fehlstunden gehabt.

Angaben zur finalen delinquenten Karriere:
Als Roberts Großmutter 1995 gestorben sei, hätten sich die Umstände weiter verschlechtert. Im darauffolgenden Jahr sei er zum zwei-

tenmal ins Heim gekommen, weil die familiäre Situation und die Spannung zum Stiefvater eskalierten. Der Aufenthalt habe aber nur ein paar Monate gedauert – er sei aus diesem Heim entlassen worden, weil er einen Mitinsassen bedroht hatte. Ein halbes Jahr lang sei er dann häufig ausgerissen, viel herumgefahren und habe sich unter anderem einige Zeit in München aufgehalten. Im Anschluß an diese Zeit sei ein dritter Heimaufenthalt erfolgt. Auch aus diesem Heim sei er wegen körperlicher Auseinandersetzungen mit Insassen und Erziehern »rausgeflogen«. Erneut sei sein Leben durch zielloses Herumziehen gekennzeichnet gewesen. Im Jahre 1998 sei er dann für kurze Zeit in ein »Betreutes Wohnen« aufgenommen worden. Wegen wiederholter Diebstahlshandlungen seit 1994 und dem permanenten Ausreißen sei er 1998 bereits einmal in Untersuchungshaft gewesen und nach seiner Verurteilung für ein Jahr in ein »Arbeitslager« in Polen gekommen. (Diese Maßnahme wurde als Umwandlung des Haftbefehls in einen Unterbringungsbefehl vollzogen. Maßnahmen solcher Art werden als »erlebnispädagogische Aufenthalte« über das Jugendamt vermittelt.) Zu diesen Erfahrungen schilderte Robert viele Gefühle, die im wesentlichen Angst, Enttäuschung und Schuldgefühle beinhalten. Er war wegen der Unterbringung wütend auf sich und »die anderen«, die ihm diese Konsequenz »zumuteten«. Er habe in diesem »Arbeitslager« wie in der »Pampa« gelebt. Weitab von der nächsten Stadt habe er sich in einem moorähnlichen Gebiet hauptsächlich mit der Versorgung von Pferden beschäftigt, was er als unangenehm in Erinnerung behielt. Er habe kaum Kontakte zu den anderen Mitbewohnern in dieser Maßnahme gepflegt. Wenn man mit jemandem zusammenkam, war dies meist geprägt von aggressiven Zwischenfällen. Kontakte zur »Zivilisation«, wie er es bezeichnet, seien aufgrund der großen Distanz kaum möglich gewesen. Nach dieser Maßnahme, die von vornherein zeitlich begrenzt war, habe er sich kurz bei seinen Eltern aufgehalten, die mittlerweile ein eigenes Haus bezogen hatten. Dort habe er sich ein kleines eigenes Zimmer eingerichtet. Der nunmehr enge und regelmäßige Kontakt habe schnell wieder die ursprünglichen Spannungen mit seinem Stiefvater aufleben lassen. Überhaupt stellte er selber fest – dies ließ sich auch aus den Unterlagen erkennen – daß nach diesem Aufenthalt in Polen die familiäre Situation eskalierte. Er habe zwar eine Arbeitsbeschaffungsmaßnahme als Hilfsarbeiter für Maler- und Holzarbeiten bekommen, und mit dem eigenen Zimmer habe er auch erstmals eine eigene Unterkunft gehabt, allerdings sei er »mit den Menschen nicht mehr ausgekommen«. Er habe die Welt und die Personen nunmehr bewußter als bedrohlich erlebt, ohne eigentlich zu wissen, was ihn da bedrohte. Ein Rückzug in sein eigenes Zimmer und damit verbundene Arbeitsbummelei seien begleitet gewesen von Auseinandersetzungen mit seinem Stiefvater. Er habe ständig das Gefühl gehabt, eigentlich ohne direkt nachvollziehbaren Grund »unter Druck zu stehen«. Die Angriffe des Stiefvaters habe er »weggeschluckt«, aus Angst vor ihm und weil er der Mutter keine Sorgen machen wollte, die besonders in dieser Zeit, wie er sagt, »zwischen den Fronten« stand. Wenn er abends mit seinen »Kumpels« unterwegs war, habe er sich »regelrecht abreagiert«. Ihn habe die »Fliege an der Wand« gestört. Einerseits habe er sich mit Alkohol betäubt, andererseits habe er körperliche Auseinandersetzungen regelrecht gesucht, besonders nachdem eine Partnerschaft mit einem Mädchen fehlgeschlagen war. Warum er immer völlig ausraste, wisse er eigentlich nicht. Er habe sich aber danach kurzzeitig wohler gefühlt, gleichzeitig aber auch Schuldgefühle gehabt, denn er habe ja sein Leben »in den Griff bekommen wollen«.

Seit Januar 2000 befindet er sich erneut in der Justizvollzugsanstalt (JVA), nachdem er festgenommen worden war, weil er einen unbekannten Mann mittleren Alters »krankenhausreif« geschlagen hatte. Auslöser sei gewesen, daß ihn dieser Mann beim Mittagessenholen in einer Gaststätte eigentlich unabsichtlich angestoßen hatte (dies stellt er zur Befragung fest). Ihm selbst sei dabei die Gabel heruntergefallen. Er habe sich in diesem Augenblick sofort angegriffen und gedemütigt gefühlt und die Entschuldigung wie eine Verhöhnung empfunden. Alle hätten auf ihn geschaut. Seine Freunde, die in unmittelbarer Nähe bereits am Tisch Platz genommen hatten, lachten zudem noch über ihn. Zumindest habe er dies so empfunden. Von diesem Augenblick an habe er seine Gefühle kaum noch zügeln können. Er sei von dem Gedanken besessen gewesen: »über mich lacht man nicht«. Mit Gefühlen von Wut und unbändigem Haß, »die in seinem Bauch wühlten«, sei er sofort aus der Gaststätte gegangen und habe davor auf seinen »Peiniger« gewartet. Er habe krampfhaft nach einer »Waffe«, irgendeinem Gegenstand, gesucht. Als der Mann mit seinen zwei Freunden die Gaststätte verließ, habe er sich gerächt. Aus dem Polizeibericht wurde deutlich, daß die anderen ihn nicht abhalten konnten. Er habe sofort und ohne Vorwarnung mit einer Eisenstange auf das Opfer eingeschlagen.

Konsolidierung affektiver Probleme während der Haft
In der JVA fühle er sich zwar »beschissen«, aber auch gleichzeitig geborgener. Er meinte wörtlich: »Der Knast ist mir eine Lehre, nicht nur, weil ich damit bestraft werde.« Er schreibe jetzt ein Buch über sich und seinen Lebensweg. Er sei in der JVA eher ein Einzelgänger, habe aber auch Mithäftlinge, mit denen er ab und zu über deren Probleme reden könne. Er sei hier nicht auffällig geworden und habe eine »saubere Weste«. Dies begründe sich aus der Rolle, die er jetzt habe. Er sei der »Rabi«. Auf die Nachfrage, was das bedeute, erläuterte er seine »beratende Sonderstellung«. Er habe sich von seiner früheren Umgebung sowie seinen alten Freunden innerlich distanziert.

Beruflich hat Robert nach seiner Haftentlassung das Ziel, eine Ausbildung im Holzbereich zu beginnen. Danach hoffe er, eine Umschulung im kaufmännischen Bereich absolvieren zu können. Das Verhältnis zu seinen Eltern habe sich aus der Distanz erheblich gebessert. Sie hätten sich ausgesprochen (auch mit dem Stiefvater) und die Erkenntnis gewonnen, daß alle Familienmitglieder Fehler gemacht hätten. Er habe seine Eltern wiederholt enttäuscht, auch durch mehrfache Diebstahlshandlungen innerhalb der Familie. Die Eltern hätten ihm zuwenig Aufmerksamkeit geschenkt. Die Lösung von Problemen durch Schläge von seiten des Stiefvaters sei nicht die richtige gewesen.

Überlegungen zu Störungen in der Bindungs- und Beziehungs-entwicklung

Die frühe Bindungsentwicklung läßt sich wiederum nur über Indikatoren aus Roberts persönlichen Angaben rekonstruieren. Formal gesehen, fallen die häufigen Wechsel der Wohnorte ins Gewicht. Die damit verbundenen Diskontinuitäten der Entwicklungsbedingungen liegen auf der Hand. Entscheidender sind die Hinweise auf die gestörte emotionale Beziehung zu seiner Mutter, die man als initiale Bindungsbedingung sehen muß. Bereits mit 4 Jahren wird er zur Oma gegeben, weil die Mutter mit ihm nicht auskommt. Angesichts der frühen Bindungshierarchien bei Kindern – das Kind strukturiert sein Bindungsverhalten in einer Bindungshierarchie zu unterschiedlichen Bezugspersonen – ist die Oma wahrscheinlich eine ihm Sicherheit gebende Bezugsperson. Sie steht allerdings der eher ablehnenden Mutter gegenüber, so daß die Entwicklung einer unsicheren Bindungsorganisation bei Robert angenommen werden muß. Aus den interaktionellen Verhaltensqualitäten in der späteren Entwicklung kann eher auf eine unsicher-vermeidende Bindungsqualität geschlossen werden, die mit emotionalem Ungebundensein und instabiler Beziehungsgestaltung einen gemischt unsicheren Bindungsstil (Strauss et al., 1999) vermuten läßt. Die Zuordnung seiner Bindungsmuster zur Mutter könnte aber auch als verwickelt (im Sinne von Main) angesehen werden. Seine weitere unstete Entwicklung mit häufigen selbstinduzierten Wechseln deutet auf Anteile von Bindungsdesorganisation hin. Konkrete Hinweise auf eine Bindungsstörung ergeben sich aus den aggressiven Entladungen in interaktionellen Anforderungssituationen. Häufige Bindungsabbrüche in der Entwicklung bis zur Jugendzeit strukturieren ein subjektives Erleben des »Weggegebenwerdens«. In der Beziehung zum Stiefvater ergab sich in den ersten Entwicklungsjahren eine potentielle Bedrohung und Demütigung, die man als reale Traumatisierung betrachten muß. In der späteren Entwicklung von Robert strukturiert sie sich in realen körperlichen Gewalterfahrungen. Er hat Angst vor dem Stiefvater, was im Sinne von Dulz und Jensen (1997) für die delinquente Entwicklung als Folge körperlicher Mißhandlung spricht. Interessant ist die Beschreibung der inneren Spannungszustände, die als »Borderline-Ängste« interpretiert werden können. Das Erleben von Bedrohung durch den Vater und Verlassensein von der Mutter, die er ambivalent beschreibt, können als Ursachen solcher Ängste angenommen werden. Angst, die er nicht zu Hause, sondern dort entlädt, wo die unmittelbare angstmachende Bedrohung nicht existiert, weist auf den ereignishaft-situativen impulsiven Aspekt der delinquenten Verhaltensweisen hin. Bereits kleine Kinder mit destruktivem Ärger zerstören nach Frustration durch die Mutter, die etwas verbietet, stellvertretend das Spielzeug. Bei Robert ist darüber hinaus mit jahrelangen delinquenten fremdaggressiven Handlungen (Diebstähle usw.) eine antisoziale Entwicklung nachweisbar, in der die habituell-delinquente Entwicklung zum Ausdruck kommt.

Überlegungen zur spezifischen emotionalen Regulation der
»Borderline-Angst«
Es wurde bereits auf die vermuteten Zusammenhänge von Borderline-Angst und impulsiver Entladung eingegangen, die besonders in Form von schweren Körperverletzungshandlungen wirkten. Die Tathandlung, die letztlich zur Inhaftierung führte, ist im engeren Sinne als ereignis- und situationsinduzierte delinquente Verhaltensweise zu verstehen. Sie ist nach Dulz und Schneider (1997) ein episodischer Verlust der Impulskontrolle als Versuch der Angstreduktion, vorwiegend im Zusammenhang mit realer und subjektiv empfundener Kränkung. Mechanismen der Entwertung und eines fremdaggressiven Impulskontrollverlusts werden sichtbar.

Unter den strukturierenden Bedingungen der Haft ist auch eine innere Strukturierung bei Robert zu beobachten. Es scheint sich eine »Entwicklung« der Borderline-Persönlichkeitsorganisation in Richtung einer »besseren« Anpassung mit Fortschritten in der Realitätsprüfung anzubahnen. Zumindest ändern sich die reflexiv-emotionalen Regulationsbesonderheiten. Es kommt zur omnipotenten Selbsterhöhung, die in ihrer dahinterstehenden Betonung der übersteigerten Autonomiestrebigkeit (als Anteil des beschriebenen gemischt unsicheren Bindungsstils) zuzuordnen ist.

Impulskontrollverlust mit gestörter Konfliktregulation

Störungen in der Konfliktregulation können im Beziehungs- und Leistungsbereich auftreten.

Konfliktregulationsstörung im Beziehungsbereich

Nicht nur stürmische, sondern auch chaotische Beziehungskonflikte begleiten die borderlinegestörten Kinder und Jugendlichen. Die Impulsivität in ihrer Art, Beziehungen zu gestalten, wurde in den vorhergehenden Abschnitten bereits beschrieben.

In der Arbeit mit diesen Kindern und Jugendlichen zeigt sich, daß sie die impulsiven Entladungen fast im Sinne einer »selbsterfüllenden Prophezeiung« inszenieren und somit das Auftreten der »Borderline-Angst« immer wieder zu provozieren scheinen. Nur so funktioniert ihre Borderline-Welt. Betrachtet man den Bindungshintergrund, so ist dies ohne weiteres erklärbar, denn die meist folgenden Bestrafungen, die subjektiv als Liebesentzug und Abweisung interpretiert werden, sind Teil des erfahrenen Bindungsrituals. Ändert man dieses Beziehungsmuster, etwa in Form einer therapeutischen Intervention, oder ignoriert man die Impulsivität, indem man nicht bestrafend restriktiv, also quasi paradox reagiert, so sind die Betroffenen in der Regel erst einmal irritiert. Ein solches Verhalten der Bezugspersonen ist ihnen unbekannt. Es ist nicht Teil der gelernten Konfliktregulation und damit wieder ein bedrohliches angstinduzierendes Moment. Deshalb reagieren sie in den ersten und entscheidenden Phasen der therapeutischen Bindungsarbeit wiederum impulsiv. Dieser Hintergrund kennzeichnet den inhaltlichen Schwerpunkt einer bindungstheoretisch fundierten Therapie und Betreuung von borderlinegestörten Kindern und Jugendlichen.

Konfliktregulationsstörung im Leistungsbereich

Aus der Bindungsforschung weiß man, daß sicher gebundene Kinder auch gut explorieren, d. h. »erkunden« und experimentierend vorgehen können. Auf den Zusammenhang von Bindungssystem und dem sogenannten Explorationssystem in der frühen Kindheit gehe ich später näher ein. Die Entwicklung des Explorationssystems steht im weiteren Verlauf im Zusammenhang mit der Herausbildung von kognitiven und motivationalen Fähigkeiten und kreativer Leistungsfähigkeit (Zimmermann et al., 2000). Die Defizite in der Bindungsorganisation und demzufolge der explorativen Grundlagen führen zu einem permanenten bedrohlichen und angstinduzierenden Überforderungserleben bei der Bewältigung von Leistungssituationen. Diese Beeinträchtigungen beinhalten und provozieren impulsive Entladungen. Sie sind unabhängig von Teilleistungsstörungen oder Intelligenzbeeinträchtigungen zu bewerten, die in der Regel zusätzlich vorhanden sind. Nimmt man die Anamnesen von borderlinegestörten Kindern und Jugendlichen, zeigen sich meist abenteuerlich anmutende »Schulkarrieren«. Eine kontinuierliche Beschulung endet in der Regel bereits im Grundschulalter oder beim Übergang auf die Mittelschule. Nicht selten stammen die letzten, meist unvollständig, benoteten Zeugnisse aus der 4. oder 5. Klasse: Impulsive Verhaltensentladungen gegenüber Lehrern und Mitschülern als offen aggressive Strategien oder passiv aggressive Leistungsverweigerungen (Schulschwänzen) führen zu dem sogenannten Ruhen der Schulpflicht (§ 29;1 des Sächsischen Schulgesetzes) und letztlich zu Schulsuspendierungen (§ 39; Abs. 2.5 des Sächsischen Schulgesetzes). Wechsel der Schulen oder der Betreuungsformen (Pflegefamilien, Heime, Psychiatrie) führen nicht nur zu jenen abenteuerlichen Karrieren, sondern auch zu desolaten formalen Bedingungen für die Weiterbeschulung. Eine erneute Schulaufnahme setzt gesetzlich-formal einen sogenannten »Schulbescheid« voraus, mit dem die weitere Beschulung oder Schulform festgelegt wird. Solche Bescheide sind bei borderlinegestörten Kindern und Jugendlichen in der Regel nicht vorhanden, so daß erneut Beschulungsversuche gestartet werden, um die Eingliederungsmöglichkeit zu prüfen. Die Befolgung der gesetzlich geregelten Schulpflicht (vgl. §§ 26, 28, 31 des Sächsischen Schulgesetzes) ist für die Betroffenen deshalb immer problematisch. Dieser Hintergrund bestimmt den formalen Schwerpunkt der bindungstheoretisch fundierten Therapie und Betreuung in seinem Aufwand und Engagement gegenüber den gesetzlichen Anforderungen, besonders für Betreuungssysteme außerhalb der psychiatrischen Versorgung. Die angedeutete Problematik zeigt, daß das institutionelle Schulsystem für derartige Anforderungen keine angemessenen Regularien kennt, z. B. spezifische Einzelbeschulungsformen und -regelungen mit individuellen Anforderungsprofilen. Dem steht aber die gesetzlich verankerte Schulpflicht im Kontext des Erziehungs- und Bildungsauftrags (§ 1 des Sächsischen Schulgesetzes) entgegen.

Affektive Instabilität

Bei Kindern und Jugendlichen mit einer Borderline-Störung kann man Stimmungsschwankungen beobachten, die oft abrupt und innerhalb weniger Minuten oder Stunden wechseln können (P. Kernberg, 2000). Erst im späten Kindesalter und besonders im Jugendalter kristallisiert sich eine Konstitution heraus, die sich als affektive Borderline-Symptomatik identifizieren läßt. Kreisman und Straus (1999) sprechen von radikalen Stimmungsumschwüngen, die den Eindruck einer inneren chaotischen Befindlichkeit vermitteln. Diese Stimmungsschwankungen zeigen sich als eine Art Pendelbewegung zwischen situativ oft nicht nachvollziehbaren extremen Zuständen von Reizbarkeit, Depression, Angst, Euphorie und Gefühllosigkeit.

Die *Reizbarkeit*, im Sinne einer hoffnungslosen Erregung, äußert sich häufig in Verbindung mit überaktiv abreagierter, nicht zu unterdrückender Spannung. Schon die »Fliege an der Wand« stört. Diese Stimmungsqualität zeigt sich in motorischer Unruhe und verbaler Abreaktion, die ungehörig, distanzlos-spontan oder »frech« erscheint.

Die *Depression* kann von unterschiedlicher Intensität sein. Sie kann von einer subdepressiv-dysphorischen Stimmungslage bis zu einer umschriebenen Depression reichen. Im Vergleich zu den depressiven Symptomen, bei einer Störung des Sozialverhaltens, ist die Depression der Borderline-Störung im Kindes- und Jugendalter auch durch eine innere depressive Leere (chronische Gefühle von Leere) gekennzeichnet (Dulz & Schneider, 1997), die oftmals mit der Aktivierung der borderlinetypischen Selbstwertstörung »ich bin böse, ich tauge nichts« in Verbindung steht. Aggressive oder quälende Schuldzuschreibungen gelten dabei der eigenen Person, aber auch anderen Personen, die für die Lebenssituation verantwortlich gemacht werden. Solche Schuldzuschreibungen haben einen überwertigen und durch Unterstützungsversuche kaum beeinflußbaren Charakter. Selbstdestruktive Handlungen sind recht häufig die Folge dieser Stimmungsqualität. In der Analyse der Stichprobe der »Heimpopulation« waren immerhin bei 26,2 % der Jungen und bei 41,7 % der Mädchen depressive Symptome festgestellt worden.

Die *Angstzustände* im Rahmen der affektiven Instabilität sind nicht mit der psychodynamisch bedeutsamen »Borderline-Angst« zu verwechseln. Solche Angstzustände können, neben vielen anderen Phänomenen im körperlichen und psychischen Bereich, ein Ausdruck von »Borderline-Angst« sein. Das Spektrum reicht von Stimmungssituationen mit sozialer Ängstlichkeit bis hin zu zeitlich instabilen Phobien mit differenziertem Erscheinungsbild (Steinhausen, 2000). Meist sind es isolierte Sozialphobien bezogen auf spezielle Situationen der Kontaktgestaltung. Aus der klinischen Praxis sind aber auch andere spezifische, isolierte Phobien bekannt, etwa Angst vor Naturereignissen (Blitz, Donner) und vor Dunkelheit, Angst, sich mit bestimmten Nahrungsmitteln zu vergiften, oder sogenannte Nosophobien (Angst vor Krankheiten). Ebenso kann man hypochondrische Episoden (Angst, krank zu sein) beobachten. Die nosophobisch und die hypochondrisch geprägte Angststimmung steht häufig im Zusammenhang mit funktionellen bzw. psychosomatischen Beschwerden, ebenso mit Panikattacken. Angstideen oder fixierte Ängste, die meist überwertig, manchmal auch nachhaltig auftreten, werden durch Zwänge bzw. Zwangshandlungen kompensiert.

In der »Heimpopulation« waren in der Lebensgeschichte von 13,1 % der Jungen und 37,5 % der Mädchen Angstsymptome nachweisbar. Bei 9,5 % der Jungen und 12,5 % der Mädchen zeigten sich in der Entwicklung Zwangssymptome, deren Genese allerdings nicht genau eingegrenzt werden konnte, so daß sie hier der Angstproblematik zugeordnet werden.

Aus den Lebensgeschichten konnten bei 25 % der Jungen und 66,7 % der Mädchen extreme Stimmungsschwankungen nachgewiesen werden, die einmal unspezifischer Art waren, zum anderen aber als Qualitäten der Euphorie und Gefühlskälte abgestuft werden konnten.

Zustände von *Euphorie* beschreiben gehobene, lustig-überschwengliche Stimmungslagen, die in ihrer Plötzlichkeit der Situation meist nicht angemessen sind. In anamnestischen Beschreibungen wird manchmal von »manischen Phasen« gesprochen, gemeint ist wahrscheinlich das ferner überaktiv-umtriebige Verhalten. Da keine weiteren Hinweise auf eine manische Problematik im engeren Sinne genannt wurden, würde ich diese Erscheinungsform der euphorischen Stimmungslage zuordnen. Die Euphorie im Rahmen der Borderline-Störung des Kindes- und Jugendalters ist, bezogen auf die grundlegende Selbstwertproblematik, im Zusammenhang mit der Veränderung der Realitätsprüfung (Phantasiestufe) und den reflexiv-emotionalen Regulationsstörungen zu interpretieren. In Zuständen, bei denen realitätsfremde positive Phantasien oder angstreduzierende Omnipotenzgefühle (allmächtige Überlegenheit) vorherrschen, sind Euphorien nachweisbar.

Auch Zustände von *Gefühllosigkeit* möchte ich der affektiven Instabilität zuordnen. Diese Stimmungsqualität meint eine situativ auftretende scheinbare Empfindungslosigkeit, Abgestumpftheit, Teilnahmslosigkeit und Gefühlskälte. Die *»schizoide Gefühlsarmut«* bei Kindern mit einer Borderline-Entwicklungsstörung wird bei Diepold (1994) beschrieben. Sie ist als Ausdruck der affektiven Regulationsstörung eher ein latenter Zustand der gestörten Beziehungsgestaltung und bringt eine allgemeine affektive Verarmung zum Ausdruck, die mit innerem Rückzug und mit der Unfähigkeit zur Wutkontrolle in Verbindung steht.

Aufgrund wechselnder Befindlichkeitszustände waren in den Unterlagen der untersuchten Kinder und Jugendlichen klassifikatorische Diskussionen zu finden, die in Richtung einer angenommenen »multiplen Persönlichkeitsentwicklung« gingen. An dieser Stelle ist Dulz und Schneider (1997) zuzustimmen, daß die multiple Erscheinungsform dann als Symptom der Borderline-Störung gilt, wenn sie ein Produkt der Spaltung (als reflexiv-emotionale Regulationsstörung) ist.

Legt man aus entwicklungspathologischer Sicht reflexiv-emotionale Regulationsstörungen für die Zuordnung der affektiven Instabilität als Ausdruck der Borderline-Entwicklung zugrunde, so ist dies oftmals erst ab dem späteren Kindesalter möglich. Im frühen und mittleren Kindesalter ist das Spektrum der psychopathologischen Stimmungsentäußerungen eher breit und unspezifisch. Es widerspiegelt mit einer Indikatorfunktion die allgemeinen Entwicklungsbesonderheiten von Risikokindern. Verschiedene Längsschnittstudien (Pauli-Pott et al., 2000), genannt sei hier die Mannheimer Studie, zeigen, daß die bereits beim Säugling vorhandene Irritabilität (regulative Überempfindlichkeit oder, im Sinne von Papoušek, 1999, frühe Regulationsstörung) oder erhöhte Vulnerabilität in der späteren Entwicklung zu sozial-emotionalen Anpassungsstörungen führen. Als Ursache für die Entwicklung von Risikokindern werden übereinstimmend ungünstige sozioökonomische Bedingungen und psychosoziale Mangelfaktoren, insbesondere eine gestörte Eltern-Kind-Interaktion, festgestellt (Rostocker Längsschnittstudie und Gießener Risikokinderstudie). Mit den sozial-emotionalen Anpassungsstörungen gehen multiple pathologisch ausgeprägte Stimmungsqualitäten einher. Da man davon ausgehen kann, daß gleiche risikobehaftete und entwicklungspathologische Ausgangspunkte zu unterschiedlichen Störungen führen (Äquifinalität), sei die Unspezifität der Stimmungspathologie für das frühe und zum Teil noch mittlere Kindesalter nochmals betont.

Aus der Bindungsforschung sind viele Studien bekannt, in denen emotionale Regulationsbesonderheiten in Form von unangemessenem stimmungsmäßigen Reagieren in strukturierten Situationen bei unsicheren Bindungsmustern nachgewiesen wurden. Ambivalent oder ängstlich-unsicher gebundene Kinder reagieren noch im Kindergarten in trennungsadäquaten Situationen mit übermäßiger Angst. Unsicher-vermeidende Kinder antworten auf der physiologischen Ebene. Nicht ohne Grund sind deshalb die sogenannten »Schwellensituationen« (Kindertagesstätteneintritt, Schulbeginn, Beginn der Lehre oder des Studiums bzw. Arbeitsplatzwechsel) entwicklungspsychopathologisch relevant. Bereits bei desorganisierten Kleinkindern sind neben zielverfehlendem Verhalten auch situationsinadäquate plötzliche Aktivitäts- oder Lautausbrüche bzw. plötzliches Angstverhalten nachgewiesen (Grossmann & Grossmann, 1999). Brisch (1999) verweist darauf, daß sowohl vermeidende als auch ambivalente Bindungsmuster zur Störung des Affekterlebens führen. In seinem bindungstheoretischen Ansatz rückt der Autor die affektive Labilität in der Entwicklung der Borderline-Störung in die Nähe einer Störung der Affektabstimmung (basierend auf Stern, 1999) und der Mutualität (Milch, 1998).

3

Das subjektive Erleben bei reflexiv-emotionalen Regulationsstörungen

»Die frühe Bindungsqualität kann als Organisation des Bindungs-verhaltenssystems und somit als Verhaltensorganisation eines Kindes bei der Regulierung negativer Gefühle im Kontakt zu einer spezifischen Bezugsperson auch noch im Jugendalter in Interaktion mit dieser Bezugsperson von Einfluß sein«
(ZIMMERMANN ET AL., 2000).

Die Entwicklung der Borderline-Persönlichkeitsorganisation

Die sich entwickelnde Borderline-Persönlichkeitsorganisation basiert im Bindungskontext auf der Entwicklung zweier voneinander abhängiger Systeme. Eines davon wurde in den vorangegangenen Abschnitten beschrieben. Es handelt sich im normal entwicklungspsychologischen Verständnis um das *affektive Regulationssystem*, das sich, beginnend mit der biologisch-physiologischen Verhaltensausstattung des Neugeborenen, in der Eltern-Kind-Interaktion unter den entsprechenden Bindungsbedingungen strukturiert. Es wurde festgestellt, daß sich in der Herausbildung der Borderline-Persönlichkeitsorganisation sowohl Defizite in der kindlichen Verhaltensorganisation als auch interaktionelle Disharmonien nachweisen lassen.

Das zweite wesentliche System für die Herausbildung der Borderline-Persönlichkeitsorganisation ist die Entwicklung des *Systems des Selbstempfindens bzw. des Selbstgefühls.* Stern (2000) sieht in der Entwicklung des Selbstgefühls ein primär strukturierendes und organisierendes Prinzip, das bereits die früheste Entwicklung steuert. Ich möchte den Begriff Identitätsgefühl oder Identitätsentwicklung (Bohleber, 1992) verwenden. Der Begriff Identität ist eigentlich eher der Thematik der Adoleszenz zugeschrieben. Um den Bogen der Entwicklung von der Kindheit bis in das Jugendalter zu spannen, scheint mir aber diese Begrifflichkeit als übergreifende Definition eher zutreffend. Im Gegensatz zum Begriff des Selbst scheint das Identitätskonzept eher »geeignet, psychische Phänomene zu konzeptualisieren, die sich an der Grenze von Innen und Außen, zwischen Selbst und Objekt, Individuum und Gesellschaft abspielen« (Garlichs & Leuzinger-Bohleber, 1999). Unter Identitätsgefühl wird ein inneres übergeordnetes Regulationsprinzip verstanden, das überprüft, ob Handlungen und Erfahrungen zu einem selbst oder in den Bezugsrahmen zu anderen Personen »passen« (Bohleber, 1992). Das Identitätsgefühl entsteht in Wechselwirkung mit der Autonomieentwicklung als einem Aspekt der Bindungsentwicklung.

Mit reflexiv-emotionalen Regulationsprozessen, die der Identitätsentwicklung zugrunde liegen, entwickelt sich das Verhältnis von Bindung und Autonomie. Dieses Verhältnis widerspiegelt sich im weiteren Entwicklungsverlauf in der Nähe-Distanz-Regulation. Die Identitätsentwicklung umfaßt die Prozesse der mentalen Reflexion der eigenen Person in ihrem Verhältnis zu anderen (Bindungs- und Bezugspersonen) und das entsprechende emotionale Erleben, die Erwartungen, Bedürfnisse, Wünsche.

Die pathologische Entwicklung des Identitätsgefühls bis hin zur Konstituierung der pathologischer Identitätsorganisation sowie die Störung der affektiven Regulation sind die primär strukturierenden und organisierenden Prinzipien der Herausbildung der Borderline-Persönlichkeitsorganisation. Und nur diese (!), nicht die polysymptomatischen Phänomene und Störungsbilder im Entwicklungsverlauf, kennzeichnen sie.

111

Dulz und Schneider (1997) und Dulz (2000) sprechen aus psychodynamisch-analytischer Perspektive von der strukturellen Ebene, in der die reflexiv-emotionalen Regulationsbesonderheiten »Abwehrmechanismen« genannt werden, die der Trieb- und Affektabwehr dienen. Es wird davon ausgegangen, daß bei einer bestehenden Identitätsdiffusion, dem Nebeneinanderstehen von Selbst- und Objektaspekten, kein sicheres Bild von sich selbst in bezug zu anderen und damit kein integriertes Selbstwertgefühl aufgebaut wird (Kernberg et al., 1993; Lohmer, 2000). Im Gegensatz zur psychotischen Persönlichkeitsorganisation bleiben die Grenzen zwischen dem Selbst und dem Nicht-Selbst und damit die prinzipielle Fähigkeit zur Realitätsprüfung erhalten. Anders als bei der neurotischen Persönlichkeitsorganisation sind die nebeneinanderstehenden Selbst- und Objektbilder nicht zu einem Selbstbild integriert.

Ausgangspunkte für den psychodynamisch-psychoanalytischen Ansatz sind die Annahmen einer frühen Symbiose von Mutter und Kind, einer frühen Phantasiefähigkeit des Kindes bezogen auf die Mutter – und die Triebtheorie, die bei dem Ansatz von O. F. Kernberg eine Affekt-Trieb-Abhängigkeit hat. Dornes (1997; 1998) konnte, ausgehend von neueren Ergebnissen der Säuglingsforschung und dem Paradigma des beobachteten Säuglings (Burian, 1998), diese Theorieansätze durchaus widerlegen. Ich möchte mich Dornes anschließen, wenn er zum Ausdruck bringt: »Dennoch sind die psychoanalytischen Theorien über frühe Abwehr- und Introjektionsprozesse nicht einfach falsch. Sie beschreiben Prozesse, die tatsächlich stattfinden, wenn auch in anderer Form ...« (Dornes, 1998, S. 51).

Die Bindungstheorie J. Bowlbys, in der die Existenz eines eigenständigen Motivationssystems der Bindung unabhängig von sexuellen und aggressiven Triebbedürfnissen angenommen wird, führte in den »Gründerjahren der Theorie« zur Kontroverse mit der Psychoanalyse. In der Zwischenzeit ist ein interdisziplinärer Dialog entstanden, und auch Psychoanalytiker beziehen Erkenntnisse der Bindungstheorie in die Untersuchungen und die psychoanalytische Theoriebildung ein. Insofern möchte ich die Darstellung zu den spezifischen reflexiv-emotionalen Regulationsstörungen der Borderline-Störung im Kontext der Bindungsentwicklung auch nicht in Kontroverse zu den Annahmen der psychoanalytischen »Abwehrmechanismen« verstanden wissen. Wie bereits erwähnt, handelt es sich um psychodynamische und psychogenetische Unterschiede in der Sichtweise zur Entstehung der beobachtbaren und inhaltlich interpretierbaren Prozesse. Außerdem haben die über Jahre beobachteten und analysierten Details der Wirkweise von »Abwehrmechanismen« auf aktualgenetische und situative Wirkungsweisen eine deskriptive Qualität erreicht, auf die in der psychodiagnostischen und psychotherapeutischen Arbeit mit borderlinegestörten Menschen nicht verzichtet werden kann. In diesem Zusammenhang möchte ich auch die unterschiedlichen »Abwehrmechanismen« in ihrer Benennung: Spaltung, primitive Idealisierung, projektive Identifizierung bzw. Identifizierung mit dem Angreifer, Omnipotenz, Entwertung, Verleugnung beibehalten.

Regulationsstörungen als Anpassungsentwicklungen

»Angesichts der hohen Prävalenz massiver Kindheitstraumata halten einige Autoren ... die Borderline-Pathologie einschließlich der charakteristischen Abwehrmechanismen für eine Überlebensstrategie ...«

(DAUDERT & ECKERT, 2002; DAUDERT, 2001)

Aus der klinisch-entwicklungspsychologischen Perspektive sind die reflexiv-emotionalen Regulationsstörungen der sich entwickelnden Borderline-Persönlichkeitsorganisation:

* interpersonelle Realitätsverzerrungen (Spaltungserleben, Verleugnung)
* Selbsttäuschungen (Omnipotenzerleben, Identifizierung mit dem Angreifer)
* Täuschungen bezogen auf andere Personen (Entwertungserleben, primitives Idealisierungserleben).

Die psychoanalytische Theorie geht von der autistischen Symbiose des Neugeborenen und Säuglings aus – primäre Verschmelzung bezeichnet in diesem Kontext diejenigen Erfahrungen, bei denen keine Grenzen zwischen dem Selbst und den Anderen (Objekten) wahrgenommen werden. Die Annahme der sogenannten primären Verschmelzung ist eine in der psychoanalytischen Entwicklungstheorie retrospektive, sekundäre Konzeptualisierung, wie Stern (2000) ausführt. Sie ergibt sich aus den pathomorphen sekundären Verschmelzungsannahmen. Bei den sekundären Verschmelzungen älterer Kinder und Erwachsener handelt es sich um pathologisch regressive Verschmelzungswünsche und »Verschlungenwerdensängste« (psychotische Symbiose).

Dornes (1998) führt aus, daß Experimente zur Wahrnehmungsfähigkeit der Neugeborenen und Säuglinge in den letzten 30 Jahren gezeigt haben, daß diese über eine erstaunliche Kompetenz in allen Sinnesbereichen verfügen und in der Lage sind, die Außenwelt durchaus differenziert wahrzunehmen. Die Theorie zur Symbiose sei deshalb kritisch zu überdenken. Stern (2000) verweist darauf, daß der Säugling spätestens ab dem 2. Monat sein Selbst von anderen unterscheidet und über Willensgefühl, propriozeptives Feedback und differenzierte Kontingenzwahrnehmung keine Verschmelzung erlebt. Ein Säugling ist nach experimenteller Bestätigung beispielsweise in der Lage, nichtreflexiv (selbstmotiviert) zu vokalisieren, die Reaktion der Mutter als deren Reaktion auf seine Handlung wahrzunehmen und daraus eine Handlungs- und Effektkontingenz aufzubauen. Die »Abwehrmechanismen«, die nach psychoanalytischen Annahmen der Regulierung der Abtrennung von der Mutter (die Selbst- und Objekttrennung, symbiotische Phantasien des Säuglings zur Mutter, seine Größenphantasien, seine halluzinatorischen Wunscherfüllungen) dienen, setzen sowohl die Fähigkeit zu Phantasien als auch symbolisches Denkvermögen voraus.

Die psychoanalytische Theorie plaziert diese Fähigkeiten im Hinblick auf die Spaltung beginnend mit dem 5. Monat. Danach lebt der Säugling, ähnlich dem erwachsenen Borderline-Patienten, in einer Welt multipler, fragmentierter »guter« und »böser« Teilselbste und

Teilobjekte, die erst in der Folgezeit in die Entwicklung von Selbst- und Objektrepräsentanzen integriert werden oder nicht. Nach Dornes (1998) hat der Säugling diese symbolischen und damit phantasierenden Fähigkeiten erst ab dem 12. bis 18. Lebensmonat erreicht. Zuvor sei die Welt des Säuglings differenziert, kohärent und nicht gespalten. Die »Abwehrmechanismen« sind keine aktiven, intentionalen psychischen Mechanismen, sondern verhaltensmäßige Vorformen: »Es gibt keine Abwehr*mechanismen*, sondern nur Abwehr*maßnahmen*« (Dornes, 1998, Seite 49). Diese Maßnahmen dominieren bis zum Alter von 12 bis 18 Monaten als Ausdruck der Regulationsversuche zur Bedürfnisbefriedigung eines präsymbolisch-sensomotorischen, aktiven, handlungs- bzw. wahrnehmungsgebundenen Säuglings. Bei der Bedürfnisbefriedigung handelt es sich anfangs im wesentlichen um das Erhalten oder Erreichen eines optimalen Erregungsniveaus, das u. a. in Form negativer Affekte aus der basalen Mutter-Kind-Interaktion gestört sein kann (frühe Regulationsstörungen).

Ab dem 6. bis 8. Monat entwickelt sich auf dem sensomotorisch-perzeptiven, körperlichen Niveau die Fähigkeit zur Wahrnehmung eines integrierten Identitätsgefühls (das Selbst gegenüber Anderen) oder, wie Stern (2000) ausführt, eines integrierten Selbst (Kern-Selbst). Die Abwehrmaßnahmen zur Bedürfnisbefriedigung sind auf die Selbstkohärenz und die Selbstwirkung sowie damit verbundene Handlungen (Körperkontrolle) ausgerichtet, die über das vorangegangene optimale Erregungsniveau hinausgehen.

Nach Fonagy (2000) bilden sich ab dem Alter von 6 bis 8 Monaten (entspricht der Zeitspanne des Kern-Selbst nach Stern) Vorformen der Verknüpfung von Repräsentanzen heraus, die die Fähigkeit des Säuglings implizieren, eigene präsymbolische, nicht-intentionale Befindlichkeiten mit denen der Bezugspersonen (Objekte) in Einklang zu bringen. Bei Stern (2000) wird dies ab dem 7. Monat als Gefühl des subjektiven Selbst bezeichnet, das mit der intersubjektiven Bezogenheit und der Affektabstimmung oder nach Milch (1998) mit der Mutualität einhergeht. Mit Beginn der Lokomotion, der

Fähigkeit des selbstaktiven Fortbewegens des Säuglings von der Mutter ca. mit 7 bis 8 Monaten, wird das Bindungssystem im Gleichgewicht mit dem Explorationssystem (das Erkundungsverhalten reguliert) aktiviert. Laut Fonagy (2000) besteht während des 1. Lebensjahres eine zunehmende Korrelation zwischen der Bindung und dem Erwerb »geistiger« Kompetenz, die sich mit dem Erreichen symbolisierender Fähigkeiten zur »reflexiven Kompetenz« entwickelt.

Diese anfangs präsymbolischen, nicht-intentionalen, im späteren Entwicklungsverlauf symbolischen und intentionalen Repräsentanzen, in Verbindung mit emotionalen Befindlichkeiten, geben mit Beginn der Identitätsentwicklung das Bild von sich, die Interaktion mit den Bindungspersonen und das Bild vom Anderen (Bindungs- oder Bezugsperson) wieder.

Unter der reflexiv-emotionalen Regulation im Kontext der Bindungsentwicklung sind demnach die Prozesse der emotionalen Regulierung (Affektregulierung), der präsymbolischen und später symbolischen Repräsentanzenentwicklung zu verstehen, die auf das kommunikationsorientierte Verhalten »des inneren In-Einklang-Bringens« ausgerichtet sind. Es handelt sich um Prozesse der intersubjektiven Verknüpfung von Repräsentanzen. Fonagy (2000) spricht davon, daß diese Prozesse die Selbst- und Objektrepräsentanzen koordinieren.

In dieser Zeit kann durch Über- oder Unterstimulierung durch die Bindungspersonen – oder durch schwer traumatisierende Einflüsse, wie Nicht-Stimulierung oder das Fehlen der sogenannten »metakognitiven Fähigkeiten« der Mutter (Main, 1991; Fonagy, 1998) – der Prozeß, in dem die Verknüpfung der Repräsentanzen sich vollzieht, beeinträchtigt werden. Das inkonsistente Verhalten der Bindungspersonen macht die Säuglinge und Kleinkinder »anfällig«. Durch die Inkonsistenz der Bindungsbedingungen können sich keine adäquaten Repräsentanzen (anfangs präsymbolische Befindlichkeiten, später innere symbolisierte mentale Bilder) entwickeln. Dem Kind gelingt es nicht – oder nur über eine entwicklungsnormabweichende

Veränderung –, den »Einklang mit der Bindungsperson« zu erreichen. Die affektive und dann mentale Abstimmung ist gestört: Der Säugling erlebt Trennungs-, Verlust-, Versagens- und Bedrohungsangst. Es sind anfangs reale traumatische Ängste, die den Nährboden für die »Borderline-Angst« bilden. Erst mit zunehmender Symbolisierungsfähigkeit und dann mit dem Gefühl des verbalen oder sprachlichen Selbst (Stern, 2000) werden diese Ängste antizipiert, phantasiert und damit als permanente und habitualisierte frei flottierende, diffuse und imperative (Forderung nach Konsistenz) Ängste entwickelt. Die »Borderline-Angst« ist Ausdruck der Inkonsistenz der präsymbolischen und symbolisch reflexiven Repräsentanzen von sich selbst in bezug auf die Anderen und im weiteren Verlauf Ausdruck der gestörten affektiven Intersubjektivität.

Reflexiv-emotionale Regulationsstörungen borderlinegestörter Kinder sind Ausdruck der Anpassungsprozesse an die bestehenden gestörten inkonsistenten Bindungsbedingungen in der Entwicklung der Selbst- und Objektrepräsentanzen. Sie dienen der subjektiven Affektregulierung, d. h. der Minderung der »Borderline-Angst«. Dies geschieht durch die reflexiv-emotionale Veränderung der subjektiv erlebten Realität des Selbst zu den Anderen.

Die Identitätsstruktur, das Identitätsgefühl ist mit ca. 6 bis 8 Monaten hoch sensibel. Stern (2000) führt aus, daß das Kern-Selbst in dieser Entwicklungsphase ein dynamisches, ständig gefährdetes Gleichgewicht darstellt. Die entwicklungspsychologisch normative Säuglingsangst, das Fremdeln, fällt in diese Zeit, ebenso die normativen Trennungsängste durch die lokomotionsbedingte Aktivierung des Bindungssystems. Winnicott (1953, 1984) spricht von »unvorstellbaren« Ängsten des »bodenlosen Fallens«, der »Beziehungslosigkeit zum Körper«, der »Orientierungslosigkeit«.

Die Störung der reflexiv-emotionalen Regulation hat aber mit diesen entwicklungsnormativen Ängsten nichts gemeinsam. Sie gelten als Ausdruck der Vulnerabilität dieser Entwicklungszeit und damit der dispositionellen Bereitschaft für die Herausbildung der reflexiv-emotionalen Regulationsstörungen. Hierbei handelt es sich um schwere Formen der psychopathologischen Konstituierung des Kern-Selbst in Form von Fragmentierung (Kohärenzbrüche), Handlungs- und Willenslähmungen (Brüche im Urheberschaftsempfinden), Vernichtung (Kontinuitätsbrüche) und Dissoziation (Affektbrüche) (Stern, 2000, S. 281).

Es wird eine subjektive Konsistenz der Repräsentanzverknüpfungen und Handlungen aufgebaut, die der traumatisierenden Bindungsrealität angepaßt sind. Stern (2000) spricht davon, daß beginnend im Kern-Selbst unterschiedliche Realitätsversionen entstehen. Das persönliche Erleben des Selbst wird in zwei Kategorien gespalten (fragmentiert). Die reflexiv-emotionale Regulationsstörung der Kohärenz ist die Spaltung des Erlebens. Es entsteht zum Beispiel die Vermeidung, Selektion und Steigerung von selbstaffektiven Erfahrungen in bezug auf die Anderen. Vermieden werden negative selbstaffektive Wahrnehmungen. Die Selektion und Steigerung von selbstaffektiven Erfahrungen beziehen sich auf die Wünsche und Befriedigung von körperlich-physiologischen und emotionalen Zuständen. Sie dienen dazu, das dynamische Gleichgewicht des Identitätsgefühls in dieser Entwicklungsphase aufrechtzuerhalten. Nach Stern entsteht ein »falsches Selbst« und ein »wahres Selbst«. »Bestimmte Selbsterfahrungen werden selektiert und gesteigert, weil sie den Wünschen und Bedürfnissen eines anderen (des falschen Selbst) entsprechen, ohne Rücksicht darauf, daß sie unter Umständen von denjenigen Selbsterleben abweichen, die in höherem Maß durch den ›inneren Entwurf‹ (das wahre Selbst) bestimmt sind« (Stern, 2000, S. 318).

Die Störung der Selbstreflexivität nach Fonagy (Daudert & Eckert, 2002) ist Ausdruck der gestörten reflexiv-emotionalen Regulation. In der intersubjektiven Bezogenheit wird dieses Bild von den Wünschen und Bedürfnissen der Bindungspersonen durch »defizitäre Metakognition« und fehlende affektive Abstimmung gefördert. Die gestörte Kommunikation als Ausdruck der Störung der bindungsbedingten, interaktionellen Selbstreflexivität wird mit der Herausbildung der Symbolisierungsfähigkeit ab dem 12. bis 18. Monat und der damit verbundenen sprachlichen Entwicklung des

Kindes hörbar. Der Tenor einer solchen verbalen Bindungsperso-
nen-Kind-Kommunikation basiert auf dem Inhalt:»Du bist nur dann
lieb, wenn du das tust, von dem du denkst, daß es mir gut tut«. Mit
dem Begriff der »paradoxen Kommunikation« (Watzlawick et al.,
1990) wird verdeutlicht, daß man etwas anderes sagt als das, was
man meint. Diese letztendlich verbal-kommunikative Verwirrung
der Selbst- Objektrepräsentanz ist Ausdruck der Borderline-Störung
als Entwicklungsstörung der Identitätsorganisation.

Reflexiv-emotionale Regulationsstörungen entstehen im wesentlichen aus dem Bindungsmotiv:»ich will mit den Bindungspersonen
zusammen sein«. Komplexe Regulationsstörungen treten auf, wenn

• die Eltern-Kind-Interaktion sowie
• die affektive gegenseitige Abstimmung gestört sind,
• es an elterlicher Feinfühligkeit fehlt,
• ein Defizit in der Regelmäßigkeit und angemessenen Kontrolle
  existiert,
• bei der Mutter selbst eine psychische Störung mit Folgen in der
  Kommunikation besteht.

Der *wesentlichste Einflußfaktor* für die Herausbildung von komplexen Regulationsstörungen ist, wenn Kinder in der Zeit der Herausbildung ihrer Bindungsorganisation von realen Traumatisierungen
(Vernachlässigung, Nichtverfügbarkeit, körperliche und psychische
Gewalt oder sexueller Mißbrauch usw.) betroffen sind.

Die Besonderheit der komplexen Regulationsstörung bei der Entwicklung der Borderline-Persönlichkeitsorganisation ist die frühe
Schädigung im Bereich der Entwicklung des Identitätsgefühls und
dann folgend der Identitätsorganisation. Anders ausgedrückt bedeutet dies: Das Kind »opfert« aus dem Bindungsmotiv, mit anderen
zusammen sein zu wollen, sein Selbst. Es versucht, sein Identitätsgefühl in der Beziehung zur gestörten Realitätsversion den Bindungsbedingungen anzupassen, um damit die Trennungs-, Verlust-,
Versagens- und Bedrohungsängste zu minimieren. Das Kind verän-

119

dert das Bild von sich selbst und seinem Verhältnis zu den Bindungspersonen, um dann später die phantasierte »Borderline-Angst« als latenten spannungsintensiven Affekt abzubauen.

Bei der völligen Bindungsdesorganisation, einem Ausdruck des Nichtvorhandenseins von adäquaten Bindungsmustern, sind aus der Störung des Identitätsgefühls inadäquate Konfliktlösungsstrategien bzw. entsprechend inadäquate Verhaltensregulationen beobachtbar. Dies ist in der »Fremden Situation« nach M. Ainsworth bereits bei Kindern von 7 bis 18 Monaten zu vermuten. Der Fremde Situations Test, das analytische Szenario zur Prüfung der Bindungsqualitäten bei Kindern, zeigt ebenfalls die regulativen Besonderheiten mit übermäßig ängstlich klammerndem und vermeidendem Verhalten bei unsicheren Bindungsmustern. Im bindungstheoretischen Verständnis ist die Bindungsunsicherheit jedoch nicht Ausdruck einer Störung, sondern wird als adaptive Normvariante verstanden und impliziert eher einen unspezifischen Risikofaktor für die weitere Entwicklung.

Allerdings zeigt sich in den von uns untersuchten Verläufen und in unseren weiteren Untersuchungen (Hofmann, Ettrich & Huth, 2001) von borderlinegestörten Kindern ab dem 8. Lebensjahr und borderlinegestörten Jugendlichen, daß neben der Bindungsdesorganisation besonders die vermeidende oder abwehrende Bindungsunsicherheit als Disposition für die Borderline-Persönlichkeitsorganisation gelten kann. Zudem kommen im Entwicklungsverlauf bis ins Jugendalter weitere reale oder phantasierte Traumatisierungen, die diese Disposition chronifizieren.

In Untersuchungen von Simó, Rauh & Ziegenhain (2000) zeigte sich bei unsicher-abwehrenden Kindern in Verbindung mit stark kontrollierendem, aber wenig sensitivem mütterlichem Verhalten ein schwieriges und passives Verhalten, das auf eine »*angestrengte Anpassung*« ausgerichtet war.

Zimmermann et al. (2000) verweisen darauf, daß die Bindungsqualität der frühen Kindheit ohne Berücksichtigung weiterer Einflußfaktoren im Lebenslauf nicht mit der später erfaßten Bindungs-repräsentation gleichzusetzen ist. Diese Feststellung ergibt sich in ihrer theoretischen Betrachtung daraus, daß das Modell der Bin-dungsentwicklung kein frühes Prägungsmodell ist. Ihr ist prinzipiell zuzustimmen. Was die reflexiv-emotionalen Regulationsstörungen der sich entwickelnden Borderline-Persönlichkeitsorganisation an-belangt, ist allerdings davon auszugehen, daß in der früh gestörten interpersonellen Realität, die durch die primären Bindungspersonen geschaffen wurde, eine Anpassungsreaktion habitualisiert (gelernt, verfestigt) wird. Sie ist eine adaptive Reaktion, diese Realität zu meistern (Stern, 2000).

Damit ist der Grundstein dafür gelegt, daß die weitere Bindungs-entwicklung bis in das Jugendalter in der Reflexion der eigenen Per-son, von anderen Personen und Interaktionen mit diesen Personen gestört ist. Risikoereignisse wie Bindungsabbrüche chronifizieren dieses Erleben.

Die reflexiv-emotionalen Regulationsstörungen aus empirisch-entwicklungspsychologischer Perspektive

Daß es übergreifende Phänomene der Spaltung, der primitiven Idealisierung, der Omnipotenz, der Entwertung usw. im Rahmen der Borderline-Störung als nachweisbare und besonders für die Bezugs-personen spürbare Phänomene gibt und daß diese bereits im Kindes- und Jugendalter auftreten können (Kernberg, P., 2000), das ist heut-zutage unbestritten. Unterschiedliche Sichtweisen gibt es hinsicht-lich der Entstehung der borderlinetypischen Verarbeitungsprozesse aus der spezifischen bindungsbedingten Identitätsorganisation. Im dialektisch-behavioralen Ansatz werden sie als inkompatible, dys-funktionale, kognitiv-emotionale Schemata beschrieben. Sie mani-festieren sich aufgrund negativer Rückkopplung und Löschungsre-sistenz in Form von Störungen der Identität, der Beziehung, der Affektregulation und der Handlungssteuerung (Bohus, 2000).

Bowlby (1983) spricht von Abwehr und meint damit nicht nur

121

unbewußte und unwillkürliche Prozesse der Verdrängung, sondern auch Prozesse der willkürlichen Unterdrückung oder Vermeidung von Wahrnehmungen, Verhaltensweisen oder Gedanken. Abwehr hat im Verständnis von Bowlby die Funktion, Gefühle, Gedanken und Wahrnehmungen auszuschalten, die durch unerträgliche Trennungsängste erzeugt werden. Sie ist eine Anpassungsleistung, die langfristig allerdings die angemessene Aktivierung des Bindungssystems verhindert. Dies führt dann zu Fehlregulationen bis zur Deaktivierung von Bindungsverhalten.

Im psychodynamisch-psychoanalytischen Ansatz dienen Abwehrmechanismen der Affekt- und Triebabwehr. Besonders mit diesem Ansatz haben sich Stern (2000) und Dornes (1997; 1998), ausgehend von den Erkenntnissen der beobachtenden Säuglingsforschung, auseinandergesetzt.

Säuglingsforschung und Psychoanalyse

Stern (2000) und Dornes (1997, 1998) beschäftigten sich intensiv mit der »Spaltung«, dem Hauptphänomen der Borderline-Störung. Ihre Betrachtung basiert auf Annahmen der klinischen Entwicklungspsychologie. Die klinische Entwicklungspsychologie begreift die Herausbildung oder Reifung der psychischen, geistigen und körperlichen Fähigkeiten des Kindes bis in das Erwachsenenalter als einen Anpassungsprozeß an Entwicklungsaufgaben, der sich in der Mutter-Kind-Interaktion und später der sozialen Interaktion weiter differenziert. Damit steht die Beobachtung der Interaktion, beginnend mit der Mutter-Kind-Interaktion, im Mittelpunkt. Die klassische analytische Entwicklungspsychologie konstituierte sich demgegenüber historisch bedingt auf der Grundlage der Rekonstruktion von Lebensgeschichten. Das Verhältnis von realem, beobachtetem (Burian, 1998) und retrospektiv rekonstruiertem Kind wurde bereits oben angesprochen (vgl. S. 112).

Sieht man die Erkenntnisse der Säuglingsforschung der letzten Jahrzehnte, ist die kritische Auseinandersetzung mit der klassischen Psychoanalyse eine wissenschaftliche Notwendigkeit mit praktischen Konsequenzen, die sich nicht zuletzt aus der Entwicklung neuerer methodischer Grundlagen ergibt, wenn auch nicht alle entwicklungspsychologischen Schritte durch die neueren Erkenntnisse der Säuglingsforschung zum realen Kind belegt werden können und ein Spekulations- oder Diskussionsspielraum bleibt.

Die Bindungstheorie, die sich der Methoden und Perspektiven der Entwicklungspsychologie bedient, ist prospektiv und im Ansatz normativ orientiert, auch wenn sich Bowlby bereits 1973 mit psychischen Schäden als Folge der Trennung von Mutter und Kind beschäftigte. Erst in den letzten zehn Jahren haben sich, angestoßen durch die Säuglingsforschung, aus der Bindungstheorie heraus Forschungsbemühungen (klinische Bindungsforschung) entwickelt, die psychopathologische Lebenswege und Störungen differenzierter untersuchten.

In den vorangegangenen Abschnitten wurden die Ergebnisse dieser Forschungen in die Betrachtung der Borderline-Störung einbezogen. Dabei steht nicht im Vordergrund, sich theoretisch mit den psychodynamisch-psychoanalytischen Ansätzen auseinanderzusetzen. Allerdings bedarf die bindungstheoretische Betrachtung der Borderline-Störung einer prinzipiellen Einbeziehung der Ergebnisse der Säuglingsforschung, ohne den Anspruch auf eine umfängliche und tiefgreifende Begründung zu legen. Hier beschränke ich mich auf die Verweise zu den entsprechenden Autoren.

Stern und Dornes stellen aus der Perspektive der beobachtenden Säuglingsforschung fest:
1. Die Gespaltenheit im Erleben der Selbst- und Objektwelt ist nicht darauf zurückzuführen, daß Wahrnehmungen in lustvollen und unlustvollen Zuständen aus einer getrennten Organisation von Affekten gemacht werden. Es besteht eine frühe Fähigkeit der Affekttoleranz, und es dominieren niedrige und nicht hohe Spannungszustände im Alltag des Säuglings. Nicht die gegensätzlichen Affekte sind die Ursache der inneren gespaltenen Welt.
2. Das Selbst und die Objekte sind im ersten Halbjahr der Entwicklung nicht undifferenziert, verschmolzen und symbiotisch. Es besteht kein multiples Selbst- und Objektempfinden, sondern ein

ausgeprägtes und einheitliches »self versus other« Empfinden. Die Selbst- und Objektunterscheidung ist anfangs (bis ca. 6 bis 8 Monate) eher präreflexiv. Sie sei eine Empfindung und keine Leistung im Sinne des reflexiven Ich-Bewußtseins.

3. Im ersten Halbjahr der Entwicklung existiert eher ein existenzielles Selbst, das sich von den Objekten unterscheidet, und kein kategoriales Selbst.

4. Erst in der Endphase des Selbsterlebens in seiner Beziehung zu anderen (ca. 6 bis 8 Monate), aber besonders auf der Ebene der intersubjektiven Bezogenheit (ca. 7 bis 10 Monate), wenn der Säugling den Anderen als Person erfassen kann, entwickelt sich, bezogen auf die Anpassung der Interaktion an die Realität, die Fähigkeit der affektiven Abstimmung. Die affektive Erfahrung ist in dieser Entwicklungszeit nicht primär eine »gute« oder »böse«, sondern eher eine *sichere, positive* oder eine *unsichere, angsterregende* Affektqualität.

5. Die Spaltung tritt nicht nur bei pathologischen Entwicklungsverläufen, sondern in weniger intensiver Form bei »uns allen« auf.

6. Die Spaltung ist das Produkt einer psychischen Aktivität, die sich erst dann als das später dominierende Phänomen komplettiert, wenn das Kind die Fähigkeit zur Symbolisierung besitzt. Sie ist damit nicht ein Gut-und-Böse-Phänomen der ersten Lebensmonate, sondern existiert als übergeordnete Kategorie mit dem Bedeutungsgehalt von »gut« und »böse« erst in der verbalen Bezogenheit (beginnend mit 12, sicherer aber mit 18 Monaten).

Sieht man den Prozeß der sich entwickelnden Spaltung nach Stern und Dornes vor dem Hintergrund der Bindungsentwicklung, so wird deutlich, daß die Aktivierung des Bindungssystems (mit ca. 6 bis 8 Monaten) bei traumatisierenden Bedingungen, dem Erfahren von Mißbrauch, Gewalt und Vernachlässigung, mit einer massiven Affektdichotomie einhergehen muß. Diese kann von einem sicheren, positivoptimalen bis zu einem unsicheren, angsterregenden und hohen Spannungsniveau reichen. Damit wird die angemessene Symbolisierungsfähigkeit von Personen und Situationen dauerhaft beeinträchtigt.

Es handelt sich bei der Spaltung und den anderen Formen der reflexiv-emotionalen Regulationsstörung um vereinfachende, defensiv-vermeidende Verarbeitungsstrategien, durch die sich die Betroffenen in der weiteren Beziehungsgestaltung bei anderen »nicht wiederfinden«. Dieses Erleben produziert die »Borderline-Angst« und verstärkt die Verarbeitungsstrategien in einem chronifizierenden Zirkel im Lebenslauf.

»Metakognitive Steuerung«, »theory of mind« und die Fähigkeit zur Selbstreflexivität

Aus der Perspektive des empirisch-entwicklungspsychologischen Ansatzes der 90er Jahre von Main, der in der Bindungsforschung angesiedelt ist, beschäftigte sich besonders die »englische Schule«, hier sei als herausragender Vertreter Fonagy (1998, 2000) genannt, mit der Entstehung von Identitätsprozessen, die für die Erklärung der Borderline-Störung relevant sind. Im Rahmen der Kieler Psychotherapiestudie durch Daudert und Eckert (2001) wurde dieser Ansatz hinsichtlich borderlinetypischer Reflexivitätsstörungen untersucht.

Unter den Forschungsbemühungen zu klinischen Ansätzen der Bindungstheorie ist besonders das Konzept der »metakognitiven Steuerung« (metacognitive monitoring) von Mary Main (1991) zu nennen. In der Bindungsforschung wird davon ausgegangen, daß sich, ähnlich der psychoanalytischen Objektbeziehungstheorie bei Kindern, ein Erwartungsbefinden hinsichtlich des Charakters der Interaktion mit der Bezugsperson entwickelt (Fonagy, 1998). Dies geschieht aufgrund wiederholt erfahrener typischer Bindungsinteraktionen, aus denen sich ein inneres Arbeitsmodell der Bindung und Beziehung strukturiert. Das Konzept zur metakognitiven Steuerung von Mary Main entstammt ursprünglich den weiterführenden Untersuchungen zur elterlichen Feinfühligkeit, die von Mary Ainsworth konzipiert wurden. Die verhaltensnahe elterliche Feinfühligkeit ist das Verhalten der Bezugs- und Pflegepersonen und bezieht sich auf die Fähigkeit, die Verhaltenssignale des Kindes wahrzunehmen, sie zu deuten bzw. zu dekodieren und angemessen zu reagieren. Das feinfühlige Erwidern der Eltern wird für die Entstehung mentaler Repräsentanzen der Kinder in bindungsrelevanten Streßsituationen verantwortlich gemacht. Die elterliche Feinfühligkeit ist die Determinante für die Bindungsqualität des Kindes an den jeweiligen Elternteil.

Daudert & Eckert (2001) verweisen auf die Theorie nach Bion (Theorie des Denkens) und hier auf die Container-Contained-Konzeption, die als metaphorische Analogie des Feinfühligkeitskonzeptes (Dornes, 1998) der Bindungstheorie zu betrachten ist. Ersterem Konzept zufolge steht die reflexive Fähigkeit der Mutter mit den Affekt-Containments (Regulationsfähigkeiten negativer Affekte) und der Bindungsqualität des Kindes im Zusammenhang.

Mains Ansatz zur »metakognitiven Steuerung« geht über das schlichte Konzept der »Feinfühligkeit« hinaus und gilt als dynamisches Modell der Operationalisierung und Konzeptualisierung feinfühligen Elternverhaltens für zukunftsweisend (Fonagy, 1998). Unter Metakognition wird die Fähigkeit der Mutter verstanden, sich empathisch selbst (affektive reflexive Modulationsfähigkeit) und andere Personen (Affektmodulationsfähigkeit) zu »erfühlen«. Es konnten empirische Zusammenhänge zwischen der Metakognition der Mutter und der Entwicklung der Bindungsstruktur des Kindes festgestellt werden, die über die Erklärungsinhalte zur Feinfühligkeit hinausgehen.

Fonagy (1998) spricht von der »theory of mind« (Theorie des Geistes) und in diesem Kontext von der »Selbstreflexivität«, die nicht nur die Reflexion eigener Befindlichkeiten, sondern auch die fremder mentaler Befindlichkeiten einbezieht. Unter der »theory of mind« versteht man einerseits ein Gefüge von individuellen Gedanken, Wünschen und Absichten, andererseits ein individuelles Konzept, mit dem das Verhalten anderer vorausgesagt werden kann. Das Verhalten wird damit von einer Intentionalität reguliert, das heißt, eine Reaktion auf eine andere Person bezieht die Kalkulation ihrer psychischen Befindlichkeit antizipatorisch ein. Die eigene Handlung organisiert sich in Abhängigkeit zu der anderen Person. Fonagy (2000) spricht von der reflexiven Kompetenz, die im Sinne der »Selbstreflexivität« verstanden wird.

In einem eher sozial-interaktionistischen entwicklungspsychologischen Ansatz sieht Fonagy (2000) die Entwicklung der »Selbstreflexivität« im Prozeß der Mutter-Kind-Interaktion. In der Interaktion wird der Sinn für das psychische Selbst und die Komplexität der zwischenmenschlichen Beziehungen gefördert. Das Verhalten der Bezugspersonen und das der anderen wird dem Kind gegenüber als Haltung oder Realität unterstellt und vom Kind adaptiert. Dabei wird bis zum 5. Lebensmonat die kindliche Affektrepräsentanz durch den Austausch von Affektsignalen entwickelt (Bruchteile von Sekunden dauernde Signale von Angesicht zu Angesicht). Bereits hier kristallisiert sich ein Schema von zu erwartenden affektiven Reaktionen heraus. Fonagy betont, daß in diesem Entwicklungsstadium die Interaktionen noch keine geistigen Prozesse sind, keine Gedanken und Gefühle einbezogen werden. Es handelt sich um Vorläufer, die die geistigen Repräsentanzen entwickeln. Bereits ab dem 6. bis 8. Lebensmonat sind Verknüpfungen von Repräsentanzen (representational mapping) vorhanden. Es entwickelt sich die Fähigkeit des Kindes, eigene psychische Befindlichkeiten mit denen seiner Bezugspersonen, anderer Personen oder Objekte in Einklang zu bringen. Es handelt sich ab dieser Zeit eher um eine zielorientierte Kommunikation des Kindes, die fehlgelaufenen Kommunikationen wieder »zurechtzurücken«.

Übertragen auf die Theorie von Stern betrifft dies den Entwicklungsverlauf des subjektiven Selbstgefühls (intersubjektive Bezogenheit). Dieser Prozeß koordiniert die Entwicklung der Selbst- und Objektrepräsentanz. Ab diesem Entwicklungsalter, das immer noch als Vorform der geistigen Repräsentanz zu verstehen ist, erfolgt aber nicht mehr schlechthin ein Affektaustausch. Indem die Mutter das Gefühl des Kindes einfühlsam spiegelt, benennt sie ihm gegenüber eine Gefühlsqualität und vermittelt damit einen *Symbolgehalt*. Mimische und gestische Repräsentanzen der Mutter werden zu

inhaltlichen und emotionalen Repräsentanzen des kindlichen Selbst-
befindens verknüpft.

Ein weiterer Vorläufer der Entwicklung der »Selbstreflexivität« oder
der »geistigen Kompetenz« ist die Repräsentation des »rationalen
Handelns« (rational action). Hierauf beruht nach Fonagy (2000) das
spätere Ausdrucksverhalten: Handeln und Sprache als Ausdruck von
Gefühlen und Wünschen. In der zweiten Hälfte des ersten Lebensjahres erwirbt das Kind die Fähigkeit, sein Verhalten antizipatorisch
auf zu erwartende Befindlichkeiten zu koordinieren. Es muß dazu
Repräsentationen von den zu erwartenden Reaktionen haben.
Anfangs nimmt das Kind eine teleologische, d. h. zweck- und ziel-
gerichtete Perspektive ein. Es sind damit noch nicht intentionale
Handlungen. Eckert & Daudert (2001) verweisen auf empirische
Untersuchungen, nach denen die intentionale Fähigkeit erst im
3. und 4. Lebensjahr herausgebildet wird.

Das geistige Handlungsmodell des Kleinkindes ist ein Produkt
der tatsächlichen dyadischen Interaktion mit der Bezugsperson. Das
Kleinkind kann jedoch rationales Handeln nur dann entwickeln,
wenn die Handlungsqualitäten der Bezugsperson vorhersehbar und
damit kalkulierbar sind.

Angstmachende oder bedrohliche Handlungen der Bezugspersonen
in Abwesenheit von gelernten oder erkennbaren Zielen oder Rea-
litätsgrenzen verwirren das Kleinkind (Fonagy, 2000). Mangelnde
Einfühlsamkeit oder übermäßige Verstrickung seitens der Mutter
führen zum Scheitern der selbstreflexiven Handlungen, indem keine
Repräsentanzen entwickelt werden können oder das repräsentative
Potential der Bezugsperson verlorengeht. Ebenso schädigend wirkt
sich auf die Entwicklung der reflexiven Fähigkeiten des Kindes aus,
wenn es durch die Bezugspersonen den Umgang mit Verstörung und
negativen Affekten nicht vermittelt bekommt. Reflexivität kann
auch als Pufferzone davor schützen, daß traumatische Kindheitserfahrungen transgenerational (von Mutter zu Kind) weitergegeben
werden. Im Konzept des »Affekt-Containments« wird die Rolle der

Mutter als »psychischer Behälter« (container) unterstrichen. Nach der »Melanie Klein-Wilfred Bion-Tradition« der Psychoanalyse (Daudert & Eckert, 2001) ist die Modulationsfähigkeit der Mutter für negative Affekte des Kindes eine auf den reflexiven Fähigkeiten der Mutter basierende Containment-Funktion.

Wie in diesem Buch schon mehrfach betont wurde, spielen bei der Entwicklung der Borderline-Persönlichkeitsorganisation die individuellen Traumaerfahrungen auch im theoretischen Ansatz der Entwicklung metakognitiver und reflexiver Fähigkeiten eine wichtige Rolle. Fonagy et al. (2000) verweisen auf die Bedeutung der schädigenden Einflüsse von Traumatisierung auf die reflexive Funktion. Das massive Versagen der Selbstreflexivität bzw. der psychischen Integrationsfunktion führt zur Borderline-Störung, insbesondere zur destruktiven Aggressivität und zu Gewaltdelikten bei jugendlichen Straftätern (vgl. »Prison-Health-Care-Centre-Studie«, Fonagy et al., 1997). Als Ursache wird die Unfähigkeit gesehen, eigene Gefühle als reflexive Leistung zu symbolisieren, darüber nachzudenken, sie zu verstehen, zu verbalisieren und zu ertragen. Dies entspricht nach Daudert & Eckert (2001) O. F. Kernbergs Begriff von den »unmetabolisierten Objekt-Repräsentanzen«. Spaltung, primitive Idealisierung und andere Erscheinungen sind Regulationsmechanismen der Störung der Selbstreflexivität.

Regulationsstörungen und Bindungsstile

In einer Pilotstudie zu einer weiteren »Heimpopulation« beschäftigten wir uns (Hofmann 1999; Ettrich, Hofmann & Huth, 2001) mit dem Entwicklungsprozeß von Bindungsstrukturen und Identitätsorganisation bei borderlinegestörten älteren Kindern (ab 10 Jahren) und Jugendlichen im Therapieverlauf. Der Untersuchung lag unter anderem die Frage zugrunde, ob die Qualität der reflexiv-emotionalen Regulationsstörung im Zusammenhang mit der Qualität der Bindungsentwicklung steht. Ausgangspunkt dieser Untersuchung war, daß sich sowohl hinsichtlich der sich entwickelnden Arbeitsmodelle der Bindung als auch der Identitätsorganisation durchaus spezifi-

129

sche Konstellationen herausbilden könnten, die auf individuelle Entwicklungswege hinweisen.

Zum Einsatz kam ein Therapieverlaufsfragebogen zur Bindungsstörung vom Borderline-Typ (VBBT, siehe Anhang). Eine statistisch fundierte Darstellung soll in diesem Rahmen nicht erfolgen. Es soll nur festgestellt werden, daß die Ergebnisse in diesem Stadium der Untersuchung eine statistisch abgesicherte inhaltliche Beschreibung erlauben. Basis für den Fragebogen waren selbstentwickelte Items auf der Grundlage des Erwachsenen-Bindungsprototypen-Ratings (EBPR) nach Strauß et al. (1999) und Items aus dem Borderline-Persönlichkeitsinventar (BPI) nach Leichsenring (1996). Der Fragebogen ist in zwei Schwerpunkte unterteilt. Der erste Teil beinhaltet Items zu borderlinespezifischen Störungsbesonderheiten. Im zweiten Teil werden personelle therapeutische Grundhaltungen untersucht, die im Kapitel zu therapeutischen Aspekten der Borderline-Störung im Kindes- und Jugendalter vorgestellt werden. Aus dem ersten Teil des Therapieverlaufsfragebogens zur störungsspezifischen Betrachtung konnten faktoranalytisch folgende Zusammenhänge für diese Stichprobe gefunden werden:

(1) Borderlinegestörten mit einem *unsicher-vermeidenden Bindungsstil* (vordergründig emotional ungebunden und übersteigert autonomiestrebig) haben reflexiv-emotionale Regulationsstörungen. Diese beinhalten interpersonelle Realitätsverzerrungen, Täuschungen bezogen auf andere Personen und Selbsttäuschungen (Spaltung, Omnipotenzerleben, Entwertung).
(2) Bei *Bindungsdesorganisation* sind insbesondere affektive Regulationsstörungen mit aggressiver Selbstdestruktion (primitive Abwehrmechanismen) vorhanden. Zusätzlich konnten reflexivemotionale Regulationsstörungen nachgewiesen werden, die die Selbsttäuschung (Identifizierung mit dem Angreifer) beinhalten.
(3) Borderlinegestörte Kinder und Jugendliche mit einem *unsicherambivalenten Bindungsstil* (übersteigert abhängig und instabil beziehungsgestaltend) haben reflexiv-emotionale Regulationsstörungen. Diese beinhalten Täuschungen bezogen auf andere

130

Personen im Sinne der erwartungsorientierten Idealisierung (primitive Idealisierung).

(4) Eine vierte Gruppe von borderlinegestörten Kindern und Jugendlichen war feststellbar, die mit *gemischten Bindungsstilen* auffielen (unsicher ambivalent, vermeidend, teilweise auch sicherer Bindungsstil). Bei diesen wurde aus den Untersuchungsergebnissen nur eine niederschwellige reflexiv-emotionale Regulationsstörung in Richtung der Spaltung deutlich, die statistisch nicht relevant war.

Es war nicht die Absicht der Untersuchung, von bestimmten Bindungskonstellationen auf typische reflexiv-emotionale Regulationsstörungen zu schließen. Man weiß, daß das Spaltungserleben eine reflexiv-emotionale Grundstörung von übergreifendem Charakter ist und die Vielfalt der anderen reflexiv-emotionalen Regulationsstörungen im wesentlichen durch situative und personelle Besonderheiten der konkreten Beziehungssituation geprägt wird. Auch die Bindungsstile sind nicht in »Reinform« nachvollziehbar und werden durch die konkreten Beziehungsbesonderheiten bzw. durch die damit verbundenen Bedürfnisse, Bindungsmotive und Bindungserfahrungen bestimmt. Da diese vier Konstellationen von Zusammenhängen zwischen reflexiv-emotionalen Regulationsstörungen und Bindungsstilen im Untersuchungsverlauf allerdings relativ zeitstabil bei den Kindern und Jugendlichen nachvollziehbar waren, lassen sich folgende Schlüsse daraus ziehen:

• Spezifische pathologische Bindungserfahrungen in Form pathologisch unsicherer Bindungsrepräsentanzen bedingen spezifische Besonderheiten der borderlinetypischen Affekt- und Identitätsorganisation, die vermeidende oder ambivalent-ängstliche Strategien entsprechend regulativ kanalisieren.
• Bei der Bindungsdesorganisation führt das innere Chaos der unauflösbaren Bindungswidersprüche dazu, daß in jeder Bezugsperson ein bedrohender Angreifer gesehen wird (Identifikation mit dem Angreifer). Der affektive Ausbruch bringt die

absolute reflexiv-emotionale Regulationsunfähigkeit zum Ausdruck.

• Demgegenüber scheinen Kinder und Jugendliche mit gemischt unsicheren Bindungsrepräsentationen über angemessenere reflexiv-emotionale Regulationsfähigkeiten zu verfügen.

Im weiteren Verlauf dieses Kapitels sollen die reflexiv-emotionalen Regulationsstörungen im einzelnen besprochen werden:

Spaltung

»Ich hasse dich – verlaß mich nicht: Die schwarzweiße Welt der Borderline-Persönlichkeit«

KREISMANN & STRAUS (1999)

Die Spaltung ist ein *übergreifender Prozeß der spezifischen reflexiv-emotionalen Regulationsstörung*, der bereits bei den meisten Kindern und bei allen Jugendlichen zu beobachten ist. Spaltung ist einerseits eine innere Befindlichkeit, wie der Betroffene sich erlebt. Andererseits widerspiegelt sich die Spaltung im subjektiven Erleben der Welt. Die vereinfachte bipolare oder dichotome Strukturierung der Innenwelt und des Erlebens ist wesentlicher Ausdruck einer Störung der bindungsspezifischen Identitätsorganisation.

Wie könnte dies im Einzelfall aussehen? Ein borderlinegestörtes Kind befindet sich in einem Beziehungsverhältnis (Familie, Schule, Heimeinrichtung) zu anderen Personen. Da der entwicklungspsychopathologische Hintergrund hinlänglich dargestellt wurde, soll die aktuelle, allgemeine Situation der Beziehungsgestaltung im Vordergrund der Betrachtung stehen:

• Bei den Betroffenen entwickelt sich ein inneres Arbeitsmodell aus der Bewertung der frühen Bindungsentwicklung. Geprägt wird dies durch die Qualität der chronisch phantasierten oder realen Angst, »verlassen zu werden«.

• Im Wechselverhältnis mit dieser Qualität der Bindungsrepräsentanz steht die Qualität der Identitätsrepräsentanz, die das Reflektieren über die eigenen emotionalen und mentalen Zustände und die von anderen nur teilweise oder gar nicht ermöglicht.

Die daraus folgenden inneren chaotischen Zustände (unmetabolisierte Objekt-Repräsentanzen nach Kernberg, 1978), die in Form unvereinbarer und subjektiv widersprüchlicher Zustände der Identität (labile Selbstzustände) die frei flottierende, diffuse »Borderline-Angst« zur Folge haben, führen zu einer selbststabilisierenden und entängstigenden subjektiven Realität des Selbsterlebens und des Erlebens Anderer. Bestimmte Selbstreflexionen werden vermieden, verleugnet, selektiert oder gesteigert. Sie drücken immer die grundlegende, kindlich gelernte Bindungserfahrung in der gestörten Qualität der Mutualität als Re-Inszenierungen (Ausdruck der inneren Arbeitsmodelle oder Repräsentanzen) aus. Diese Re-Inszenierungen sind dann besonders problematisch und für die Betroffenen gefährlich, wenn sie als »unsymbolisiert« gebliebene traumatische Affektzustände (Stern, 1985), als Wiederholungszwang (Daudert & Eckert, 2001), zum Ausdruck kommen. Sexuell mißbrauchte Kinder binden sich in subjektivem Spaltungserleben an die Täter und werden zum »Opfer« oder »bieten« sich im weiteren Lebenslauf immer wieder als »Opfer« an. Diese Besonderheit des Spaltungsphänomens ist besonders in forensischen Zusammenhängen relevant.

Die Spaltung als Ausdruck einer komplexen Regulationsstörung liegt nun allen anderen reflexiv-emotionalen Regulationsstörungen in gewisser Weise zugrunde, da sie sich in ihrer subjektiven Art der Vermischung aus Vermeidung, Verleugnung, Selektion oder Steigerung darstellt. Primitive Idealisierung, Omnipotenz und Entwertung bzw. projektive Identifikation und Identifikation mit dem Angreifer sind Spielformen der Spaltung mit spezifischen reflexiv-emotionalen Regulationsqualitäten, die die Selbstrealität, die Realität der anderen Person und die Realität der Interaktion bestimmt.

Im Bereich des Selbsterlebens führt die Spaltung zum Erleben extremer Gefühlszustände von »Gut« und »Böse«. Diese können sich in Formen extremer Selbstverachtung, Selbstbestrafung oder narzißtischer Selbstverherrlichung, Selbstbewunderung, Allmachtsgefühlen äußern. Der Wechsel zwischen beiden borderlinetypischen Erlebensqualitäten kann schnell erfolgen. Dieses Selbsterleben ist immer hoch emotional geladen.

Resultat ist die Störung der Nähe-Distanz-Regulation und damit ein komplexes Gebäude von Beziehungsstörungen, die besonders mit den Sozialisationsbedingungen, beginnend in der Kindertagesstätte, der Schule, bei der Entwicklung von Freundschaften oder später in der Partnerschaft, zum Tragen kommen. Die fehlende oder unmögliche Integration reflexiv-emotionaler Bilder von einem selbst und den Anderen führt zu chaotischen Beziehungskisten, die nicht zwingend an eine Heimkarriere gebunden sind. Man bemüht sich verzweifelt um einen Freund oder im Jugendalter um einen Partner, um ihn am nächsten Tag abzuservieren. Borderlinegestörte Menschen mit einer besseren sozialen Kompetenz, meist in Verbindung mit einer noch bestehenden sozialen Integration in formal bestehenden familiären Strukturen bis in das Jugendalter und überdurchschnittlichen intellektuellen Voraussetzungen oder kreativen Begabungen, scheitern in ihrer weiteren Entwicklung an der pathologischen Liebe-Haß-Diffusion.

Kreisman und Straus (1999) beschreiben den Lebensweg Marilyn Monroes als prototypische Entwicklung einer Borderline-Karriere. Ist die soziale Integration in der Entwicklung frühzeitig durch ein anhaltend sozial schwaches Milieu gestört, erlebt das Kind frühzeitig Bindungsabbrüche oder schwere psychische und physische Traumatisierungen, so daß die Borderline-Persönlichkeitsorganisation als Anpassungsmechanismus aktiviert wird. Gibt es weiterhin durch fehlende Schutzfaktoren in der Entwicklung chronifizierende Traumatisierungen, so werden die Phänomene der spaltungsbedingten Nähe-Distanz-Regulationsstörung fast nebensächlich. Es dominiert dann eine emotionale und soziale Ausgrenzung in Verbindung mit antisozialen und kriminellen Karrieren.

Die Bezugspersonen sind entweder Träger von »guten« oder »bösen« Inhalten. Letzten Endes erleben sie sich selbst als die »Guten« oder die »Bösen«. Meist sind es die verantwortlichen Helfer und Betreuer (anfangs die Eltern), die als »Bösewichter«, als bedrohlich, feindlich erlebt und distanziert bzw. ignoriert und gehaßt werden. Es gibt aber auch die »Helden«, die geliebt, verehrt, bewundert, begehrt, gelobt, verführt werden und deren Nähe um jeden Preis gesucht wird. Die Spaltung ist absolut. Es gibt keine »Grauzonen«, keine allgemeingültigen Abstufungen, auch nicht situative. Der »Bösewicht« kann machen was er will, er wird niemals die Ehre der Nähe der Betroffenen genießen können. Im Gegenteil, es wird die noch so gute Absicht uminterpretiert und als »böse« erlebt. Auch der »Held« kann eigentlich machen was er will, enttäuschen oder unzuverlässig sein. Aber hier gibt es Grenzen, die überschritten werden, wenn der allmächtige »Held« die egozentrischen Bedürfnisse der Betroffenen nicht befriedigt. Dann kann das Bild schnell umschlagen. Der »Held« wird gestürzt und ist ein »Bösewicht«, den die Rache trifft.

Die Spaltungsphänomene mit ihrer Konsequenz sind besonders in betreuenden Systemen nachvollziehbar und therapeutisch relevant. Besonders Supervisoren oder Mediatoren können relativ schnell feststellen, ob z. B. auf einer psychotherapeutischen Station oder in einer Heimeinrichtung borderlinegestörte Kinder oder Jugendliche ihre Spaltungsinszenierungen plazieren. Die Spaltung des Betreuungsteams ist ein sichtbarer Indikator dafür. Man streitet darüber, ob die zu Betreuenden sofort entlassen werden oder ob sie besondere Zuwendung und Verständnis bekommen sollen. Die »Bösen« sind die Gegner, die »Guten« die Verteidiger der Betroffenen. Ihr innerer Krieg wird auf der Beziehungsebene, d. h. über die verantwortlichen und sich verpflichtet fühlenden Bezugspersonen ausgetragen. Im Gegensatz zu »rein« narzißtischen Persönlichkeitsstrukturen, die als psychotherapeutische Patienten oft »ideale Kandidaten von Analysen ohne Ende sind« (Lasch, 1995), führt die Re-Inszenierung des affektiv besetzten Spaltungserlebens bei borderlinegestörten Patienten im Therapiekontext oft prompt zur Entlassung aus stationären Einrichtungen. Dies führt im allgemeinen zu Therapieabbrüchen und dem »Kampf« zwischen den Therapeuten, zwischen pädagogischen Betreuern oder zwischen den Berufsständen. Dazu zählt meines Erachtens auch die Ebene der Mitarbeiter der gesellschaftlichen Kontroll- und Verwaltungsinstanzen (Jugendamt, Jugendgerichtshilfe, Sozialamt usw.).

Der bereits getroffenen Feststellung, daß nur die reflexiv-emotionalen und affektiven Regulationsstörungen die Borderline-Persönlichkeitsorganisation definieren, sei an dieser Stelle hinzugefügt: Nur die Beachtung und die Bearbeitung dieser Regulationsbesonderheiten führen zum Funktionieren der therapeutisch-pädagogischen Schutzfaktoren. Sie sind ein wichtiger Gegenstand für die helfenden Strukturen im Sinne der personellen Wirkfaktoren.

Primitive Idealisierung

»Die Kunst der Verführung hat ihren Ursprung in der Eitelkeit und den Defiziten des Anderen«

Die Wirkmechanismen der primitiven Idealisierung haben in ihrer individuell unterschiedlichen Gemengelage aus Vermeidung, Verleugnung, Selektion oder Steigerung der »guten« Fremdreflexion zur Reduktion der »Borderline-Angst« zwei grundlegende Funktionen: Erstens wird der subjektiv gefährlich erlebten Welt ein friedfertiger Anstrich gegeben (Dulz & Schneider, 1997), indem die »gehaßten« Eltern und verantwortlichen Bezugspersonen verherrlicht werden. Aus klinisch-bindungstheoretischer Sicht wird zweitens bei pathologisch, unsicher-ambivalenten (ängstlichen) Bindungsqualitäten und der Bindungsdesorganisation die ängstlich klammernde Qualität als pathologische reflexiv-emotionale Realität komplettiert (Hofmann, 1999).

Mit der primitiven Idealisierung, vereinfachten und infantilen Reaktionen, sind Veränderungen der reflexiv-emotionalen Regulation in der Beziehungsgestaltung, in der Realitätsorientierung und letztendlich in der Fähigkeit der Realitätsprüfung verbunden. Die

136

Bezugspersonen existieren als subjektiv real erlebte Wunsch- und Phantasiebilder. Sie sind immer »gut«, verfügbar, omnipotent. Ihnen wird vor allem eines zugeschrieben: Sie haben eine unermeßliche Schutzkompetenz, die die Angst, »verlassen zu werden«, ideal auflösen kann.

Im allgemeinen wird die primitive Idealisierung in der Beziehungsgestaltung über zwei typische interagierende Strategien realisiert: durch Verführung und durch Bindung der Bezugspersonen über den »Affekt der Besorgnis« (Lohmer, 2000). Beides sind Beziehungsstrategien (Formen der Objektbeziehungsgestaltung). Sie haben im Kontext von Betreuung und Therapie eine besondere Bedeutung. In diesem interaktionellen Kontext sind die personelle Struktur der verantwortlichen Bezugspersonen, ihre eigenen Bindungsrepräsentanzen und ihre individuellen Motive für die Tätigkeit in helfenden Berufen gefragt.

In Anbetracht dessen, daß borderlinegestörte Kinder und Jugendliche ihr Leid durch manipulative und extrovertierte Strategien lindern, wird jeder, der mit ihnen arbeitet, hinsichtlich seiner eigenen narzißtischen Eitelkeiten und unerschöpflichen Helferinstinkte angesprochen – dies besonders vor dem protektiven Hintergrund, der dem Alter zuzurechnen ist. Bei erwachsenen Borderline-Patienten fehlt diese protektiv-pädagogische Grundforderung von vornherein. Insofern entsteht bei der Therapie von Erwachsenen ein subjektiver Handlungs- und Abgrenzungsspielraum, den Betreuer von Kindern und Jugendlichen schon aus der rechtlichen Verantwortlichkeit nicht haben. Es existiert somit eine doppelte Abhängigkeit der Helfer, die rechtlich fixierte und die personell variierende. Der imperative Charakter der »Borderline-Angst« kommt hier besonders zum Tragen. Die fordernde Botschaft ist: »Nur Du kannst mir helfen und Du mußt mir helfen!« Es entsteht im Beziehungsverlauf eine durch den imperativen Charakter geprägte Spirale der geforderten »Liebes-« oder Kompetenzbeweise der Bezugspersonen, die erbracht werden müssen, um den imperativen Erwartungen zu genügen.

Aus der klinischen, aber besonders pädagogischen Praxis sind mir viele Beispiele bekannt, in denen Schwestern, aber auch Therapeuten und besonders pädagogische Helfer trotz umfassender theoretischer Ausbildung und Schulung der Verführung quasi »erlagen«. Hier spielt die im Buch beschriebene Hypersensibilität der borderlinegestörten Kinder und Jugendlichen eine besondere Rolle. Sie spüren »instinktiv« die Defizite der Bezugspersonen. Dem Eitlen wird geschmeichelt, dem sexuell Defizitären werden körperliche Zugeständnisse abgerungen. Die grenzenlosen Helfer werden mit den zutage tretenden körperlichen Symptomen, mit suizidalen Manipulationen und rechtlich sanktionierten Suchtproblemen in ihrem »Mutter-Theresa-Syndrom« gefordert. Dabei sind in der Landschaft der pädagogischen Hilfen die Grenzen offener.

Hier habe ich erfahrene Erzieherinnen erlebt, die die Kinder oder Jugendlichen in ihrem verführenden und hilflosen Verhalten mit nach Hause nahmen. Aus den anfänglichen Wochenendbeurlaubungen wurden dann, entgegen den dienstlichen und fachlich begründeten Anweisungen und nach vielen Teamaussprachen, tägliche Regelmäßigkeiten, die durch die betroffenen Kinder und Jugendlichen manipulativ »erzwungen« wurden. In drei Fällen kündigten die Erzieherinnen den Dienst, um sich nur diesen Kindern und Jugendlichen zuzuwenden. Diese »Beziehungen« endeten im Chaos der Familien und der Betroffenen. Die idealisiert »erzwungene« Nähe, gleich ob verführend oder besorgniserregend induziert, hat immer tragische Folgen. Diese ergeben sich aus der borderlinetypischen Polarität von Angst vor Bindung und Autonomie und der gegenseitigen Macht- und Ohnmachtbeziehung.

Über pathologisch motivierte und damit unangemessen idealisierende Erwartungsmuster und Erlebensweisen in der Beziehungsgestaltung werden anfangs innere angstreduzierte Zustände der Entspannung, des Genießens und des unermeßlichen Verbundenseins umgesetzt (Lohmer, 2000). Die produzierte, grenzenlose Nähe hat jedoch ihren Preis: Auch sie macht Angst. Es entsteht ein Pendel zwischen der Verlustangst, die unermeßlich wird, und der Angst vor Enttäuschung bzw. Zerstörung. Die Störung der Nähe-Distanz-

Regulation entwickelt als subjektives Spaltungsprodukt das zeitlich folgende Verhalten der Entwertung der »Bösen«, das diese hilflos macht. In schweren Fällen führt es zu Bindungsabbrüchen, in leichteren Ausprägungsqualitäten zu ständigen Beziehungsproblemen. Entscheidend dafür ist die Entwicklungsqualität der Borderline-Persönlichkeitsorganisation. Bei Kindern und Jugendlichen mit einer sich entwickelnden Borderline-Persönlichkeitsorganisation und geringer sozialer Kompetenz enden »ideale Beziehungen zu anderen« meist wieder im Chaos eigener Verlustängste und mit Bindungsabbrüchen (Pendeltür-Kinder).

Bei einer sich entwickelnden Borderline-Persönlichkeitsorganisation mit besserer sozialer Kompetenz, meist bei vorhandenen formalen Bezugsstrukturen und begrenzten individuellen Ressourcen (z. B. intellektuelle Fähigkeiten), sind massive Beziehungskonflikte als Ausdruck instabiler Beziehungsgestaltungen die Regel. Die pathologische Polarität führt in beiden Qualitätsmöglichkeiten aber immer dazu, daß gesetzmäßig Spannungen und Konflikte aktiv provoziert werden.

Entwertung

Im gespaltenen »Alles-oder-Nichts-Prinzip« folgt der Idealisierung die Entwertung, die meist mit Phänomenen des eigenen Omnipotenzerlebens der borderlinegestörten Kinder und Jugendlichen einhergeht. Prinzip der Entwertung ist immer das »Hilflosmachen« der Bezugspersonen. Auch hier kommt wieder die beschriebene Hypersensibilität borderlinegestörter Heranwachsender für subjektive Defizite und Schwächen ins Spiel, die immer vor dem Hintergrund der rechtlichen Verantwortlichkeit zu verstehen ist, in der die Helfer oder die Eltern bei der Betreuung von Kindern und Jugendlichen stehen. Allerdings ist auch von Bedeutung, in welcher Qualität sich die Borderline-Persönlichkeitsorganisation entwickelt. Zu Betreuende mit insgesamt besser ausgeprägten sozialen Kompetenzen werden eher die »feine Klinge schlagen«, sie intrigieren, bringen das Team oder andere Kinder und Jugendliche gegen den Betroffenen auf, sie beschweren sich beim Jugendamt über die Einrichtung oder den Erzieher. Aus der täglichen Praxis ist bekannt, daß besonders sexuell mißbrauchte Kinder und Jugendliche diese Erfahrung im Rahmen der Entwertung übertragen. In noch bestehenden familiären Situationen werden Eltern z. B. in der Schule, im Jugendamt bzw. bei Gericht »angeschwärzt« oder angezeigt. Bei Qualitätsentwicklungen der Borderline-Persönlichkeitsorganisation ohne sozial kompetente Strategien findet die Entwertung meist aggressiv-destruktiv statt. Dies kann verbal aggressiv erfolgen, aber auch mit Bedrohung und tatsächlich fremdgefährdenden körperlichen Übergriffen einhergehen, die auf die Qualität der affektiven Regulationsstörung zurückzuführen sind.

In der Regel ist die Entwertung immer subjektiv und gezielt: Die ängstliche Bezugsperson wird bedroht, ihr wird angst gemacht; der ehrgeizigen oder verantwortlichen Bezugsperson werden organisatorische Fehler nachgewiesen oder unterstellt. Ebenfalls die Regel ist, daß bei den hilflosmachenden Strategien die idealisiert besetzten Personen gegen die Entwerteten eingesetzt werden. Hier sind die Professionalität und die individuelle Stabilität von Bezugspersonen und Betreuungssystemen gefragt. Mir sind einige Fälle bekannt, bei denen die Bündelung entwertender Strategien mehrerer Kinder und Jugendlicher in Heimbetreuung dazu führte, daß diese Einrichtungen schließen mußten. Dies war die Folge dramatischer Entwicklungen: Die Kinder und Jugendlichen zündeten in einem Fall das Haus an, in einem anderen wagten sich die Erzieher ohne Polizeischutz nicht mehr in die Einrichtung. Bedeutsam dabei ist, daß es zur Entwertungseskalierung durch unangemessene gewaltbetonte Gegenentwertung des Betreuungssystems kam.

Ohne an dieser Stelle auf die Problematik der Gewalt in der Betreuung Borderlinegestörter einzugehen, ist festzustellen, daß hier die Art und Weise der Strukturierung des Betreuungssystems von Bedeutung ist. Besonders schwache und gespaltene (persönliche Konkurrenzen im Team) bzw. organisatorisch wenig strukturierte Betreuungssysteme sind dazu geeignet, Entwertungsmechanismen zu begünstigen, einmal, weil die äußere Struktur-schwäche die innerpathologische Struktur der borderlinegestörten Kinder und Jugendlichen aktiviert, sie bekommen Angst. Zum anderen kann bei einem strukturschwachen Team fachlich nicht angemessen auf die Entwertung der Kinder und Jugendlichen reagiert werden.

Die reflexiv-emotionale Regulationsstörung von Entwertungsqualität macht die Beziehungsstörung bei der Borderline-Persönlich-keitsorganisation im wesentlichen aus. Konsequenz der Hilflosig-keit von Bezugspersonen und Betreuungssystemen für die betroffenen Kinder und Jugendlichen ist die Verstärkung der chroni-fizierenden negativen Erfahrung von Bindungsabbrüchen. Der Verlust und die Ausgrenzung werden real.

Dabei scheint es, als ob Gefühle nicht vorhanden wären. Die scheinbare gefühllose Entwertung ist in unterschiedlicher Weise interpretierbar. Einerseits entsteht sie aus der bereits ausführlich dargestellten Störung, eigene Gefühle angemessen wahrzunehmen und zu interpretieren. Dulz & Schneider (1997) beschreiben andererseits Gefühllosigkeit oder inadäquate Gefühlslagen als Ausdruck der schützenden Verleugnung.

Omnipotenz

»Ein Kind, das sich durch seine eigenen aggressiven Regungen –
die auf andere projiziert, dann wieder als innere ›Ungeheuer‹
internalisiert werden – so schwer bedroht fühlt, versucht seine
Neid- und Wuterlebnisse mit Phantasien von Reichtum, Schönheit
und Allmacht zu kompensieren.«

CHRISTOPHER LASCH (1995)

Omnipotenz ist die innere Befindlichkeit, die Entwertung moti-viert. Sie ist ein innerer und schützender Rückzug in die Welt von Größen- und Allmachtsphantasien, die sich bereits im Kindesalter

141

über die Veränderung der selbsterhöhenden Phantasietätigkeit aus-
bildet.

Im Jugendalter ist das borderlinetypische Omnipotenzerleben von
den Phänomenen der alterstypischen Identitätsproblematik oftmals
schwer zu trennen. Differentialdiagnostisch sind hier besonders die
individuelle intrapsychische Dynamik, der Nachweis präpubertärer
pathologischer Größeninhalte sowie der Bezug zu anderen reflexiv-
emotionalen Regulationsstörungen als Indikatoren notwendig, um
eine Trennung dieser Phänomene von der alterstypischen Pubertätskrise vornehmen zu können. Das Verhalten wirkt im allgemeinen
arrogant, aufgesetzt, von oben herab und für Bezugspersonen
abwertend. Die Gruppenidentifikation mit der linken und rechten
Szene oder anderen rebellierenden Subgruppierungen ist oftmals
eine Möglichkeit, sich in ein schützendes Umfeld scheinbar überle-
gener Gleichgesinnter zu begeben.

Die borderlinetypische Omnipotenz bettet sich im Unterschied zu
den alterstypischen Identitätsproblemen der Pubertät jedoch in ein
im Entwicklungsverlauf nachweisbares anhaltend instabiles Muster
von bipolaren Qualitäten der Selbsterlebensweisen von Stärke und
Verletzung bzw. Macht und Ohnmacht ein. Es kommt mit der borderlinetypischen Omnipotenz in der gespaltenen Bipolarität das
beständige Bemühen zum Ausdruck, die eigene Unabhängigkeit von
anderen, bedrohlich erlebten Menschen herzustellen.

Im Gegensatz zur narzißtischen Persönlichkeitsstörung, bei der
das Omnipotenzerleben durch die ständige Suche nach Ruhm,
Berühmtheit, Macht, Grandiosität, Stärke, Schönheit und Kraft
motiviert ist, liegt die Motivation der Omnipotenz der Borderline-
Störung in der Instabilität zwischen Bindungsbemühen und Autonomiestreben (Akhtar, 2000). Beiden liegt die diffuse »Borderline-
Angst«, verlassen zu werden, zugrunde. Omnipotenzerleben schützt
die Betroffenen vor Trennungsangstqualitäten – der Zustand der
idealen Unabhängigkeit wirkt hier vorbeugend.

Bei der narzißtischen Persönlichkeitsstörung sind Entwertung
und Omnipotenz meist gezielte personelle Zuschreibungen und
Strategien. Im Gegensatz dazu ergibt sich in der Klassifikation der

Borderline-Störung als ausgeprägte Beziehungsstörung ein schneller Wechsel von Idealisierung bzw. Entwertung und Omnipotenz ein und derselben Person. Sie hat ihren Ursprung in der affektiven Regulationsstörung und bringt die Verminderung der Impulskontrolle und die geringe Angsttoleranz zum Ausdruck.

Im therapeutischen und pädagogischen Betreuungsprozeß führt die Omnipotenz, ebenso wie die meist damit einhergehende Entwertung, zur persönlichen Beeinträchtigung der verantwortlichen Personen. Das auf Verführung und Erregung von Besorgnis aufgebaute Trugbild der Besserung, das die Helfer in ihrem Bemühen bestätigt, wird schnell multipel enttäuscht. Die Desillusionierung der Helfer entsteht nicht nur dadurch, daß, durch die Instabilität des Störungsbildes bedingt, schnell eine »Verschlechterung« (erneute aggressive Handlungen, kriminelle Delikte usw.) eintreten kann, sondern auch darin, daß durch die Omnipotenz der borderlinegestörten Kinder und Jugendlichen den Helfern psychische Verletzungen ihres Anspruches zugefügt werden. Durch die Omnipotenzmechanismen wird die Dankbarkeitserwartung, die den Helfern eher zu eigen ist, nicht erfüllt. Dulz und Schneider (1997) formulieren das Phänomen treffend mit »aus den Augen, aus dem Sinn«, was bedeutet, daß die Betroffenen nach Trennungen (meist sind dies Bindungsabbrüche) in eine neue Beziehung ohne eine Phase des (dankbaren) Abschiednehmens eintauchen können.

Projektive Identifizierung und Identifizierung mit dem Angreifer

Projektive Identifizierungsprozesse sind klassischer Ausdruck der reflexiv-emotionalen Regulationsstörung im Kontext der bindungsspezifischen Störung der Identitätsorganisation. Sie äußern sich in einer Objektbeziehungsgestaltung, die von Defiziten in der selbstreflexiven Fähigkeit und in der Reflexion über andere Menschen geprägt ist. Bei Borderline-Patienten enthält die Selbstrepräsentanz in der Regel Repräsentanzen eines nicht-reflexiven Anderen (Daudert & Eckert, 2001). Bei der projektiven Identifizierung werden innerseelische Anteile gewissermaßen aus der eigenen Psyche eliminiert und anderen Personen »untergeschoben« (Dulz & Schneider, 1997).

Im Gegensatz zur Projektion als psychoanalytischem Abwehrmechanismus, bei dem die projizierten Gefühle auf den Anderen als fremd erlebt werden, ist die borderlinetypische projektive Identifizierung Ausdruck der grenzenlosen Verschmelzung. Besonders werden aggressive Selbstinhalte der Bezugsperson in gegenseitiger Zuschreibung dem anderen unterstellt und damit eigenes aggressives Erleben begründet.

O. F. Kernberg beschreibt die projektive Identifizierung folgendermaßen: »Das Subjekt projiziert unerträgliche intrapsychische Erlebnisse auf ein Objekt, verbleibt in Einfühlung mit dem, was es projiziert, versucht im ständigen Bemühen, das unerträgliche Erlebnis abzuwehren, das Objekt zu kontrollieren und bringt das Objekt in einer echten Interaktion unbewußt dazu, das auf ihn Projizierte tatsächlich zu erleben« (1989, S. 267–283).

Im praktischen Umgang mit borderlinegestörten Kindern und Jugendlichen heißt dies, daß nicht nur dem Anderen Aggression zugeschrieben wird, mit dem die eigene aggressive Entladung begründet wird: »Weil Du böse und aggressiv bist, mich haßt und ablehnst, vernichte ich Dich«, sondern sie bringen die Bezugspersonen dazu, »unbewußt« tatsächlich aggressiv und wütend zu werden. Damit sind Ablehnung und Bindungsabbruch bereits vorprogrammiert. Noch mehr wird an dieser Stelle die Bedeutung detaillierter Kenntnisse über das Störungsbild als professionelle Voraussetzung für das gesamte Betreuungspersonal deutlich.

Der bereits angesprochene Sachverhalt des schnellen Wechsels von Omnipotenz, Entwertung und Idealisierung ermöglicht es, daß die Spirale von Opfer und Täter im wahrsten Sinne des Wortes schnell »umschlägt«. Schwestern und Pfleger auf psychotherapeutischen Kinder- und Jugendstationen und pädagogische Betreuer im Bereich der Jugendhilfe, die den täglichen Ablauf bestreiten und jedwede Reaktion der Betroffenen erfahren, sind – im Unterschied zu den Therapeuten, die in einem therapeutisch geplanten Setting arbeiten – besonders gefährdet, aggressive Gegenübertragungen zu produzieren.

Einfache direkte Formen aggressiver Gefühlsqualitäten der projektiven Identifizierung mit dem Angreifer sind Forderungen nach Entlassung aus der Einrichtung. Schwere Formen sind aggressive körperliche Übergriffe auf die Kinder und Jugendlichen und der Mißbrauch der geschlossenen Bedingungen unter psychiatrischer Betreuung (das aggressive Wegschließen). Omnipotente Kontrolle und projektive Identifizierung sind Regulationsmechanismen mit spezieller Gegenübertragung auf die Bezugspersonen, da sie bestimmte Gefühle des omnipotenten Machtmißbrauches bei ihnen induzieren. Diese Phänomene wirken in der Altersspanne des Kindes- und Jugendalters eher als aktiv ausgelebte und praktisch anwendbare Mechanismen. Im Erwachsenenbereich ist dies weniger nachvollziehbar.

Es sind im Rahmen der projektiven Identifizierung aber auch Formen der indirekten und vermittelten aggressiven Gegenübertragung zu finden, die sich nicht primär auf die Kinder und Jugendlichen richten, sondern von Bezugspersonen aggressiv auf das System der Betreuung übertragen werden. Sie schimpfen über den Therapeuten, der keinen Grund für eine Entlassung sieht, oder auf die Leitung eines Heimes, einer Wohngruppe im Bereich der Jugendhilfe. Was man sich hier alles gefallen lassen müsse, sei nicht zumutbar.

Eine weitere Form, mit der die projektive Identifizierung im Betreuungsprozeß wirksam werden kann, ist die Kanalisierung der Gegenübertragung auf das Kind zurück. In diesen Fällen werden Kinder und Jugendliche als Hilfserzieher oder Hilfsbetreuer eingesetzt. Unterstützt wird dieses Phänomen in dem Alter, in dem Berufswünsche oder die Berufsorientierung eine Rolle spielen, durch scheinbare Orientierungen am Berufsbild des Erziehers oder des Pflegepersonals. Die Borderline-Qualität der projektiven Identifizierung dieses Ansinnens darf niemals unterschätzt werden. In Fällen, bei denen aggressive Gegenübertragungen im Opfer-Täter-Austausch wirksam werden, spielen aggressive Kinder und Jugendliche die Rolle des ausführenden Machtorgans. Sie unterdrücken und disziplinieren andere Kinder und Jugendliche mit eigenem Kompensationswert. Einige Fälle aus der Praxis, besonders aus der Heimerziehung, zeigen, daß es nicht viel Zeit in Anspruch nimmt, eine Führungsposition in der Einrichtung zu erlangen, daß vielmehr bald ein direkter Angriff auf das System und damit ein Machtkampf zu erwarten ist.

Sicher sind immer die Einzelfallsituationen für solche Phänomene zu prüfen. Meines Erachtens bleibt aber prinzipiell festzustellen, daß neben den Personen, die aktiv aggressiv übergreifen, auch solche Vertreter ihres Berufsstandes nicht geeignet sind, mit borderlinegestörten Kindern und Jugendlichen zu arbeiten, bei denen kein Lerneffekt oder ein starkes Maß an Selbst- oder Motivationsstörung nachvollziehbar ist.

4

Das subjektive Erleben bei Regulationsdefiziten in der Realitätsorientieurng

Defizite in der Realitätsorientierung und der Fähigkeit zur Realitätsprüfung sind Ausdruck der gestörten äußeren Dialogfähigkeit. Sie gehen im wesentlichen auf die pathologischen Besonderheiten der bindungsbedingten Identitätsorganisation zurück. In der Regel handelt es sich um defensiv-vermeidendes Ausweichen vor der Realität. Es kann aber auch ein Bedeutungswandel in der Wahrnehmung und Deutung (Mentalisierungswandel nach Daudert & Eckert, 2001) von Realitätserlebnissen beobachtet werden. Unterschiedliche Qualitäten des Identitätserlebens und vielfältige Selbstzustände können produziert und aktiv induziert werden. Sie führen bis hin zu dissoziativen Phänomenen. Die Identitätsqualitäten können sich aber auch in der Veränderung der Urheberschaft von Handlungen oder der Kohärenz des Selbsterlebens (im Sinne von Stern, 2000) widerspiegeln. Diese äußern sich nicht nur in Autoaggression und Selbstdestruktion zur Wiederherstellung der Selbstkohärenz (Selbstverletzung als Form der Selbstfürsorge, Sachsse, 1995), sondern auch in schweren Formen der Realitätsbeeinträchtigung bis hin zum zeitweiligen Realitätsverlust. Durch massive affektive Besetzungen in oft unspezifischen Situationen wird die Realitätsorientierung zeitweilig so beeinträchtigt, daß ein Realitätsbezug und damit eine angemessene Reaktion kaum möglich ist.

Anders als bei den psychotischen Erkrankungen, an die sich die Borderline-Störung mit ihren Realitätsdefiziten »grenzwertig« annähern kann (Begriff »Borderline«), bleibt bei dieser Störungsart entweder ein Minimum an Realitätsprüfung erhalten oder der Realitätsverlust ist nur kurzfristig. Man spricht dann auch von sogenannten »präpsychotischen Episoden«. Die Defizite im Realitätsbezug führen zur Störung der interpersonellen Wahrnehmung und der Wahrnehmung der eigenen Person von unterschiedlicher Intensität. O. F. Kernberg geht davon aus, daß die Entwicklungsqualität der Persönlichkeitsorganisation diese Intensität und damit die Qualität der pathologischen Reaktion bestimmt, die von impulsiven Aggressionshandlungen bis zu intrigant idealisierenden und verführenden Verhaltensweisen führen kann. In der Literatur ist nachvollziehbar, daß diese taktvoll diskret erscheinenden Fähigkeiten eher der neurotischen Persönlichkeitsorganisation zugeschrieben werden, zu der die Borderline-Persönlichkeitsorganisation wiederum eine »grenzwertige« Annäherung auf einem Kontinuum hat.

In der Arbeit mit borderlinegestörten Kindern und Jugendlichen habe ich allerdings auch viele Betroffene kennengelernt, die sozusagen die »Bandbreite borderlinetypischen Verhaltens« praktizieren. Sie können in unspezifischen Situationen einerseits aggressiv-impulsiv eine Bezugsperson gefährden, indem sie fremd- und selbstgefährdend agieren. Andererseits manipulieren sie völlig unerwartet scheinbar gezielt und gut überlegt.

Defizite und Störungen in der Realitätsprüfung bei borderlinegestörten Kindern und Jugendlichen können sich natürlich in unterschiedlicher Intensität und Qualität zeigen. Oftmals sind die sozialen Strukturunterschiede entscheidend, wie die Realitätsprüfung im allgemeinen funktioniert. Soziale Räume von vermittelten Trennungs- oder Bedrohungsqualitäten oder das Maß der Integration, Toleranz und Akzeptanz können als Ausdrucksformen solcher Strukturunterschiede angesehen werden. Es kann durchaus auch anhaltende Unterschiede in der Fähigkeit zur Realitätsprüfung z. B. zwischen Schule und Familie geben. Die Realitätsprüfung borderlinegestörter Kinder und Jugendlicher wird ähnlich wie bei Erwachsenen durch reflexiv-emotionale Regulationsstörungen wie Spaltung, Identifizierung usw. gefiltert.

Das Selbstwerterleben

Besonders im Kindes-, aber auch im Jugendalter sind es realitätsfremde oder realitätsferne Phantasien, die sich von alterstypischem
Phantasieerleben dadurch unterscheiden, daß sie stabil und zeitüberdauernd das Erleben und Fühlen als subjektive Realität bestimmen.
Sie beziehen sich beispielsweise auf das Selbstwerterleben. Zu nennen wären hier permanente Größen- und Machtphantasien, die das
Gefühl, böse, ungeliebt und unwert zu sein reduzieren. Diese Phantasien werden expansiv mit inadäquatem Darstellungsstreben ausgelebt. Es läßt diese Kinder und Jugendlichen oft als Karikaturen
erscheinen, die belächelt oder extrem bedrohlich erlebt werden. Der
Kontakt zu extremen rechten und linken militanten Gruppierungen
verwundert nicht.

Mir ist ein Jugendlicher bekannt, der bei seinen kompensierenden
Größen- und Machtphantasien zeitweilig real mit Waffenschiebern
Kontakt hatte. Er war stets bewaffnet oder hatte eine Waffe irgend-
wo gelagert. Als er noch nicht strafmündig war, fand man zum Beispiel in seinem Garten einige Schnellfeuergewehre. Zur Therapie-
aufnahme erschien er als 14jähriger mit einer Visitenkarte, auf der er
sich namentlich als »Waffenhändler« präsentierte. Im Therapieverlauf wurde deutlich, daß er mit dem Waffenbesitz und der Anwendung drohte, wenn er gekränkt oder frustriert Trennungs- und Verlustängste produzierte.

Anders sind die Kinder und Jugendlichen, die mit permanenten realitätsfremden Phantasien, schuldig und unwert zu sein, leben. Mit
überzufälliger Häufigkeit sind diese Opfer von Gewalt und sexuellem Mißbrauch. Sie »zelebrieren« regelrecht selbstdestruktive Handlungsweisen. Das bei Borderlinegestörten geradezu zur Mode-
erscheinung avancierte »Schnippeln« an den Handgelenken wird
infolge der permanenten selbstdestruktiven Phantasien als Akt der
Selbstbestrafung offenbar »genossen«. Dabei ist das Erleben des
fließenden Blutes bei scheinbarer Schmerzlosigkeit als Kernhand-

lung aus dieser Phantasiewelt zu werten. Ein Beispiel aus der praktischen Arbeit zur Dominanz von permanenten selbstdestruktiven Phantasien bezieht sich auf eine Jugendliche, die wegen wiederholter Brandstiftung zur Therapie kam. Sie setzte sich nach dem Anzünden immer in das Zentrum des jeweiligen Raumes. Nur durch glückliche Zufälle konnte sie gerettet werden.

Die Beziehungsgestaltung

Die defizitäre Fähigkeit der Realitätsprüfung äußert sich im Kindes- und Jugendalter in der Beziehungsgestaltung, in der Identifizierung von Bezugspersonen. An dieser Stelle soll nicht so sehr auf die bereits genannten emotionalen Regulationsstörungsphänomene wie Idealisierung, Entwertung, Spaltung usw. eingegangen werden. Ohne diese oft komplizierten Mechanismen einzubeziehen, sind es auch wieder realitätsferne oder realitätsfremde Phantasien, mit denen zeitüberdauernd und permanent ein Bild von bestimmten Bezugspersonen strukturiert und aufrechterhalten wird. Meist beinhalten diese stabilen, realitätsinadäquaten, pathogenen Phantasien Wunschbilder von positiven Bindungserinnerungen aus der Vergangenheit oder Bindungswünsche für die zukünftige Entwicklung.

Im Zentrum der Beziehungsphantasien stehen oftmals wunschbesetzte, real unerreichbare und oft im eigenen Verhalten problematische andere Kinder und Jugendliche. Meist sind es auch Personen der Familie, die in den höchsten Tönen gelobt werden. Die Frage, warum eine Heimeinweisung erfolgte, macht Borderlinegestörte oftmals ratlos. Auch bezogen auf die gegenwärtige und zukünftige Beziehung zum Elternhaus existieren solche phantasiegetönten Zerrbilder.

Hierzu ein Beispiel: Vor und nach Wochenendbeurlaubungen schwärmte ein Junge von den Dingen, die er gemeinsam mit seinen Eltern erlebt hat oder unternehmen will. Alle vorherigen Beurlaubungen endeten real immer im Chaos, er wurde geschlagen, der Vater war stockbetrunken. Es erweckt den Anschein, als ob er diese

150

Vorkommnisse überhaupt nicht wahrgenommen habe. Immer wieder geht er sozusagen »vollmundig« in die Beurlaubung. Die Realität – etwa daß er das ganze Wochenende gar nicht zu Hause war, weil der Vater ihn gleich am Freitagabend betrunken verprügelte und er dann ausriß – nahm der Junge anscheinend überhaupt nicht zur Kenntnis. Das stimme nicht, behauptete er mit fester Überzeugung, die keine andere Meinung zuließ. Es wurde deutlich, daß er nicht mit »Krampf« eine Meinung vertrat, sondern er lebte in dieser Wunschwelt und empfand sie als real.

Besonders schwierig ist es, wenn mit dem Erreichen der Volljährigkeit die Fähigkeit zur Realitätsprüfung auch therapeutisch nicht entwickelt werden konnte. Wieder soll dies am Beispiel eines jungen Erwachsenen illustriert werden.

Fallbeispiel Marcel

Marcel lebte in einer Wohngruppe. Die Diagnose Borderline-Störung war durch psychiatrische Diagnostik schon vor einigen Jahren gestellt worden.

An seine Kindheit habe er keine guten Erinnerungen. Die Beziehung zu seiner Mutter sei durch ihren ständigen Alkoholkonsum erheblich beeinträchtigt und belastet gewesen. Seine Eltern hätten sich im Jahre 1983 oder 1984 scheiden lassen. Sein Vater sei momentan in einer Justizvollzugsanstalt, zu ihm habe er keinen Kontakt mehr. Marcel habe drei jüngere Geschwister. Die zwei Brüder und seine Schwester seien in verschiedenen Pflegefamilien untergebracht. Er und seine Geschwister seien bereits früh auf sich allein gestellt gewesen. Durch seine Mutter habe er keine Unterstützung erhalten. Sie sei nicht fähig gewesen, ihn und seine Geschwister zu betreuen und zu versorgen. Kurz vor seiner Einschulung sei Marcel aufgrund der fehlenden Versorgungslage in der Familie ein halbes Jahr in einem Heim untergebracht gewesen. Auch nach seiner Einschulung im 7. Lebensjahr habe er sich nach einer kurzzeitigen Rückkehr zu seiner Mutter erneut in einem Heim aufgehalten. Seine Mutter sehe er jetzt nicht mehr; lediglich zu seinem kleinen Bruder und seinen Großeltern unterhalte er noch regelmäßigen Kontakt. Die

Verbindung zu den anderen Familienangehörigen lehne er ab, er wolle dies nicht.

Seine schulische Karriere sei durch wiederholte Schulwechsel gekennzeichnet gewesen. Die 5. und 7. Klasse habe er aufgrund unzureichender Leistungen wiederholen müssen. Marcel könne lediglich den Abschluß der sechsten Klasse nachweisen. Im 7. Schuljahr sei er ohne Abschluß von der Schule gegangen. Vom gesamten letzten Schuljahr sei er lediglich zwei Wochen in der Schule gewesen. Er habe die Schule verweigert, sich lieber draußen »herumgetrieben«, als sie zu besuchen. Vor einer erneuten Einschulung habe der Jugendliche Angst. Bei ihm beständen erhebliche Bildungslücken, so daß er die Wiederholung der Schule und die Anpeilung eines Abschlusses ablehne.

Kurz vor seinem 16. Lebensjahr sei Marcel erneut in ein Heim gekommen. Dies habe er selbst initiiert. Er sei zum Jugendamt gegangen, woraufhin seiner Mutter das Sorgerecht für alle Kinder entzogen wurde. Bis 1998 sei er in einem Heim in seiner Heimatstadt gewesen, er sei dort für drei Monate in eine betreute Wohngemeinschaft gekommen. Aber auch hier habe er sich nur herumgetrieben und war straffällig geworden. Der Wechsel in eine andere Einrichtung der Jugendhilfe sei durch einen richterlichen Beschluß erfolgt. Er habe seine Heimatstadt verlassen müssen, da er sonst weiter straffällig geworden wäre. Anzeigen hätten vorgelegen, wahrscheinlich auch Anklagen. Er sei hauptsächlich durch verschiedene Delikte (vorwiegend Eigentums- und Verkehrsdelikte) straffällig geworden. Seit seinem 14. Lebensjahr habe er etwa ein dutzendmal Mopeds gestohlen, bis 1998, und er sei auch mehrfach beim unerlaubten Fahren erwischt worden. Warum er dies getan habe, könne er heute nicht mehr nachvollziehen, er habe wohl »Langeweile« gehabt. Im Jahre 1996 sei er wegen Sachbeschädigung angezeigt worden. Er habe die Scheibe eines Haltestellenhäuschens eingeschlagen, und seine Mutter habe ihn des Einbruchs beschuldigt. Marcel habe sich zur mütterlichen Wohnung unerlaubt Zutritt verschafft. Seit seinem Aufenthalt in der Jugendhilfeeinrichtung sei er nicht wieder straffällig geworden.

Nach seinem Einzug in diese Einrichtung habe er sich zunächst ruhig verhalten. Er habe zu keinem der Mitbewohner Kontakt gehabt. Erst nach und nach hätten sich Freundschaften zu den anderen Jugendlichen aufgebaut. Während seines Aufenthaltes habe Marcel von 1998 bis 1999 ein berufsvorbereitendes Jahr absolviert. Hier habe er verschiedene Aufgabenkreise durchlaufen. Er sei im Bereich Metall, später dann in einer Tischlerwerkstatt tätig gewesen. Im Anschluß an das BVJ habe er eine Tischlerlehre begonnen. Diese sei im September 2000 beendet worden, da der Jugendliche sowohl die Schule, als auch die praktische Ausbildungsstätte nur sporadisch besucht habe. Marcel habe große Schwierigkeiten gehabt, pünktlich zur Arbeit zu erscheinen.

Sein größtes Hobby sei »Schlafen«. Er würde weiterhin sehr gern Musik hören. Im Jahre 1998 habe er seine erste Freundin kennengelernt. Mit ihr sei er ein halbes Jahr zusammen gewesen und habe sich dabei wohlgefühlt. Jedoch habe die Freundin die Beziehung beendet, worunter er sehr gelitten habe. Seine neue Freundin habe er im letzten Jahr kennengelernt. Die Beziehung zu ihr habe ihm Halt gegeben, bei ihr habe er sich »fallen« lassen können. Weil er nicht mehr seiner Arbeit nachging, hätten die Eltern der Freundin den Umgang mit ihm verboten. Nach der Trennung von dieser Freundin habe er einen Suizidversuch unternommen.

Marcel muß die Einrichtung der Jugendhilfe nach Beschluß des Jugendamtes wegen Mangel an Mitwirkung verlassen. Da er jetzt erwachsen sei, habe er eigentlich keinen »Bock« mehr auf eine Betreuung. Außerdem stelle er sich eine Zukunft mit einer Freundin vor, da er in seiner vorherigen Beziehung gespürt habe, daß er anders sein könne. Er werde sich eine neue Freundin suchen. Marcel habe es deshalb »darauf ankommen lassen, entlassen zu werden«. Aus diesem Grund habe er nicht nur die Einrichtung seines Zimmers mutwillig zerstört, sondern auch die Arbeit gebummelt und ein weiteres Therapieangebot abgelehnt. Zur Aufarbeitung seiner Vergangenheit und um seine Eigeninitiative anzuregen, sei er kurzzeitig in teilstationärer Psychotherapie gewesen, habe sie nach sechs Wochen abgebrochen. Dies sei »nichts für ihn gewesen«. Er habe sich nicht imstande gefühlt, über bestimmte Geschehnisse Auskunft zu geben. Die Fragen des Therapeuten seien ihm lästig und dumm gewesen, so daß eine Aufarbeitung nicht geschehen konnte. Da dieser Therapieabbruch in letzter Konsequenz seine mangelnde Mitwirkungsmotivation bestätigte, sei es zum Beschluß des Jugendamtes gekommen. Marcel sei momentan auf Wohnungs- und Arbeitssuche. In Zukunft habe er vor, erst einmal Geld zu verdienen – wie, das wüßte er auch nicht, das würde sich ergeben. Weitere Vorstellungen habe er nicht. Da er große Schwierigkeiten im Umgang mit Geld habe, stimme er einer weiterführenden Teilbetreuung zu. Entsprechende Ämtergänge könne er selbst erledigen, dies habe er auch in der Vergangenheit getan. Über seinen Auszug aus der Einrichtung der Jugendhilfe sei Marcel einerseits traurig, andererseits stehe er seiner Zukunft zuversichtlich gegenüber. Er würde das schon schaffen.

Wie aus dem Bericht der leitenden Psychologin der Einrichtung hervorgeht, lebt der Jugendliche und nunmehr junge Erwachsene seit August 1998 in dieser Einrichtung. Die Mutter habe die ihr obliegende Sorgfaltspflicht nicht erfüllt. Sie habe sie vielmehr in gröblichster Art und Weise wiederholt verletzt. Aufgrund dessen wurde Marcel in vormundschaftliche Betreuung gestellt. Mit dem Erreichen der Volljährigkeit war diese jedoch beendet. Sowohl Marcel als auch den Betreuern der Wohngruppe sei immer mehr bewußt geworden, daß er zur Zeit nicht in der Lage ist, seine finanziellen Angelegenheiten selbständig zu bewältigen. Aus diesem Grund regte die leitende Psychologin eine Betreuung in Teilgebieten an. Zu den emotionalen und Verhaltensbesonderheiten ist aus den Unterlagen der Einrichtung zusammenfassend nachvollziehbar, daß Marcel hauptsächlich durch passiv-demonstrativen Rückzug bis zur Isolation und durch Selbstaggression (Suizidversuche) seine emotional gestörte Verarbeitungswelt reguliere.

Es bestehe eine deutliche Einschränkung und Defizitlage in der Selbstwahrnehmung und in der sozialen Wahrnehmung, die mit dem Erreichen der Volljährigkeit in ein unrealistisches und selbstüberschätzendes Omnipotenzgefühl einmünde. Dies sei als Flucht vor sozialen Verpflichtungen in die vermeintliche Eigenständigkeit und damit einer pseudoregulierenden, selbstgewählten, subjektiven Isolation zu verstehen. Ausgegangen wird von einer Bindungsstörung, die nach dem beobachtbaren Verhalten mit hoher Wahrscheinlichkeit als desorganisierte Bindungsqualität, sicher aber als unsichervermeidende Bindungsstörung eingeordnet werden kann. Ursachen für diese frühe Bindungsstörung seien seine an formalen Kriterien nachvollziehbare emotionale Vernachlässigung, die Nichtverfügbarkeit emotionaler Bindung und das Erleben von Ablehnung und Demütigung durch die Kindesmutter. Die soziale Entwurzelung und die delinquente Karriere seien eher die Folge dieser Bindungsstörung und nicht als antisoziale Entwicklung im engeren Sinne zu verstehen, da er soziale Normgefüge kenne und Fähigkeiten besitze, die ein sozial angepaßtes Verhalten implizieren. Es wurde besonders auf seine Aktivitäten beim Arbeitsamt und bei der Wohnstelle verwiesen. Diese Fähigkeit sei die Folge der therapeutisch-strukturierenden Betreuung, wobei die eigentliche Normverinnerlichung (Normdruck, Reuegefühl) wenig entwickelt ist.

Marcel habe Probleme in der Realisierung von sozialen Beziehungen. Seine Orientierung auf eine feste Freundin (Lebenspartnerin) entspräche einerseits einer alterstypischen Motivation, andererseits sei es psychodynamisch als eine Flucht vor normativen sozialen Verbindlichkeiten, z.B. in der Wohngruppe, zu verstehen. Er habe eine emotionale Regulationsstörung der Nähe und Distanz und könne eine enge, verpflichtende Beziehung »nicht lange aushalten«. Außerdem sei festzustellen, daß sogenannte borderlinetypische Phänomene der Spaltung auftreten. Er besetze Personen mit überhöhten Erwartungen und Hoffnungen. Sie seien die idealisierten guten Personen, solange sie den Erwartungen entsprechen und mit wenig emotionalen und Alltagsforderungen dieses »gute« Bild erfüllen. Forderungen an Marcel nach emotionaler und formaler Verbindlichkeit führten schnell dazu, daß er diese Personen ablehnt, sie entwertet. Dabei praktiziere er ein gelerntes Muster von in erster Linie passiver, aggressiver Selbstdestruktion mit demonstrativer Verweigerung, die bis hin zur Isolation oder bestrafenden und hilflos-ohnmächtigen parasuizidalen Handlungen führen. Entladend aggressiv-impulsive Verhaltensweisen seien auch beobachtbar gewesen, allerdings nur dann, wenn die erstgenannte Grundstrategie nicht zur affektiven Regulation oder »zum Erfolg« führte. Die bestrafenden Rituale der Personen, von denen er sich enttäuscht sieht, hätten die Folge, daß diese Personen sich ebenfalls hilflos fühlten. Die Art und Weise, wie er die Betreuung über das Jugendamt beendet, sei ein Beispiel dieses Spaltungserlebens, das besonders seine innere Welt widerspiegele. Hinzu komme, daß er in der selbstgewählten Isolation und im Erleben der Hilflosigkeit der Helfer eine aggressive Selbstüberhöhung praktiziert, die als Omnipotenzgefühl und deshalb ebenfalls als Indikator für das Vorhandensein der Borderline-Störung zu bewerten ist.

An diesem Fallbeispiel sollte verdeutlicht werden, welche chaotischen Zukunftschancen oder perspektivischen Diskrepanzen entstehen, wenn die Beziehungsgestaltung und die »Lebensplanung« von unrealistischen Phantasien beherrscht ist, und wie letztere psychogenetisch begründet sein könnten. Der Einschätzung der Psychologin soll nichts weiter hinzugefügt werden. Nachvollziehbar ist, daß dieser junge Mann gewisse Teilfähigkeiten der Realitätsprüfung gelernt hat. Diese äußern sich, indem er sich an das Jugendamt wendete, als die Mutter keine Stabilität in der Grundversorgung zeigte, als er sich in der Abtrennungsphase von der Jugendhilfeeinrichtung beim Arbeitsamt und der Wohnstelle bemühte oder als er einer Betreuung in Teilbereichen (Geldsachen) zustimmte. Gravierende Defizite der Realitätsorientierung bestehen in der Motivations-Anstrengungs-Relation. Seine eher passiv-aggressive, vermeidende Grundhaltung, die immer nur über die Bemühungen der Mitarbeiter der Einrichtung pädagogisch-therapeutisch gelenkt wurde, basiert auf den Phantasien, daß er irgendwann schon arbeiten wird bzw. Arbeit bekommt, was natürlich in der realen Arbeitsmarktlage illusorisch ist. Auch seine unrealistische Phantasie bezogen auf Partnerschaft, die er bisher nicht verwirklichen konnte und die bei angstmachend-frustrierendem Trennungserleben zu autoaggressiven Reaktionen führte, ist für die Zukunft problematisch. Marcel wird seine unrealistisch überphantasierte Nähe-Distanz-Problematik anscheinend nicht deutlich.

Logisch einfühlbar ist die »Heimmüdigkeit«, die bei Jugendlichen im Übergang zum Erwachsenenalter mit langen Heimkarrieren üblich ist. Nachvollziehbar ist der Wunsch, endlich frei von Gruppenregelwerken zu sein, die individuelle Bemühungen immer begrenzen. Die dargestellten Sachverhalte sollten am Beispiel auch die Auswirkungen der realitätsfremden, wunschorientierten Phantasien in der Abtrennungsphase aufzeigen.

»Münchhausen-Syndrom« und andere realitätsinadäquate Phantasien

Die bisher beschriebenen Beispiele von borderlinegestörten Kindern und Jugendlichen mit Defiziten in der Realitätsorientierung führen in der Entwicklung zu stabilen und zeitüberdauernden, realitätsinadäquaten Phantasien, die der Selbstwertstabilisierung oder der Beziehungsbewältigung dienen. Sie sind relativ thematisiert und damit eher umschrieben. Die realitätsinadäquaten Phantasien geben das subjektive Erleben, die subjektive Realität der Betroffenen wieder – es handelt sich nicht um Lügen. Außerdem gibt es keine durchgängigen realitätsinadäquaten Phantasiemuster. Für die meisten Gebiete der Lebensbewältigung existiert die Fähigkeit der angemessenen Realitätsorientierung und Realitätsprüfung.

Mit der sogenannten »Pseudologia phantastica« wird eine Form eines komplexen realitätsinadäquaten Phantasiegebäudes beschrieben, das zwar auch bei anderen Störungen im Kindes- und Jugendalter vorhanden ist, aber bei der Borderline-Störung überdurchschnittlich häufig beobachtet werden kann. Unter »Pseudologia phantastica« wird das phantastische, zwanghafte und unkontrollierte Lügen verstanden, das mit vorgetragener Geschwätzigkeit und vordergründig verbalen dramatisierenden Phantasieäußerungen einhergeht. Es besteht ein Drang der lügenhaften Selbstdarstellung.

Bedeutsam ist, daß die Betroffenen an die vorgebrachten Phantastereien schlußendlich selbst glauben. Ganze Lebensgeschichten werden ausschließlich phantasiebetont kreiert. Bilder mit eigener Dramaturgie werden entwickelt und mit überzeugender, emotionaler Inbrunst vorgetragen.

Mit folgender Illustration soll ein leichterer Fall der »Pseudologia phantastica« dargestellt werden: Es ist durchaus üblich, daß für Kinder in Heimbetreuung Patenfamilien gefunden werden, zu denen die Kinder in gewissen Abständen gehen. Mir ist ein Junge bekannt, der auf dem Weg zu seiner Patenfamilie die Heimeinrichtung korrekt gekleidet und ordentlich verließ und dort dann immer »abgerissen«, schmutzig und leidvoll erschien. In ausschweifenden Darstellungen schilderte er seine Lebensbedingungen im Heim. Er bekäme nichts zu essen, es mangele an Kleidung und überhaupt sehe man ihm ja an, wie schlecht es ihm gehe. Da die Patenfamilie nicht ohne Grund diese Funktion übernommen hatte, glaubte man dem armen Heimkind anfangs ungeprüft. Im Heim wunderte man sich zeitgleich über die reichlichen Geschenke, die der Junge von den Beurlaubungen mitbrachte. Als seine Lage im Heim scheinbar immer schlechter wurde, sozusagen der Hungertod nahte, fielen der Patenfamilie durchaus Widersprüche in der Dramaturgie des Jungen auf. Man erkundigte sich dann im Heim, und der Sachverhalt war inhaltlich schnell geklärt.

An diesem Beispiel wird deutlich, daß die »Pseudologia phantastica« im Umfeldkontext durchaus mit Folgen einhergeht. Meist stehen sie in Verbindung mit delinquenten Karrieren wie Hochstapelei, später Heiratsschwindel und ähnlichem. Ich kenne einen jungen borderlinegestörten Erwachsenen, der schon während seiner Heimbetreuung als Erstadresse stets das Internat einer Universität angab. Nach dem Ende der Betreuung durch die Jugendhilfe prüfte er als »Mitarbeiter des Sozialministeriums« mit einer schriftlichen Anordnung, die er vorzeigen konnte, Heimeinrichtungen. Dies gelang ihm sogar in Ansätzen in zwei Heimen. Erst als er eine Prüfung in einem Sozialamt durchführen wollte, flog der Schwindel auf.

Kritisch wird die »Pseudologia phantastica«, wenn eine chronische »Opferrolle« umgesetzt und ausgelebt wird, wie dies häufiger bei scheinbar sexuell mißbrauchten Pubertierenden, meist bei Mädchen, aber manchmal auch bei Jungen, der Fall ist. Eine »Pseudologia phantastica« ist deshalb bei Gutachten zur Glaubhaftigkeit immer zu beachten.

Beim »Münchhausen-Syndrom« steht die Selbstmanipulation von Krankheitssymptomen im Vordergrund. Diese Spezifik geht mit schweren zwischenmenschlichen Beziehungsstörungen und der »Pseudologia phantastica« einher. Die Betroffenen wandern die Krankenhäuser ab, sie reisen umher, entlassen sich unmotiviert selbst aus Behandlungen und entwurzeln völlig. Klassifikatorisch wird das »Münchhausen-Syndrom« eher den sogenannten artifiziellen Störungen zugeordnet, die dadurch gekennzeichnet sind, daß körperliche und psychische Krankheitssymptome vorgetäuscht, übertrieben oder künstlich erzeugt (Selbstmanipulation) werden, um Aufnahme in Krankenhäusern und Behandlung zu erreichen (Eckhardt-Henn, 2000). Die Selbstmanipulationen können den ganzen Körper und vielfältige psychische Symptome betreffen.

Das »Münchhausen-Syndrom« tritt auch bei anderen Störungen der Persönlichkeit auf. Ähnlich der »Pseudologia phantastica« kann es gehäuft bei der Borderline-Entwicklung im Kindes- und Jugendalter beobachtet werden. In meiner Arbeit habe ich dieses Phänomen häufiger bei Persönlichkeitsorganisationen erlebt, die dem neurotischen Niveau nahekommen. Weniger tritt es bei unreif-regressiven Persönlichkeitsorganisationen auf, die vordergründig eher impulsiv-aggressiv funktionieren. Im Gegensatz zur reinen »Pseudologia phantastica«, ohne Selbstproduktion von Symptomen, die von der situativen Dynamik der Dramaturgie lebt, setzt das »Münchhausen-Syndrom« primär eine manipulative Absicht, eine gewisse Planung voraus, die dann in ein selbstreal werdendes Lügengebäude übernommen und eingebaut wird. Eine weitere Voraussetzung ist ein gewisser Grad an Kenntnissen von Symptomen der Krankheiten, deren Verläufe und Komplikationen, die aus meiner Erfahrung eher ab dem Jugendalter auftreten. Bei Kindern scheinen eher noch »unüberlegt« spontane Handlungen vorzuherrschen.

Aus der klinischen Praxis gibt es Fälle von Kindern mit Verdacht auf eine Borderline-Störung, die sich die Augenbrauen oder Wimpern auszupften oder sich massive und großflächige Artefakte auf die Haut setzten. Organische Ursachen für dieses Verhalten konnten ausgeschlossen werden. Bei einigen pubertierenden Mädchen, die als Patientinnen in meine Praxis kamen, sind mir mit gleichem psychogenetischen Hintergrund artifizielle gynäkologische Symptome (selbstinduzierte Blutungen) bei phantasierter Schwangerschaft im Rahmen der »Pseudologia phantastica« bekannt, die sich in liebeswahnähnlichen Zuständen aufbauten. Bei sozial wenig strukturierten borderlinegestörten Jugendlichen lassen sich Beispiele anführen, in denen diese ihren Drogen- oder Alkoholkonsum nutzten, um eine Klinikeinweisung mit der Aggravation von delirant-halluzinatorischen Symptomen zu erreichen. Sie liefen dabei mehrere Krankenhäuser in einer Nacht an, nachdem die vorherigen Einrichtungen sie wieder entlassen hatten. Bei unaufgearbeiteten abhängig-klammernden und verstrickten Beziehungen zu Therapeuten oder Bezugspersonen, die auch (eigentlich fälschlicherweise) als symbiotische Beziehungen bezeichnet werden, nutzen Betroffene häufig die Selbstmanipulation, um die Nähe ihrer idealisiert und klammernd besetzten Helfer zu erreichen. Dies geschieht oft mit parasuizidalen Handlungen (Selbstmordversuchen) von erheblicher Selbstgefährdungsqualität. Diese Handlungsweisen würde ich ebenfalls dem »Münchhausen-Syndrom« zuordnen, auch wenn im Rahmen eines therapeutischen Settings diese Vorgehensweise etwas anders zu bewerten ist.

Auch komplexe Krankheitsbilder werden simuliert. Als Fallbeispiel dafür sei ein Jugendlicher genannt, bei dem eine Borderline-Störung bekannt war, die sich in der Phase der frühen Pubertät mit aggressiv-impulsiven Verhaltensweisen und delinquenten Handlungen zeigte. Heimeinweisungen waren die Folge. Etwa mit 15 Jahren wandelten sich das psychodynamische Geschehen und sein strategisches Verhalten. Alle vorherigen Auffälligkeiten remittierten, und es entwickelte sich die Simulation einer Pubertätsmagersucht (Anorexia nervosa). Er hungerte, spülte sich mit Unterstützung von wasserabführenden Medikamenten aus und präsentierte demonstrativ seine Zukunftsperspektive, er werde sowieso sterben. Tatsächlich war er übermäßig mager, die Haut war auffällig trocken. Er zeigte seinen dramatischen körperlichen Zustand durch »passende Kleidung«. Die für die aktive Form dieser Störung typischen Verhaltensweisen, wie z. B. induziertes Erbrechen oder exzessive sportliche Betätigung, kündigte er immer dramatisch an. Das Erbrechen war dann meist über die gesamte Station zu hören. Bei seinen angekündigten »sportlichen Exzessen« wurde beobachtet, daß er hinter der Klinik rauchenderweise im Gras lag, sich dann wahrscheinlich mit Wasser besprühte und völlig »verschwitzt« wieder auf Station auftauchte. Die Belastung, die er brauchte, um abgekämpft und matt zu erscheinen, war aufgrund seines tatsächlichen körperlichen Zustandes wahrscheinlich eher gering. Ergänzend sei noch erwähnt, daß der Junge zwar die Körperschemastörung kannte und diese auch simulativ umzusetzen versuchte – bei genauerem diagnostischen Blick konnte diese aber nicht tatsächlich festgestellt werden. Bedeutsam war, daß sein »Krankenhauswandern« sich immer auf pädiatrische Stationen oder Kliniken eingrenzte. Der einzige Aufenthalt in einer psychiatrisch-psychotherapeutischen Klinik, nach Überweisung aus einer Kinderklinik, war nur kurz. Der Junge entließ sich selbst »wegen fachlich unkorrekter Behandlung«. Die Gefahr, entdeckt zu werden, war wahrscheinlich zu groß.

Interessant ist, und dies weist eindeutig auf das Bestehen der Borderline-Störung hin, daß er anfangs immer die Chefärzte idealisierte und mit ihnen in fachliche Gespräche kam. Als Chefpatient waren Stationsärzte, Psychologen oder gar die Schwestern keine angemessenen Gesprächspartner (Omnipotenzerleben mit induziertem entwertenden Verhalten – siehe Kap. 3, Abschnitt »Omnipotenz«, S. 141 ff.). Da er als Chefpatient nicht die Regeln einhalten mußte, kam es bald zu Konflikten auf der Station. Wenn sich ein Chefarzt überhaupt darauf einließ, kam es darauf an, wie sehr er sich in der ihm zugeschriebenen Rolle »des einzigen Experten, der ihm helfen könne«, verführen ließ, bis er dann den Jugendlichen mit Grenzsetzung konfrontierte. Zu diesem Zeitpunkt war das Team der Station dann schon gespalten und stand unter emotionalem Druck. Man stritt um und über den Jugendlichen. Ich gehe davon aus, daß dieser Mechanismus auf jeder Station seiner Krankenhauswanderung funktionierte, zweimal konnte ich dies in unterschiedlichen Einrichtungen als Supervisor miterleben. Es gab einerseits Fürsprecher (die Guten), die sich verständnisvoll, einfühlend mit seinem Problem auseinandersetzten und auf seine Heilung bedacht waren. Andererseits gab es Gegner (die Bösen), die seine sofortige Entlassung forderten. War die Grenzsetzung durch den Chefarzt erfolgt, kippte die Idealisierung seiner Person in Entwertung um. Der Jugendliche verbreitete im Foyer des Krankenhauses gegenüber fast jedem Besucher das Gerücht über die schlechte Behandlung in dieser Klinik oder Station. Er drängte Eltern, deren Kinder wegen einer Pubertätsmagersucht auf der Station behandelt wurden, auf die Entlassung und bot diesen Eltern seine Beratung an (Omnipotenz- und Identifizierungsmechanismen). Weil er dann bereits auch überregional in den Einrichtungen der pädiatrischen Grundversorgung bekannt war und man ihn nicht mehr aufnahm bzw. schnell wieder entließ, wanderte er ab. Einige Befundsanforderungen aus anderen Bundesländern zeigen, daß er anderenorts weiter agierte.

Wie die geschilderten Illustrationen zeigen, haben die Phänomene der »Pseudologia phantastica« und des »Münchhausen-Syndroms« einen spezifischen psychodynamischen Hintergrund. Man weiß, daß die Verursachung auf eine gestörte Entwicklung in der Kindheit zurückgeht, die durch Verlusterlebnisse, Inzest, Kindesmißhandlung, psychische Erkrankungen der Eltern usw. zurückgeht (Eckhardt-Henn, 2000). Damit liegt die Vermutung der frühen borderlinetypischen Bindungsstörung und Störung in der weiteren Bindungsentwicklung nahe. Die Verbindung beider Phänomene mit schweren Defiziten in der Beziehungsgestaltung und massiven Selbstwertstörungen lassen sie als pathologische Versuche der individuellen Kompensation einordnen. Sie wirken subjektiv selbstwertstabilisierend, die Betroffenen erhalten über die exklusiven Erscheinungsmöglichkeiten Beachtung als minimale Bindungsqualität. Die realitätsinadäquate Phantasiewelt von real erlebten Lügen, von Träumen und Illusionen bringt eine Befriedigung von Wünschen und Bedürfnissen mit sich. Bei partiellen Distanzierungsphänomenen, sie sind sich teilweise selbst der Simulation und der Lügen bewußt, überwiegt die Grundüberzeugung der realitätsinadäquaten Phantasien, weil damit eine tiefe Befriedigung und Angstreduktion einhergeht. Gerade die Persönlichkeitsorganisation der Borderline-Störung mit dem Wechsel von Entwicklungsniveaus und damit der Möglichkeit von Identitätswechseln begünstigt die phantastische Welt. Im Gegensatz zu den schweren Formen der realitätsinadäquaten Phantasien bestehen aber keine Störungen der Wahrnehmung, des Denkens und der Affekte. Die Realitätsorientierung oder die Fähigkeit zur Realitätsprüfung ist bei der »Pseudologia phantastica« und dem »Münchhausen-Syndrom« nicht defizitär im Sinne der Einschränkung, Verkennung oder des Mangels, sondern hoch sensibel um die Lügengebäude und Simulationsmechanismen entwickelt.

Realitätsverlust und präpsychotische Episoden

Problematischer sind allerdings Entwicklungsverläufe, bei denen es wegen schwerer Störung der Identitätsorganisation schon in der Phase des späten Kindesalters und dann im Jugendalter zu psychischen Zuständen kommt, die eine sogenannte episodisch präpsychotische Qualität haben. Hier stehen nicht realitätsfremde Phantasien im Vordergrund, sondern zeitlich begrenzte Zustände, die aus einer situativ ausgelösten und subjektiv empfundenen, frei flottierenden, diffusen »Borderline-Angst« entstehen und zu komplexen Störungen des Wahrnehmens und Denkens bzw. der Affekte führen.

Meist gehen diese Phänomene einher mit einem Erscheinungsbild, das auch in den Zeiträumen ohne präpsychotische Episoden als eigentümliches oder exzentrisches Verhalten erlebt oder beschrieben wird. Anomalien des Denkens können festgestellt werden, die den formalen Denkstörungen nahekommen, wie sie bei Psychosen (z. B.

der Schizophrenie) vorhanden sind. Das Denken ist dabei umständlich, zähflüssig, stereotyp, scheint gekünstelt, zerfahren oder bizarr. Andere Anomalien des Denkens ähneln den inhaltlichen Denkstörungen der Psychosen. Es dominieren Phänomene mit Zwangsdenken, die sich oft in situativ inadäquaten Verhaltensritualen (mit Zwangshandlungscharakter) entäußern. Verbal kommt diese Denkweise durch Äußerungen zum Ausdruck, die nicht den momentanen situativen Inhalt treffen, einfach »daneben« klingen. Die Gedanken sind geprägt von unrealistischen Ideen und Inhalten, die die Dinge des Lebens oder Personen betreffen und die eine gewisse unabänderliche Beständigkeit und Überzeugung bzw. eine subjektive Realität widerspiegeln. Solche objektiv unrealistischen Ideen und Gedanken sind stark affektiv besetzt und entäußern sich als sogenannte überwertige Ideen bis hin zu wahnähnlichen Gedanken. Im Gegensatz zum Wahn, etwa bei der Schizophrenie, haben sie noch eine gewisse reale Nachvollziehbarkeit.

Die Wahrnehmung ist geprägt von Illusionen, mit Umdeutungen wirklich vorhandener Sinneseindrücke und der intensiveren Form der Wahrnehmungs- oder Sinnestäuschung, der Halluzination, der eine Wahrnehmungsveränderung ohne reale Sinnesreize zugrunde liegt. Halluzinationen sind bei borderlinegestörten Kindern und Jugendlichen aus eigenen Erfahrungen meist akustischer oder optischer Qualität. Sie zeigen betont auch die Qualität der sogenannten Pseudohalluzination, bei der eine Wahrnehmungs- und Sinnesstörung vorliegt. Allerdings werden diese von den Betroffenen selbst unecht, fremd und wenig überzeugend empfunden, d.h. nach den Episoden deutlich in Frage gestellt.

Affektiv fällt oft eine Gefühllosigkeit bis zur Anmutung der »Gefühlskälte« und ein allgemeiner Mangel an situationsadäquaten Gefühlsreaktionen auf. Mit dem Begriff der Anhedonie werden Phänomene der Affektverflachung, der Unfähigkeit, Freude zu empfinden und der emotionalen Stumpfheit bezeichnet.

Wesentlich für den Gesamtkomplex ist das Kriterium, daß keine Schizophrenie als nachweisbares Krankheitsbild besteht. Diese diagnostische Feststellung wird durch psychiatrische Fachkollegen getroffen. Insgesamt lassen sich borderlinegestörte Kinder und Jugendliche, bei denen schwere Störungsformen der Realitätsprüfung vorliegen, klassifikatorisch eher der sogenannten schizotypen Störung (ICD 10, F 21) zuordnen, für die auch die Begrifflichkeit schizotype Persönlichkeitsstörung, präpsychotische Schizophrenie oder Borderline-Schizophrenie gilt. Obgleich gerade diese schwere Form mit der »grenzwertigen« Annäherung an die Schizophrenie der Störung den Namen gibt, ist sie nach meiner Erfahrung bei borderlinegestörten Kindern und Jugendlichen eher nicht so häufig vertreten, sieht man die anderen Varianten der Störung der Realitätsorientierung. Dies soll ebenfalls in kurzer Falldarstellung illustriert werden.

Fallbeispiel Janos

Janos befand sich in mehreren Einrichtungen der Jugendhilfe. In einer Einrichtung rammte er einem Jungen eine Schere in den Bauch, der Junge starb an den Folgen der Verletzung. Davor hatten beide gemeinsam ein Gartenhaus angezündet. Janos war damals 12 Jahre alt. In der Einrichtung, in der ich Janos mit 14 Jahren kennenlernte, reagierte er etwa ein Jahr später mit pädophilen Zwangsphantasien und Handlungszwängen, die eine offene Betreuung unmöglich machten. Zwischen den Heimaufenthalten und nach der »pädophilen Krise« wurde er geschlossen auf einer psychiatrischen Station betreut.

Janos wurde wegen sozialer Probleme der Mutter und deren Ablehnungsverhalten nach einem Jahr in eine Adoptionsfamilie gegeben. Nicht mehr umfänglich nachvollziehbar, aber nach Aktenlage bewiesen ist, daß die leibliche Mutter selbst an einer nicht mehr feststellbaren psychischen Störung litt.

Die Adoptionsmutter war nach dem Tod ihres Mannes alleinerziehend und beruflich sehr stark eingespannt. Aus den Akten war nachzuvollziehen, daß sie sich sehr um Janos bemühte, aber schon bald mit seinen eigenartigen Verhaltensweisen nicht zurecht kam. Er reagierte im Kindergarten »abnorm«, was aus einem Bericht zu ersehen war. Besonders seine Gruppenunfähigkeit und seine aggressiven

Entladungen stellten das Umfeld vor Probleme. Frühzeitig suchte die Adoptivmutter Hilfe im Jugendamt. Nach den Unterlagen wurde Janos ab seinem 8. Lebensjahr in Einrichtungen der Jugendhilfe betreut. Deutlich wurde eine ängstlich-klammernde und gleichzeitig fordernd-erpressende Beziehung zur Adoptionsmutter, die aus der Beobachtung als »symbiotische Beziehungsgestaltung« zu bezeichnen ist. Diese grenzenlose symbiotisch-erpressende Übertragung wiederholte sich zu den Kontakterzieherinnen in den Heimeinrichtungen und zur Therapeutin in der psychiatrischen Klinik.

In der Heimeinrichtung, über die ich Janos kennenlernte, wurde deutlich, daß er in seiner Gestaltung von Beziehungen ausgesprochen sensibel, ängstlich bis zerbrechlich erschien. Er vermied von Anfang an fast zwanghaft jeglichen Kontakt zu Gleichaltrigen und großteils auch zu den Erzieherinnen. Natürlich umgab Janos der Ruf des »Mörders«, insofern war auch nachvollziehbar, daß in einem Circulus vitiosus auch die Umwelt mit ihm ausgesprochen ängstlich und vorsichtig umging. Seine Rolle als »besonders hilfsbedürftiger und bedrohlicher« Junge belastete ihn und das gesamte Umfeld. Übliche Hilfeplangespräche fanden in einem personellen Rahmen nie weniger als 8 Personen statt.

Er selbst umgab sich mit einer subjektiven Welt der isolierten Rituale, der Einsamkeit, des Rückzuges, der bizarren Gewohnheiten, die sich in Zwangshandlungen äußerten. Im Rahmen dissoziativer Phänomene änderte er seine Sprache in der Modulation und im Ton von kindlich regressiv bis tief »männlich«-fordernd. Meist konnte nur über die Sprache auf entsprechende Zustände des inneren Befindens geschlossen werden. In Gruppensituationen, in denen Unruhe und Spannung vermittelt wurden, wirkte er sichtbar irritiert, hilflos. Er schaute verwirrt und entwich diesen Situationen durch stundenlange Spaziergänge. Der Zustand seines Zimmers war im Gesamtbild der unnahbaren Distanz ein Abbild seines Befindens und eine wesentliche Kommunikationsebene; hier fanden sich offen und versteckt Zeichen seines Denkens und Fühlens. Er plazierte Gegenstände so, daß sie gesehen werden mußten, meist waren es Messer oder andere »waffenähnliche« Gegenstände in Situationen der vermuteten Wut und Hilflosigkeit, in denen er auch vermutbar, aber nicht sichtbar affektiv dekompensierte.

Aus der Lebensgeschichte war bekannt, daß er die Handlung, bei der er den anderen Jungen erstach, im Vorfeld detailliert in sein Tagebuch geschrieben hatte. Es handelte sich vermutlich weniger um eine affektive Handlung, auch wenn der Affekt letztendlich nachweisbar war, sondern mehr um eine aus der irrationalen Denk- und Wahrnehmungswelt entstandene interaktionell projektive Handlung (projektive Identifizierung), indem er bei dem Jungen die Gefühlsanteile »erstach«, die er selbst als unintegrierbar ablehnte. Deshalb wurden durch die Betreuerinnen auch immer wieder schriftliche Aufzeichnungen gesucht, um solche sich ankündigen- den phantasiegetragenen Handlungen frühzeitig zu erkennen. Man fand schließlich sichtbar plaziert Zeichen, die auf eine mögliche sexuelle Mißbrauchshandlung an anderen Kindern hinwiesen. Sie wurden zum damaligen Zeitpunkt als Hilferufe verstanden. Darauf vorsichtig und über einen längeren Zeitraum immer wieder ange- sprochen, reagierte Janos nicht und lächelte nur vielsagend. Bei der Suche nach mehr Indizien fand man versteckt ein Tagebuch, in dem seitenlang konkret (Personen, Aussehen, Namen, Ort und Tag) machtvolle aggressive sexuelle Handlungen in detaillierten Phanta- sien beschrieben wurden. Auch hier reagierte man noch nicht (davon ausgehend, daß er nicht wissen konnte, das man das Tagebuch gefunden hatte). Man ließ Janos aber nicht mehr allein seine kom- pensatorischen Spaziergänge machen. Damit kam es schnell zur Eskalation, er schrie beim Verbot, allein wegzugehen: »Ich muß raus, ich muß sie f...«. Er entgleiste körperlich, indem er mit einem Messer auf die Betreuungspersonen losging. In den Phasen nach den initialen aggressiven Abreaktionen waren halluzinatorische Zeichen sichtbar (akustische Qualität wahrscheinlich in Form von Rede und Gegenrede). Danach wurde Janos wieder geschlossen in einer psych- iatrischen Einrichtung untergebracht.

Realitätsinadäquate Phantasien und Substanzenmißbrauch

In dieser Übersicht zu den Defiziten und vielfältigen Qualitäten der Realitätsorientierung sollen auch Mechanismen der Induktion oder Verstärkung realitätsinadäquater Zustände genannt werden. Studien über die Koinzidenz von Suchtmitteln und psychischen Störungen bei Erwachsenen zeigen, daß neben der antisozialen Persönlichkeitsstörung besonders die Borderline-Störung als häufigste Zusatzdiagnose bei Drogenkonsumenten festgestellt wurde, dies besonders bei Opiat- und Kokainabhängigkeit (Thomasius, 1998).

Nach Driessen & Hill (1998) ist mit der Alkoholabhängigkeit eine erhöhte Prävalenz von Persönlichkeitsstörungen assoziiert. Die Autoren verweisen auf einige Studien, bei denen die Borderline-Persönlichkeitsstörung in deutlichem Maße mit Alkoholabhängigkeit in Verbindung steht bzw. längere Abhängigkeitsverläufe nachgewiesen wurden. Diese Studien beziehen sich, soweit nachvollziehbar, auf das Erwachsenenalter. Hinsichtlich der Suchtproblematik bei borderlinegestörten Kindern und Jugendlichen konnten zum Zeitpunkt keine empirischen Studien nachvollzogen werden.

Folgt man den Ergebnissen der Studien für Erwachsene mit einer Kombination von Suchtproblematik und Borderline-Persönlichkeit, kann unter Beachtung des Entwicklungsaspektes besonders auf die Zusammenhänge zwischen Suchtkarrieren, die bereits vor dem Erreichen des Erwachsenenalters beginnen, und familiären Belastungen geschlossen werden. Die familiären Belastungsfaktoren mit drei bis vierfacher bzw. sogar neunfacher Risikoerhöhung bestehen nach einigen Studien bei Söhnen, deren Väter sowohl alkoholabhängig als auch antisozial waren.

Die psychodynamischen Betrachtungsweisen der Abhängigkeit von Suchtmitteln sind, ausgehend von theoretischen Konzepten, breit gefächert. Sie reichen von Freuds Triebtheorie, mit der Bedeutung der Oralität für die Abhängigkeitsentwicklung, bis zu ich-psychologischen Ansätzen, in denen Persönlichkeitsdefekte in den Vordergrund gestellt werden.

Nach Lindner (1998) orientiert sich der gegenwärtige Diskussionsstand zur Abhängigkeit und Persönlichkeitsstörung auf der phänomenologischen Ebene daran, daß allen Suchtmitteln eine beruhigende und lindernde Wirkung zugrunde liegt. Ängste und damit verbundene Spannungen werden demnach reduziert, Affekte abgebaut. In der eigenen Arbeit mit borderlinegestörten Kindern und Jugendlichen konnten folgende Charakteristika festgestellt werden:

- Borderlinegestörte, bei denen in der Persönlichkeitsorganisation unreife, regressive, aggressiv-impulsive und narzißtische Anteile überwiegen, neigen zur Anwendung von Suchtmitteln mit dem primären Ziel der Kompensation der »Borderline-Angst« in Richtung der Angst- und Spannungsreduktion. Die Betroffenen sind in ihrer Struktur frühgestört und weniger differenziert. Die Realitätsorientierung, die Fähigkeit der Realitätsprüfung sowie die Selbstreflexivität weisen stärkere Defizite auf. Die gezielte Affektregulierung orientiert sich eher auf die Unterdrückung, weniger auf die Kontrolle des inneren undifferenzierten Spannungszustandes. Borderlinegestörte sind sich der inneren Spannungszustände, die sich in der Unfähigkeit, Wut zu kontrollieren, zeigen, zwar bewußt, können sie aber nicht nachvollziehen, erklären, ausdrücken und kontrollieren.

- Betroffene, bei denen die Persönlichkeitsorganisation reifer entwickelt ist, die differenzierter sind, über eine klarere Realitätsorientierung und bessere Fähigkeiten zur Realitätsprüfung oder zur Selbstreflexivität verfügen und die eher durchdacht und manipulierend agieren, setzen gezielt Suchtmittel ein. Sie nutzen die berauschende, euphorisierende und stimulierende Wirkung, um die »Borderline-Angst« über die direkte Verstärkung der realitätsinadäquaten Phantasien zu reduzieren.

Sicher ist die vorgenommene Unterscheidung nicht so »trennscharf« möglich, denn die Praxis zeigt vielfältige individuelle Variationsmöglichkeiten. Außerdem wurde bereits darauf hingewiesen, daß bei Kindern und Jugendlichen die Bandbreite des borderlinetypischen Verhaltens aufgrund der Anpassungsentwicklung und der Wechsel der Entwicklungsniveaus stark variieren kann. Insofern ist nach meinen praktischen Erfahrungen davon auszugehen, daß bei bis zu 80% der borderlinegestörten Jugendlichen die Affektunterdrückung und die Induktion bzw. Verstärkung von realitätsinadäquaten Phantasien durch Suchtmittel eingesetzt wird, um den Selbstwert zu stabilisieren und die Beziehungsgestaltung zu verbessern. Auch im Kindesalter ist ein suchtmittelunterstütztes Kompensationsverhalten in Form der Induktion und Verstärkung realitätsinadäquater Phantasien zu beobachten. Hier sind mir Fälle bekannt, die mit dem 9. Lebensjahr beginnen. Steht im Erwachsenenalter die Abhängigkeit von Suchtmitteln im Vordergrund, so ist aus entwicklungspsychologischem Blick im Kindesalter bis in das Jugendalter hinein der Mißbrauch von Suchtmitteln vordergründig. Eindeutige Suchtkarrieren, die mit psychischer und teilweise bereits körperlicher Abhängigkeit einhergehen, sind eher ab dem 16. Lebensjahr nachvollziehbar.

Fallbeispiel Claudia
Claudia sollte als junge Erwachsene (mit 18 Jahren) wegen des mehrfachen Verstoßes gegen das Betäubungsmittelgesetz begutachtet werden.

Angaben zur Lebensgeschichte
Sie wurde im Juli 1981 geboren. Eine Borderline-Störung wurde im Jahre 1995 diagnostiziert. Sie gibt an, daß ihre Mutter die Schwangerschaft nicht gewollt hätte. Während ihre Mutter mit ihr schwanger gewesen sei, habe sie regelmäßig Zigaretten konsumiert. Dies habe die Mutter ihr die Jahre über immer wieder erzählt, und sie habe den Eindruck gewonnen, daß ihr die Mutter damit sagen wolle, wie egal sie ihr sei. Ihre Eltern hätten sich im Jahre 1983 scheiden lassen, sie sei weiter bei ihrer Mutter aufgewachsen. Die Scheidung sei erfolgt, weil ihr Vater in den »Westen« ausgereist und die Mutter in der DDR geblieben sei. Zu ihrem Vater habe sie seit der Scheidung selten, alle zwei bis drei Jahre, telefonischen Kontakt. Als

Claudia 3 Jahre alt war, habe ihre Mutter einen neuen Partner kennengelernt, mit dem sie bis zum 5. Lebensjahr von Claudia zusammen war. Sie erinnere sich, daß sie die Lebensgemeinschaft der Mutter als belastend empfunden habe, da sie mit diesem Mann nicht zurechtgekommen sei und die Lebenspartner häufig Streit gehabt hätten. Mit einem weiteren Partner sei die Mutter zusammen gewesen, als sie 7 Jahre alt war. Mit diesem Mann, den die Mutter heiratete, habe sie ein weiteres Kind, ihre Schwester. Mit der Schwester und ihrer Mutter habe sie sich in der damaligen Zeit schlecht verstanden, und auch mit dem neuen Lebensgefährten der Mutter habe es Probleme gegeben. Nach der Geburt ihres eigenen Kindes und ihrem Auszug aus dem mütterlichen Haushalt habe sich das Verhältnis zur Mutter und zur Schwester gebessert. Sie hätten jetzt einen regelmäßigen und sogar guten Kontakt. Von ihrer Mutter habe sie in ihrem Leben, nach eigenen Angaben, nur wenig Unterstützung erfahren. Ihr Großvater, zu dem sie ein sehr gutes Verhältnis habe, habe ihr dagegen sehr geholfen.

Über den Verlauf ihrer frühkindlichen Entwicklung sei ihr nichts bekannt. Sie habe die Kinderkrippe und den Kindergarten besucht, da ihre Mutter berufstätig gewesen sei. An die Zeit des Kindergartenbesuchs habe sie heute keine Erinnerungen mehr. Im Jahre 1987 sei sie eingeschult worden. Sie sei weniger gern in die Schule gegangen. Ihre Leistungen gegen Ende der Schulzeit, in der achten Klasse, seien sehr schlecht gewesen. Zwei Versuche zur Erreichung des Abschlusses seien fehlgeschlagen, so daß Claudia die 8. Klasse ohne Abschlußzeugnis beendet habe. Befragt nach freundschaftlichen Beziehungen während der Schulzeit äußerte Claudia, daß sie zu Beginn ihrer Schulkarriere keine Freunde gehabt habe. Ab der 4. Schulklasse habe sich die Beziehung zu den Mitschülern gebessert. Mit Mädchen hätte sie sich nicht so gut verstanden, zu den Jungen habe sie hingegen eher Kontakt gefunden.

Nach Beendigung der Schule habe sie ein berufsvorbereitendes Jahr (BVJ) mit der Richtung Hauswirtschaft gemacht, in dessen Rahmen sie den Hauptschulabschluß (9. Klasse) mit guten bis befriedigenden Leistungen erreicht habe. In dieser Zeit sei sie auch aus dem mütterlichen Haushalt ausgezogen. Nach dem Abschluß des BVJs habe sie eine Lehre als Restaurantfachfrau begonnen, die sie jedoch ohne Abschluß bereits nach zwei Monaten durch Kündigung von seiten des Arbeitgebers beendete. Kündigungsgrund seien ihr sichtbarer Heroinentzug und die daraus entstehenden Leistungs- und Motivationsdefizite gewesen. Im Anschluß daran habe sie eigenständig einen (kalten) Heroinentzug gemacht, aber weiterhin ab und an Kokain gespritzt und später Drogen (Crystal) konsumiert. Eine in diesem Zeitraum begonnene Lehre zur Einzelhandelskauffrau habe sie auf eigene Initiative bereits nach zwei Monaten erneut gekündigt. Sie habe darauf »keinen Bock« gehabt. Seitdem sei sie keiner Tätigkeit nachgegangen, sie sei erst arbeitslos gewesen und befände sich jetzt im Babyjahr. Sie hoffe, nach Beendigung des Erziehungsurlaubs wieder eine Lehre aufnehmen zu können, und wolle diese auf jeden Fall zu Ende bringen.

Über ihre zwischenmenschlichen Beziehungen machte sie folgende Angaben: Sie habe zu sehr vielen Jungs Beziehungen gehabt. Eine länger dauernde Partnerschaft habe es aber nie gegeben. Ihr erster »richtiger Freund« habe Ronny geheißen. Er selbst sei »alkoholsüchtig« gewesen, habe sie gedemütigt und geschlagen. Diese Beziehung ging etwa vier Jahre (bis zu ihrem 18. Lebensjahr). In dieser Zeit habe sie mit dem Heroin- und Kokainkonsum begonnen. Dann habe sie ihren jetzigen Freund kennengelernt. Auch diese Beziehung sei nicht konstant gewesen, zwischendurch hätten beide Seiten die Partnerschaft wiederholt beendet. Zu einem anderen jungen Mann, der als Dealer bekannt war, habe sie zwischendurch in den Trennungsphasen vom letzten Freund eine Beziehung gehabt. Die Beziehung zum Freund sei jetzt aber »gefestigt«, diese besonders seit ihrer Inhaftierung im Februar diesen Jahres. Der Freund sei 23 Jahre alt und wohne noch bei seiner Mutter, halte sich aber oft bei ihr auf. Er habe sich als Gebrauchtwagenhändler selbständig gemacht. Durch ihn erfahre sie eine ihr sehr wichtige emotionale, teilweise auch finanzielle Unterstützung. Ihr gemeinsames Kind sei jetzt 5 Monate alt. Sie hätten sich oft unterhalten, gemeinsam ein Kind zu haben, das Kind sei jedoch nicht geplant gewesen. Mit ihrem Kind gebe es in der Betreuung keine Probleme. Claudia komme mit dem Kleinen gut zurecht und liebe ihn sehr.

Drogenanamnese
Aktualgenese: Claudia rauchte zum Zeitpunkt der Diagnostik ca. eine Schachtel Zigaretten am Tag. Sie habe auch während ihrer Schwangerschaft Nikotinkonsum betrieben. Alkohol nehme sie ab und zu, jedoch nicht regelmäßig zu sich.

Drogengenese im psychosozialen Kontext: Sie habe ihre Drogenkarriere im Jahre 1995 durch die überwiegend venöse Zufuhr von Heroin begonnen (anfangs geschnupft), in leichter und unregelmäßiger Verbindung mit venöser Zufuhr von Kokain. Eigentlicher Auslöser der Drogenkarriere sei ihre frustrierte Beziehung zum damaligen Freund gewesen. Die Zufuhr dieser Droge erfolgte im Alter von 15 bis 17½ Jahren. In dieser Zeit hätte sie sich die notwendigen finanziellen Mittel von ca. 130–150 DM pro Tag durch den »Strich« besorgt. Die Finanzierung der Drogenproblematik sei ausschließlich über diese Wege geschehen, es habe keine Beschaffungskriminalität im engeren Sinne (Diebstähle u.a.) gegeben. Pro Kontakt habe sie ca. 50 DM bekommen, so daß durchschnittlich drei sexuelle Kontakte am Tag zu vermuten sind. Ihre Freier habe sie in einem einschlägigen Lokal kennengelernt und dann die sexuellen Kontakte im Auto oder im Park gehabt. Sie habe immer auf das Benutzen von Kondomen bestanden. Sie habe täglich ca. 0,5 g Heroin benötigt. Die subjektive Wirkung des Heroins sei besonders eine sedierende, der Kick sei die »Welle« beim Vorgang des Einspritzens gewesen. Die Menge des venös aufgenommenen Kokains, das sie ab und zu mit Heroin kombinierte, sei dann bis zu 1,5 g am Tag gewesen. Hier habe sie ähnlich wie beim Heroin, aber nicht so intensiv, eine »Welle« bei der Injektion erlebt. Die Folgewirkung beschreibt Claudia mit erhöhtem Selbstwertempfinden, gesteigertem Antrieb und Leistungsgefühl sowie einem positiven Grundgefühl. In dieser Zeit sei es auch zu selbstdestruktiven Handlungen wie Selbstverstümmelungen gekommen; auch wurden Suizidgedanken geäußert.

Beim kalten Entzug schilderte sie drastische Entzugserscheinungen (vorwiegend körperliche Schmerzen, Herzrasen, Magenkrämpfe, vegetative Erscheinungen, Steh- und Gehunfähigkeit, Kraft- und Schlaflosigkeit). Diese lassen auf eine bereits stark ausgeprägte körperliche Abhängigkeit zu diesem Zeitpunkt schließen, die für die Droge Heroin nicht ungewöhnlich ist. Nach etwa $2^{1}/_{2}$ Monaten waren die Entzugssymptome nach eigenen Angaben verschwunden.

Wenige Wochen später (eine genaue Eruierung war nicht möglich) wechselte sie dann zur venösen Zufuhr des Amphetamins »Crystal«. Einen konkreten Grund dafür kann Claudia nicht nennen, es wird aber deutlich, daß sie diese Droge bereits von Beginn an bei Frustrationen in der Partnerschaft einnahm. Da sie bis März 1999 noch mit ihrem damaligen Partner zusammenlebte, mit dem es massive Konflikte gab, ist davon auszugehen, daß es im Zeitraum von Frühjahr/ Sommer 1998 bis März 1999 zur häufigeren Zufuhr von Crystal kam. Mit dem Beginn der Beziehung zu ihrem neuen Freund, von dem sie sich eher respektiert fühlte, wird der Amphetaminkonsum deutlich reduziert. Sie nahm nach eigenen Angaben nur noch Crystal, wenn sie Streit mit ihm hatte. Sie trennte sich dann zwischendurch auch räumlich von ihm. Wie oft es zur Trennung kam, kann – um die Häufigkeit des Drogenkonsums zu eruieren – nicht mehr genau festgestellt werden.

Bei Streitigkeiten mit dem Freund konsumierte sie aber Crystal, meist wieder gemeinsam mit dem bereits genannten Dealer, zu dem sie zwischenzeitlich immer wieder einmal eine Beziehung aufnahm. Sie lernte ihn im Juli 1999 kennen. Er habe sie auch zur Heirat mit einem Vietnamesen motiviert, für die sie 15 000 DM erhalten habe. Das Geld überließ sie naiv dem Dealer. Ab August 1999, unterstützt durch das erlangte Geld, kompensierte sie den Frust über den aktuellen Freund immer wieder mit dem Dealer. Er wurde zu einem »guten Kumpel«, den sie (zeitlich schwankend) auch liebte. Mit ihm im Auto zu fahren, »Stoff und Speed« zu haben, den »Zauberwald« (Drogenerleben) und die Freiheit zu genießen, fand sie toll.

Die Fahrten führten beide immer wieder über die Grenze nach Tschechien, um Drogen zu besorgen. Sie gibt an, daß sie mit dem

Dealer nie erwischt worden sei, was ihr Vertrauen und ihre Bewunderung ihm gegenüber verstärkt habe. In dieser Zeit führte sie sich ab und zu Crystal zu, da Geld und Stoff ausreichend vorhanden waren. Sie achtete auf saubere Spritzen und fühlte sich mit dem Dealer wohl. Es entwickelte sich quasi eine »Bonny und Clyde«-Konstellation, bis beide bei einer Routinekontrolle an der Grenze »erwischt« wurden.

Überlegungen zu Störungen in der Bindungs- und Beziehungs-entwicklung
Die Angaben von Claudia zu ihrer Selbsteinschätzung als ungewolltes Kind weisen, unabhängig von der Realität dieses Sachverhaltes, auf ein gespanntes Verhältnis zur Mutter hin, von der sie sich niemals richtig unterstützt fühlt, zumindest bis zum Erreichen des kalendarischen Erwachsenenalters. Die Partnerwechsel der Mutter, der frühe Verlust des Vaters (bis zu ihrem 3. Lebensjahr war der Vater zumindest als Person in der Interaktion anwesend), die weiteren Spannungen zu den Stiefvätern und die Rivalität zur Halbschwester deuten als Indikatoren auf eine frühe risikobehaftete Bindungsentwicklung hin. Beziehungsstörungen sind ab dem Vorschulalter nachweisbar, die sich in der chaotischen Partnerschaftsbeziehung weiter nachvollziehen lassen. Besonders in der Art und Weise der Drogenbeschaffung (»Strich«) kommt ihre Beziehungslosigkeit (Beziehungsfrustration) zum Tragen, auch wenn in diesem Zirkel suchtspezifische Motive zu diesem Verhalten führten. Es läßt sich nach der Interpretation der Angaben zur Bindungsentwicklung eher eine unsicher-ambivalente Bindungsqualität vermuten. Nach dem selbstentwickelten Fragebogen (VBBT; Hofmann, 1999b) zeigt sich im Teil, der dem Erwachsenen-Bindungsprototypen-Rating (EBPR) nach Strauß et al. (1999) entstammt, eine eher instabil beziehungsgestaltende Bindungsstrategie mit Anteilen der zwanghaften Überfürsorglichkeit (siehe Kompensationsverhalten als Mutter). Nach Brisch (1999) läßt sie sich auch als Bindungsstörung vom Typ der Rollenumkehr interpretieren. Im Aufbau der Bindungshierarchie erlangt der Großvater eine stabilisierende und helfende (hal-

tende) Rolle. Er ist die Vertrauensperson, bei ihm macht sie den Entzug, und er steht zu ihr, egal ob es ihr gut oder schlecht geht.

Überlegungen zum Suchtmittelmißbrauch im Rahmen der Borderline-Störung

Der Einsatz der Suchtmittel erfolgt mit unterschiedlichem Motiv: sedierend, flüchtend, stimmungssteigernd. Es ist im Fall von Claudia sowohl ein Mittel der inadäquaten Konfliktbewältigung in ihrer Beziehungsstörung als auch ein Mittel der Flucht aus belastenden Situationen. Phantasien der Flucht in Größe und Allmacht (Omnipotenz) werden besonders in der letzten Zeit bis zur Inhaftierung durch den Drogenkonsum realisiert. Sie klammert sich (unsicherambivalente Bindungsentwicklung) an den Dealer, den sie nach den Angaben eher idealisiert (primitive Idealisierung) und dem sie, wie es scheint, naiv infantil in kriminelle Gefilde folgt. Als aggressive Selbstdestruktion und selbstschädigendes Verhalten ist ihr Sexualleben zu bewerten, das mit Drogen initiiert oder begründet wird.

Das subjektive Erleben bei der borderlinetypischen Selbstwertstörung

Ein weiteres Phänomen der Erlebenswelt von Kindern und Jugendlichen mit einer Borderline-Störung ist eine Qualität der Selbstwertstörung, die sich von der Selbstwertproblematik anderer emotionaler Störungen unterscheidet. Es geht bei ihr nicht schlechthin um Minderwertigkeitsgefühle, Gehemmtheit oder Mangel an Sicherheit und Selbstvertrauen usw., sondern um ein oft schon frühzeitig in der Entwicklung angelegtes Bild von sich selbst.

Dieses Bild beinhaltet in unterschiedlichen Facetten eine unabänderliche Grundüberzeugung: »ich bin schlecht«, »ich bin böse« bzw. »ich bin nicht liebenswert«. Sieht man in diesem Bild das Erleben einer tief empfundenen eigenen Wertlosigkeit, so zeigt sich hier die traumatische subjektive Bindungserfahrung, die Erfahrung von Einsamkeit, Enttäuschung, Verlassenheit, Mangel an Schutz und Geborgenheit. In der Praxis erlebt man viele Betroffene, die bereits in frühen Kindesjahren diesen Zustand erleben und verbalisieren. Ein sechsjähriger Junge, bei dem eine sich entwickelnde Borderline-Störung nahe lag, sagte einmal in einer ambulanten Konsultation: »Ach weißt du Herr Doktor, ich bin so bös, daß mich niemand mehr liebt. Ich glaub, daran kann ich nichts mehr ändern«. Gefragt danach, warum das seiner Meinung nach so sei, zuckte er nur mit den Schultern und schaute leer, irritiert-teilnahmslos. Dieses Beispiel zeigt die emotionale Erlebenswelt von Kindern und Jugendlichen mit einer Borderline-Störung: Es dominieren eine tiefe Ohnmacht, Ratlosigkeit, Resignation und Verlassenheitsüberzeugung.

Die Erlebenswelt wird mit einer scheinbaren Gefühlsarmut oder Verleugnungsqualität präsentiert, die sicher als selbstschützender Kompensationsversuch zu bewerten ist. Chronisch verlassenheitsüberzeugte Heimkinder, die mit einer Pendeltürkarriere bei Neuaufnahme (Beziehungsaufnahme) in eine Einrichtung der Jugendhilfe oder zur Aufnahme in die stationäre Psychotherapie kommen, reagieren auf Bindungsangebote dann häufig nicht mehr ohnmächtig, ratlos, sondern offen aggressiv-ablehnend. Sie agieren demonstrativ das »Bösesein« aus. Einerseits ist dies ein nunmehr gelerntes Distanzierungsverhalten aus Angst, sich einzulassen und wieder enttäuscht zu werden, andererseits wird oft schon bei Beziehungsaufnahme die Haltefähigkeit von individuellen Bindungsangeboten und formalen Bindungssystemen »geprüft«. Gerade in solchen bindungsrelevanten Situationen, wie es die Kontaktaufnahme ist, wird das gestörte Bindungssystem aktiviert. Es entäußert sich in pathologischer Qualität über die »Borderline-Angst«. Besonders die Kontaktaufnahme aktiviert phantasierte Trennungsängste und traumatische Trennungserfahrungen.

6

Borderline-Störung und Bezugssysteme

Übertragung von traumatischen Bindungserfahrungen auf verantwortliche Bezugspersonen

Wenn Bürgin und Meng (2000) sinngemäß feststellen, daß die Borderline-Störung des Erwachsenenalters nicht ungeprüft für Kinder und Jugendliche angewendet werden kann, so betrifft dies meines Erachtens besonders die Aspekte der Entwicklung. Sie ergeben sich im Zusammenhang mit den Sozialisationsbesonderheiten der Altersspanne und daraus folgenden Bindungskonsequenzen und -zwängen für die Betroffenen. Obliegt im Erwachsenenalter die Beziehungsgestaltung dem Betroffenen eher selbst, auch wenn immer wieder gewohnte Muster nach dem Wiederholungsprinzip (Schloß-Schlüssel-Prinzip) gewählt werden, so ist die zwischenmenschliche Qualität in der Partnerschaftsgestaltung und im Leistungsbereich (subjektive Motive, Bedürfnisse, Distanz- und Näheregulation) im Kindes- und Jugendalter eine andere. Die Bindungs- und Beziehungsentwicklung in dieser Altersspanne ist durch soziokulturelle und gesellschaftliche Muster von Verantwortlichkeiten formaler Systeme und deren Vertreter geprägt. Diese Beschreibung mag für das Bindungssystem Familie fast bürokratisch klingen, aber bereits durch gesellschaftliche Sanktionsmuster können sich die erziehungs- und sorgepflichtigen Eltern dieser rechtlich geforderten und kontrollierten Pflicht nicht entziehen – auch wenn man oft den Eindruck gewinnt, daß Eltern borderlinegestörter Kinder und Jugendlicher gerade damit ein Problem haben. Dies trifft sicher nicht immer zu, ist aber bei diesem Störungsbild eher die Regel. An die Stelle der

Familie oder parallel zu ihr treten im Entwicklungsverlauf andere Institutionen, z.B. Tagesstätten, Schulen oder Einrichtungen der Jugendhilfe und therapeutische Einrichtungen. Es handelt sich immer um Personengruppen, die zwingend formal und anforderungsspezifisch in direkter Weise auf die Kinder und Jugendlichen Einfluß haben, sich normativ »verpflichtet« fühlen und dabei in der Verantwortung stehen. Dies wirkt sich auf die Qualität der Bindungsbeziehung und deren Entwicklung im Kindes- und Jugendalter aus.

Egal wie sich die Zusammenarbeit zwischen diesen Institutionen mit unterschiedlichem Anforderungscharakter gestaltet, wie Forderungen, Beziehungen oder Autonomiebestrebungen verlaufen, es steht immer die Bindungsentwicklung von Kindern und Jugendlichen im allgemeinen und Borderlinegestörten im besonderen in starker formaler und Beziehungsabhängigkeit. Am Sachverhalt der Schulpflicht läßt sich diese Beziehungsabhängigkeit relativ gut verdeutlichen. Sicher ist auch dieses Beispiel wie andere immer relativ zu sehen, betrachtet man die mittlerweile »unkontrollierbare Masse« der Schulverweigerer. Der Regelfall sei angenommen. Geht ein Kind oder ein Jugendlicher nicht zur Schule, entsteht ein Erklärungs- und Verpflichtungsdruck für die Bezugspersonen (z.B. Eltern, Verantwortliche einer Einrichtung der Jugendhilfe) gegenüber der Schulbehörde oder dem Jugendamt, der in bereits gesteigerter Konsequenz mit Ordnungsgeld für die Erziehungsverpflichteten oder Herausnahme des Kindes oder des Jugendlichen aus der Heimeinrichtung in Verbindung steht oder stehen kann. Die zwingende Folge ist eine konflikthafte Auseinandersetzung mit dem Kind oder dem Jugendlichen. Nimmt man beispielsweise das bekannte Gefühl der Leere und Langeweile oder Mechanismen der Manipulation und der gezielten Verweigerung, die für die Borderline-Störung üblich sind, stoßen hier Welten aufeinander. Einerseits handelt es sich um Symptome der Borderline-Störung, mit denen die Anpassung und Lebensbewältigung fehlreguliert wird, andererseits besteht ein verantwortungsorientierter Handlungsdruck, der die Motive und Handlungen der Bezugspersonen in der Bindungsentwicklung beeinflußt.

Nicht nur aus dem entwicklungspsychologischen Blickwinkel, sondern besonders auch aus der formalen Verantwortungsbetonung der Bezugspersonen ergibt sich eine enge wechselseitige Verquickung, die sich auf die Bindungsentwicklung auswirkt, gerade weil sich bis in das Jugendalter mit der Spezifik der Anpassung und des Kompetenzaufbaus oder deren Fehlregulationen die Bindungs- und Persönlichkeitsentwicklung vollzieht.

Aus diesem wechselseitigen Abhängigkeitsverhältnis in der Entwicklung ergibt sich eine zwingende Übertragung von Bindungserfahrungen auf alle Bezugspersonen, die aus der Verantwortung heraus verpflichtet oder verfügbar sind. Die Übertragung von Bindungserfahrungen basiert auf den sich entwickelnden internalen Arbeitsmodellen. Diese implizieren die Organisation bindungsrelevanter Erinnerungen, Bewertungen und Erfahrungen mit Bezugspersonen in der frühen Entwicklung, die sich auf alle folgenden Bezugspersonen übertragen. Die internalen Arbeitsmodelle stabilisieren sich dann im Entwicklungsverlauf zunehmend. Im Erwachsenenalter werden sie als Bindungsrepräsentanzen bezeichnet. Sie sind relativ fixiert und wenig sensitiv, allerdings löst sich auch der zwingende Charakter des verantwortungsorientierten Beziehungssystems auf, wie es für das Kindes- und Jugendalter typisch ist.

Nicht nur bei der Borderline-Störung im Kindes- und Jugendalter, aber hier psychodynamisch besonders relevant, werden Bindungserfahrungen aus dem sich entwickelnden pathogenen internalen Arbeitsmodell auf spätere in Verantwortung stehende Bezugspersonen übertragen. Es handelt sich fast komplett um subjektiv-pathologische und subjektiv negative traumatische Erlebensweisen von Bindungserfahrungen. Die Übertragung basiert borderlinetypisch nicht auf der Wahrnehmung der Gesamtpersönlichkeit der Bezugsperson, so daß ein bewußtes Bild wie »Du erinnerst mich an meinen Vater, für den ich böse war« nicht zustande kommt. Es sind oft wahrscheinlich unbewußte, aber sicher situative und Teilwahrnehmungen, die das entsprechende Verhalten der Bezugsperson betreffen. Eine komplexe Nachvollziehbarkeit einer konkreten Person durch die Betroffenen selbst und die Bezugspersonen ist erschwert.

Gesteigerte selektive Sensibilität in der Wahrnehmung von Bezugspersonen

Ausgangspunkt dieser Besonderheit ist die bereits erwähnte frühe Bindungsvulnerabilität, die die Grundlage für die borderlinetypischen sekundären, phantasierten Verlust- und Erwartungsängste und die »Borderline-Angst« bildet. Diese frühe Bindungsvulnerabilität konstituiert sich im Entwicklungsverlauf in Richtung einer borderlinetypischen Hypersensibilität in der Beziehungswahrnehmung, die immer die Fähigkeit zur adäquaten Realitätsprüfung voraussetzt und deshalb als eigenständiger Mechanismus der Erlebenswelt dargestellt werden soll. Faszinierend in der Arbeit mit borderlinegestörten Kindern und Jugendlichen ist das Gespür, mit dem diese die tatsächlichen emotionalen situativen Befindlichkeiten und die realen »Schwächen« von bindungsanbietenden Bezugspersonen in enorm kurzer Zeit (manchmal nur Minuten oder gar Sekunden) scheinbar »instinktiv« fühlen.

Anders als bei den beschriebenen emotionalen und kognitiven Regulationsstörungen, z. B. der Spaltung, der projektiven Identifizierung oder der Identifizierung mit dem Angreifer, handelt es sich hier weniger um eine situativ und personenbezogen ausgelöste pathogene Übertragung, sondern um eine Grundwahrnehmung im Sinne der Anmutungsqualität. Sie entspringt als besondere, gesteigerte Fähigkeit der eigentlich pathogenen frühen Bindungsqualität und der daraus entstandenen frühkindlichen borderlinetypischen Vulnerabilität. Es liegt die Vermutung nahe, daß mit der meist realitätsnah erhöhten Sensibilität in der Wahrnehmung von Bezugspersonen und Situationen eine selektive Wahrnehmung zum Ausdruck kommt, die ihre Wurzeln in der permanent existentiell bedrohlich erlebten Bindungs- und Verlustangst hat. Es scheint eine ständige Prüfung von realen oder phantasierten Bindungsangeboten abzulaufen. Mögliche Prüfqualitäten, die sich als internes Selektionsmuster der Hypersensibilität in der späteren Beziehungsentwicklung ergeben, wären: »Kannst du mich halten?«, »Warum könntest du mich nicht halten?«

oder »Du kannst mich sowieso nicht halten«. Erst in einem nächsten Schritt des psychischen Prozesses erfolgt die eigentliche Prüfung der »Haltefähigkeit«, eine Analyse der personellen Voraussetzungen, der »Eignung« der Bezugspersonen. Ähnlich der Neuaufnahme von Bindungsbeziehungen werden diese wahrgenommenen und oft realen individuellen Besonderheiten oder »Schwächen« der bindungsanbietenden Bezugspersonen »getestet«. Die praktische Umsetzung dieser Beziehungshypersensibilität erfolgt meist in einem fast ritualisierten »Testverhalten«, welches mit Mechanismen der pathogenen emotionalen und kognitiven Regulation einhergeht, z. B. mit Spaltung, Idealisierung, Entwertung und Identifikation. Solche Prüfungen der Haltefähigkeit verlaufen für die betroffenen Bezugspersonen sehr persönlich, gezielt und mit einer hundertprozentigen Trefferrate bezogen auf eigene Defizite, Kränkungen und Befindlichkeiten. Der ängstlichen Bezugsperson wird Angst gemacht, sie wird bedroht. Übergenau korrekte Bezugspersonen werden in ihrem Ordnungsstreben gekränkt, leicht erregbare sensible Typen werden gereizt und auf »die Palme gebracht«, selbstwertbeeinträchtigte werden gedemütigt, verführbare werden erst idealisiert verführt und dann entwertet, weil sie niemals die Erwartungen erfüllen können.

Dramatisch für die Entwicklungspfade von borderlinegestörten Kindern und Jugendlichen ist die Tatsache, daß mit dem jeweiligen »Testverhalten« häufig genau diejenigen Folgen eintreten, die dadurch entweder vermieden oder bestätigt werden sollen. Die Bezugspersonen drohen mit Abwendung oder Abgabe, Eltern sagen beispielsweise: »Du kommst in ein Heim«. In letzter Konsequenz erfahren die Betroffenen die real kränkende und frustrierende Abgabe, den Bindungsabbruch. Es kommt zur Heimeinweisung, zur Einweisung in die Psychiatrie mit dem Etikett »Du bist krank und brauchst Behandlung und kommst erst wieder nach Hause, wenn du geheilt bist«. Auch in der stationären psychiatrischen Therapie oder in der Heimbetreuung ist das »normwidrige Verhalten« ein Entlassungsgrund. Damit manifestiert sich im Verlauf der Entwicklung nicht nur die Überzeugung des »Böseseins«, sondern auch die, daß man nicht gewollt und geliebt wird. Ebenso reifen Rituale der emotionalen Regulationsstörungen (Wahrnehmung und Handlung), es werden also Mechanismen der Spaltung, Idealisierung, Entwertung und Identifikation als Lernerfahrungen und Mechanismen der Fehlkompensation im Lebenslauf gewichtet und fixiert. Über diesen Prozeß erklärt sich auch die bereits genannte Bandbreite des borderlinetypischen Verhaltens, das bei Kindern und Jugendlichen sowohl unreif, regressiv-aggressiv als auch gezielt manipulierend sein kann.

Die gesteigerte selektive Sensibilität in der Wahrnehmung von Bezugspersonen verdeutlicht, daß in der Arbeit mit borderlinegestörten Kindern und Jugendlichen Kenntnisse der Bezugspersonen Vorraussetzung sind. Das Wissen um solche Phänomene allein reicht jedoch nicht, sondern es bedarf eines hohen Grades psychischer Gesundheit oder gesunder Regulationsfähigkeit der Bindungspersonen. In Betreuungssystemen ist deshalb ein gesund regulierendes und abgestimmtes Team unabdingbar.

Fallbeispiel Benjamin

Die Kurzdarstellung bezieht sich schwerpunktmäßig auf die Illustration der Selbstwertstörung, der Bindungsübertragung und der selektiven Sensibilität. Daher sind die anamnestischen Angaben nicht umfassend.

Angaben zur Lebensgeschichte

Benjamin lebt in einer Wohngruppe, in der borderlinegestörte Kinder und Jugendliche betreut werden. Zum Zeitpunkt der dargestellten Geschehnisse ist er 15 Jahre alt und schon drei Jahre in der Einrichtung. Er wurde aus einer Kinder -und Jugendpsychiatrie in die Wohngruppe übernommen. Die Entlassungsdiagnose war, ohne hier weiter darauf einzugehen: Störung des Sozialverhaltens bei Verdacht auf eine sich entwickelnde Borderline-Störung. In die Kinder- und Jugendpsychiatrie wurde er wegen offen aggressiven und passiv aggressiven Verhaltensweisen (Leistungsverweigerung) eingewiesen. Aus den Akten nachvollziehbar dominierten lange Zeit Verhaltensprobleme im schulischen Bereich. Keine der regionalen Schulen wollte Benjamin mehr nehmen. Er hatte nach den Grund- und später

Mittelschulversuchen alle Varianten der Förderschulen sowohl für Lernbehinderung, als auch Erziehungshilfe besucht und war jeweils nach einem Vierteljahr wegen Beleidigung der Lehrer, Verweigerung des Lernens und fremdgefährdenden Verhaltens wieder entlassen worden (Suspendierung). Während dieser Zeit wurde er wegen impulsiven Verhaltensweisen dreimal geschlossen psychiatrisch untergebracht. Außerdem hatte er bereits drei Heimversuche sozusagen »sabotiert«. Er befand sich seit seinem 9. Lebensjahr durchgängig in familienfremder Betreuung. Nennenswert ist noch eine seit seinem 2. Lebensjahr bestehende Stiefvaterkonstellation mit massiver Ablehnung und Demütigung durch diesen und einer emotional unzuverlässigen Mutter, die sich zum Stiefvater positionierte. Außerdem bestand in der Anamnese nachvollziehbar ein Rivalitätskonflikt zum jüngeren Bruder, dem leiblichen Sohn des Stiefvaters. Soweit sei das Um- und Vorfeld kurz beschrieben.

Angaben zum gestörten Selbstwertgefühl und zur negativen
Bindungsübertragung
Bei Aufnahme in die Wohngruppe zeigte sich nach einer üblichen Ruhe- und Anpassungsphase, die bei allen neuaufgenommenen Kindern und Jugendlichen etwa vier bis sechs Wochen anhält, anfangs ein verbal-aggressiv bedrohliches, später ein offenes aggressives Verhalten gegenüber den gleichaltrigen und jüngeren Mitbewohnern, dann auch gegen das therapeutisch-pädagogische Personal. »Abgesehen« hatte er es auf eine sehr fleißige und eigentlich emphatische Betreuerin, die klein und eher zierlich war. Sie verhielt sich manchmal unsicher, unentschlossen und etwas ängstlich in ihrem Auftreten gegenüber älteren Bewohnern der Wohngruppe, zeigte also nicht immer die situative Stabilität und Entschlossenheit in Bindungsbotschaften. Alle jüngeren Kinder und Jugendlichen »liebten« sie, sie war in der Lage, sehr warmherzig zu sein, besonders im Umgang mit den jüngeren Bewohnern der Wohngruppe. Wenn diese Mitarbeiterin Dienst, besonders Nachdienst, hatte, war ein Konflikt mit Folgen für sie vorgeplant. Sie war sein »Opfer« – die von ihm unzuverlässig erlebte (seine eigene Bindungsübertragung), unsiche-

re (tatsächliches Verhalten)»Mutter«, die von den Jüngeren der Gruppe geliebt wurde (Übertragung der Bindungserfahrung – Trias kleiner Bruder-Mutter-Benjamin). Eingangs kam es zu kleineren »Normbrüchen«, die Nachtruhe wurde nicht eingehalten oder er war in diesen Nächten abgängig, was vorher nie seine Strategie gewesen war. Für die Konsequenzen seiner Verhaltensweisen machte Benjamin sie verantwortlich. Er drohte ihr erst verbal Bestrafung an, dann bedrohte er sie in den Nachtdiensten. Dies begann mit zunehmend testendem Provozieren, indem er nachts seine Eltern anrufen wollte oder nach demonstrativem »Verzicht« auf das Abendbrot nachts provozierend ein Menü forderte. Aus solchen Situationen und der begrenzenden Reaktion der Mitarbeiterin entwickelten sich zunehmend Zwischenfälle, in denen es zu körperlichen Übergriffen kam.

Aber auch anderen Mitarbeiterinnen gegenüber nahmen die verbalen und körperlichen Bedrohungen zu. Dies trat meistens auf, wenn Anforderungen gestellt oder seine Bedürfnisse begrenzt wurden, wie es in einer Wohngruppe durch ein gewisses Regelwerk üblich ist. Ohne hier näher auf die Inhalte der Betreuung einzugehen, sei erwähnt, daß auf alle seine »Testverhaltensweisen« auch prompt eingegangen wurde. Dies geschah einmal durch tägliche Gesprächsrunden, in denen sein Verhalten thematisiert wurde, durch Einzelgespräche, soweit er diese zuließ und auch durch pädagogische Konsequenzen in Form von Sanktionierungen, ohne (!) Botschaft des Liebes- oder Bindungsentzuges. Zu beobachten war, daß er nach aggressiven Attacken, bei denen auch Mitbewohner und Betreuerinnen bedroht und verbal oder körperlich verletzt wurden, seine Taschen heimlich packte und sie in seinen Schrank stellte. Er wartete quasi auf seine Weggabe, weil er »böse war«. Dies wurde erst zu einem etwas späteren Zeitpunkt durch Zufall festgestellt. Ein demonstrativ manipulierendes Verhalten dieser Handlung konnte anfangs ausgeschlossen werden. Als der von ihm erwartete Ausschluß aus der Wohngruppe nicht eintrat, tat er in zweiter Stufe dies auch demonstrativ, indem er sich nach entsprechenden Handlungen auf seine gepackte Tasche sozusagen symbolisch vor die Tür des Hauses setzte, »schaut, wie böse ich bin, gebt mich doch endlich weg«.

Überlegungen zur gesteigerten selektiven Sensibilität in der Beziehungsgestaltung und Bindungsübertragung

Über eine klar strukturierende stabile Betreuerin gelang in dieser anfänglichen Zeit der Bindungsarbeit zunehmend ein Zugang zu ihm. Die aggressiv-impulsiven Ausbrüche innerhalb der Wohngruppe ließen nach. Allerdings kam es zur Zunahme von aggressiven Ausbrüchen außerhalb der Bindungsstruktur der Wohngruppe mit dem gleichen Verhalten des Jungen. Benjamin »flog« aus mehreren Schulen (Schulpflicht) und sabotierte anfangs auch die folgende Hausbeschulung, die wir nach langem Bemühen organisieren konnten. Er bedrohte Bürger, wenn er die Wohngruppe verließ, weshalb es zu dieser Zeit einige Anzeigen gegen ihn gab. Nach einem Jahr waren diese Verhaltensweisen nicht mehr vorhanden, er nahm am Hausunterricht teil und bereicherte das Leben der Wohngruppe durch seine lustige Art. Insgesamt gelang die Bindungsarbeit recht erfolgreich. Das heißt nicht, daß es ab diesem Zeitpunkt problemlos mit ihm lief.

Aus den für die Borderline-Störung typischen Instabilitäten kann in keiner Phase des Betreuungs- und Therapieprozesses eine kontinuierliche und bleibende »Besserung« erwartet werden. Personelle und organisatorische Strukturveränderungen in Tagesabläufen lassen die individuelle Symptomatik schnell wieder »aufblühen«. Änderungen von Rhythmen im Ablauf, wie z. B. Feiertage, Wochenendbeurlaubungen oder Ferienausfahrten, sind immer geeignet, individuelle Labilisierungen und damit auch die Exazerbation von Symptomen zu aktivieren. Auch Benjamin zeigte im weiteren Verlauf diese Schwankungen. Zu einer ernsthaften Zuspitzung kam es wieder, als seine Bezugsbetreuerin längere Zeit organisch erkrankte. Auch davor war sie wegen dieser Erkrankung ab und an längere Zeit ausgefallen, er hatte insofern gelernt, auch mit Trennungssituationen umzugehen. Diese aktuelle Trennung wurde mit Benjamin besprochen, er besuchte sie im Krankenhaus und war über den zeitlichen Verlauf aufgeklärt, allerdings verlängerte sich die Phase der anschließenden Genesung der Mitarbeiterin. Was Benjamin nicht wußte: Die Betreuerin überlegte aufgrund der Erkrankung und deren Folgebelastungen ernsthaft, ob sie den beruflichen Anforderungen in der Arbeit mit den Kindern und Jugendlichen noch gewachsen war.

Eine andere Mitarbeiterin, nicht die Betreuerin, die für ihn anfangs das »Opfer« war, hatte genau zu dieser Zeit persönliche Probleme in der Partnerschaft. Dies ist den Kindern und Jugendlichen natürlich nicht bekannt gewesen. Angenommen werden mußte aber, daß sie in ihrem Auftreten und Verhalten in der Wohngruppe verändert war. Gegenüber dieser Mitarbeiterin flammte das eingangs beschriebene Verhalten von Benjamin im Verlauf und der Qualität wieder auf. Sicher spürten auch die anderen Kinder und Jugendlichen instinktiv die Veränderung im Auftreten und Verhalten der Betreuerin. Benjamin reagierte aber am heftigsten und wieder mit massiven körperlichen Übergriffen gegen diese Mitarbeiterin. In der oben beschriebenen anfänglichen Konflikthaftigkeit war es durchaus üblich, daß seine Bezugsbetreuerin ihn aus Krisensituationen »herausholte«, indem sie am Tag oder auch nachts kam. Zu dieser konkreten Zeit konnte sie aber aufgrund ihrer Erkrankung nicht anwesend sein. In der Aufarbeitung und Analyse dieser Konstellation wurde deutlich, daß für Benjamin diese zwei Labilisierungsbedingungen, die Nicht-Verfügbarkeit der Bezugsbetreuerin und die Veränderung im Auftreten und Verhalten der anderen Betreuerin, eine subjektiv bedrohliche Bedeutung bekamen. Obwohl in Richtung seiner Bezugsbetreuerin formal und offiziell alles mit ihm geklärt war, führte das Erspüren der unsicheren Befindlichkeit der Bezugsbetreuerin vermutlich zum Austesten, ob sie ihn verlassen werde. Er prüfte die Haltefähigkeit mit dem borderlinetypischen Spürsinn über die Betreuerin, die ebenfalls labilisiert war und bei der sich für ihn eine direkte Unsicherheit zeigte. Sein fremdgefährdendes Verhalten hatte im Sinne der Übertragung von Bindungserleben eine rückversichernde Bedeutung, die eher als ängstlich-aggressiv fordernder Verpflichtungsappell zu werten sein konnte, »wenn du mich liebst, kommst du zurück, sonst ...« oder »du liebst mich nicht, also ...«.

B

Theoretische Grundlagen

In Teil A wurde in einem komplexen Überblick die Borderline-Störung im Kindes- und Jugendalter in ihrem Phänomenbereich, aber auch hinsichtlich psychopathogenetischer Gesichtspunkte umfassend dargestellt. An unterschiedlichen Stellen wurden vielfältige theoretische Ansätze und Sichtweisen vorgestellt und diskutiert. Im folgenden sollen nun die prinzipiellen Eckpfeiler der Bindungs- und Identitätstheorie in kurzer und zusammenfassender Form beschrieben werden. Ich erhebe dabei allerdings nicht den Anspruch, alle neueren empirischen Ergebnisse insbesondere der Bindungsforschung einzubeziehen und zu würdigen. Berücksichtigt werden die Ergebnisse der Forschung, die ich als wesentlich für die Gesamtdarstellung der Borderline-Persönlichkeitsorganisation erachte. In einem dritten Schritt wird die klinisch-entwicklungspsychologische Perspektive zur Borderline-Persönlichkeitsorganisation nochmals zusammenfassend dargestellt.

7

Die Bindungstheorie

Bindung als Entwicklungsaufgabe

Die Forschung zur menschlichen Bindungsentwicklung, zu deren Bedingungen, Differenzierungen und Störungen boomt in den letzten Jahren. Dies gilt besonders vor dem Hintergrund der Erkenntnisse der empirischen Säuglingsforschung – die einen Paradigmenwechsel vom passiven, symbiotisch-abhängigen Säugling zum sogenannten kompetenten Säugling nach sich zogen – sowie der prospektiven Forschungen zu den Auswirkungen der frühen Bindungsentwicklung auf das weitere Leben. John Bowlby erkannte (Bowlby, 1969) mit seiner von der damals vorherrschenden psychoanalytischen Sichtweise abweichenden Theorie die frühkindliche Bindung als für die weitere Entwicklung wesentlich an. Mit der faszinierenden Szenerie eines sorgsam geplanten Minidramas (Grossmann, 2000), der »Fremden Situation«, wurden durch Mary Ainsworth (Ainsworth & Wittig, 1969) die theoretischen Grundlagen zum Bindungs- und Trennungsverhalten von zwölf Monate alten Kindern reliabel erforscht. Weitere historische Meilensteine dieser Entwicklung sind die Impulse durch Mary Main zum sogenannten desorganisierten Bindungsverhalten (Main & Solomon, 1986) und zur Problematik der Metakognition im Rahmen der elterlichen Feinfühligkeit.

Es gibt nunmehr eine Reihe von Untersuchungen des Bindungsverhaltens, die über das erste Lebensjahr hinausgehen. Dabei spielen spezifische entwicklungspsychologische Anforderungsbesonderheiten des kindlich adaptiven Bindungsverhaltens eine wesentliche Rolle. Als Vertreter dieser Forschungsbemühungen seien für die

Situationen des Kinderkrippenalters Ziegenhain und Wolff (2000), für das Vorschulalter Crittenden (1992) und Zach (2000) genannt.

Die empirischen Längsschnittuntersuchungen zur Entwicklung des Bindungsverhaltens als Anpassungsleistung – z. B. in der Regensburger und Bielefelder Untersuchung – zeigen, daß sich die früh erworbene Qualität der Bindung als Ausdruck der emotionalen Regulation in der Beziehungsgestaltung zumindest bis in das späte Jugendalter mit abnehmender Sensitivität variabel weiter gestaltet. Viele Faktoren beeinflussen die weitere Bindungs- bzw. Beziehungsentwicklung im Lebenslauf bis in das Jugendalter, so daß die Auffassung eines frühen Determinismus, nach der sich die Bindungsorganisation nur in den ersten zwei bis drei Lebensjahren entwickelt, überholt ist. Dazu gehören unter anderem die Beschreibung der Bindungsentwicklung als Kompetenzentwicklung für die jeweilige alterstypische Entwicklungsaufgabe oder die Betrachtung der Bindung unter dem Gesichtspunkt des Einflusses von Schutz- oder Risikofaktoren (Spangler & Zimmermann, 1999).

Im Jugendalter beschäftigen sich bindungstheoretische Untersuchungen mit der spezifischen Konstellation von »Abhängigkeit« und »Autonomie« der Entwicklungsaufgabe dieser Altersstufe (Ryan, Deci & Grolnik, 1995). Die Entwicklung der Autonomiesicherheit erwächst bindungstheoretisch aus der früheren Bindungssicherheit und der damit verbundenen Explorationssicherheit (Grossmann et al., 1999).

Historischer Hintergrund der Bindungsforschung

Die erste Veröffentlichung zur Bindungstheorie Mitte der 40er Jahre durch den englischen Psychiater John Bowlby, den »Vater« der Bindungsforschung, beschäftigte sich ursprünglich mit den Einflüssen früher emotionaler Traumatisierungen in Form von Verlust- und Trennungserlebnissen bei delinquenten Jugendlichen in Heimbetreuung. Bowlby formulierte die wesentlichen Grundzüge der Bindungstheorie durch die Einbeziehung von Konzepten aus der Ethologie, der Kybernetik und der Psychoanalyse. Sein Hauptinteresse galt den Zusammenhängen von Bindungsbesonderheiten (z.B. der unsicheren Bindung) und psychopathologischen Phänomenen (vorwiegend Ängsten). Nicht ohne Grund wandte er sich dabei einer spezifischen Klientel zu, bei dem die frühe Trennungsproblematik und -erfahrungen prägende Auswirkungen auf deren Lebenskarriere hatten. Im theoretischen Verständnis stand dieser prinzipielle Ansatz damals als revolutionierende Idee in der schulenkontroversen Diskussion zur klassischen Psychoanalyse von Sigmund Freud. Der Bindungsansatz versucht die Entwicklung nicht primär über die spekulativ angenommenen Triebe und damit bezogen auf die frühe Entwicklung, nicht mehr ausschließlich über die Nahrungsaufnahme (orale Phase) und die weitere Triebbesetzung (anal, phallisch), sondern schwerpunktmäßig über die nachweisbare Qualität der Entwicklung der Kontaktgestaltung zu den Betreuungs- und Bezugspersonen zu erklären. Vor dem Hintergrund einer sich dynamisch entwickelnden empirischen Säuglingsforschung mit dem Paradigma des kompetenten Säuglings (Dornes, 1997) wird in der aktuellen Forschung die Intention Bowlbys, die empirische Verifikation der bindungstheoretischen Annahmen, verwirklicht.

In entwicklungspsychologisch und entwicklungspsychopathologisch orientierten Untersuchungen wurde gezeigt, daß die durch Mary Ainsworth (1969) gefundenen spezifischen Bindungsmuster von Kindern Ausdruck von normadaptiven Mutter-Kind-Beziehungen sind. Erst spezifische frühkindliche Traumatisierungskonstellationen charakterisieren die Bindungsentwicklung in der Qualität der Bindungsstörung.

Besonders in der sich derzeit etablierenden klinischen Bindungsforschung haben prospektive Längsschnittstudien (Greenberg & Speltz, 1988; Goldberg, 1990; Brisch et al., 1996) gezeigt, daß eben diese unsicheren Bindungsmuster mit vermeidender und ängstlicher Qualität bzw. der später festgestellten und untersuchten desorganisierten Qualität (Main & Solomon) zu den unterschiedlichsten psychopathologischen Phänomenen führen. Insofern schließt sich mit der klinischen Bindungsforschung der Kreis im Verhältnis zu Bowlby,

Bindung dort zu untersuchen, wo sie in ihrer Störung zur pathologischen Disposition für die weitere Entwicklung wird.

Grundannahmen der Bindungstheorie

In der Bindungstheorie geht man davon aus, daß der Mensch zur Sicherung seiner Existenz innerhalb der Evolution mehrere Verhaltenssysteme ausgebildet hat. Eines davon ist das *Bindungssystem (Bindung)*, das insbesondere dem Kind bei Gefahr, Kummer oder Gefühlen von Verlassenheit die Zuwendung, den Trost und den Schutz seiner Bezugspersonen sichern soll (Spangler und Zimmermann 1995). Das Bindungssystem im Sinne des attachment (der sozialen Bindung) wird mit etwa 7 bis 8 Monaten aktiviert, sobald mit der Lokomotion (dem eigenständigen Fortbewegen von der Kindesmutter) das *Explorations-* oder *Erkundungssystem (Autonomie)* entsteht. Die Exploration der Umgebung setzt beim Kind entsprechend der Annahmen der Bindungstheorie ein Gefühl der Sicherheit und Geborgenheit voraus. Ein inaktives Bindungssystem ermöglicht ein aktives Explorationssystem (Fries, 1999).

Komplementär dazu verfügen Bezugspersonen über ein angeborenes *Fürsorgesystem*, das sie in die Lage versetzt, auf die Bedürfnisse des Kindes nach Zuwendung, Trost und Schutz angemessen zu reagieren. Dieses anfänglich intuitive Elternverhalten entwickelt sich im Kontext der Bindungsentwicklung zur elterlichen Feinfühligkeit.

Die Erfahrungen, die das Kind mit seinen Bezugspersonen macht, integriert es im Laufe der Entwicklung bis etwa zum Ende des ersten Lebensjahres in einem inneren Bindungsverhaltenssystem, das sich im Verhalten zu seinen Bindungspersonen zeigt. Aus diesem entwickelt sich über die Bindungsorganisation ein inneres Arbeitsmodell, das die individuelle Geschichte der Responsivität und der Verfügbarkeit der Bindungspersonen repräsentiert. Innere Arbeitsmodelle verdichten das Wissen über sich selbst und den Anderen und ermöglichen ein vorausschauendes Verhalten im Alltag. Aufgrund ihrer sozialen, kognitiven und integrativen Fähigkeiten sind

Säuglinge etwa ab dem 3. Lebensmonat in der Lage, Zusammenhänge zwischen dem Verhalten ihrer Bezugspersonen und ihrem eigenen Verhalten in Alltagskontexten der Pflege, der Fütterung und des Spiels zu erkennen und dann auch zu erwarten:»Wenn ich mich so und so verhalte, wird meine Mama höchstwahrscheinlich so, wie schon viele Male, reagieren.« Kleinere Abweichungen werden in die Verhaltenserwartungen integriert (Fries, 1999).

Die sich entwickelnden Bindungsorganisationen und -hierarchien des Kindes repräsentieren eine spezifische Abfolge von Bindungs- und Explorationsweisen zu unterschiedlichen Bezugspersonen, die sich in der weiteren Entwicklung zu differenzierten Bindungsrepräsentanzen strukturieren und gleichzeitig emotionale Qualitäten deutlich machen. Die sich entwickelnden Repräsentationen der inneren Arbeitsmodelle sind dem Bewußtsein nicht unmittelbar zugänglich.

Entwicklungsphasen der Bindung

Die Bindungsentwicklung wird von John Bowlby und Mary Ainsworth über vier Etappen beschrieben (Oerter & Montada, 1995; Fries, 1999). Sie beginnt in den ersten Lebenswochen und endet etwa mit drei Jahren.

1. Vorphase oder Phase der unterschiedlosen sozialen Reaktionsbereitschaft:
Der Säugling richtet seine biologisch bedingten Signale an jeden und reagiert auch auf jeden. Der biologische Auftrag heißt:»Binde Dich!« In diesen Interaktionen in den ersten drei Monaten lernt er allmählich, die Interaktionspartner zu unterscheiden.

2. Phase der beginnenden Bindung oder der differenzierten Interaktionsbereitschaft:
Der Säugling hat gelernt, Unterschiede zu erkennen. Bekannte Personen werden bevorzugt und unbekannte Interaktionspartner werden in der Zeit von etwa drei bis sechs Monaten noch akzeptiert.

195

3. Phase der eigentlichen Bindung:
Der Säugling ist soweit, sich durch eigene Aktivitäten (Krabbeln) in die Nähe der bevorzugten Bezugspersonen zu bringen. Auch die sprachliche Entwicklung unterstützt diese Aktivitäten. Er vermißt sie bei Abwesenheit und er kann sein Verhalten flexibel einsetzen, um sein Ziel, Mutter oder Vater in der Nähe zu haben, zu erreichen. Fremdeln und Trennungsangst zeigen, daß eine Bindung entstanden ist. Die Phase der eigentlichen Bindung erstreckt sich über einen Zeitraum von etwa sechs Monaten bis zu drei Jahren.

4. Phase der Dezentrierung oder der zielkorrigierten Partnerschaft:
Das Kind kann den Standpunkt der Mutter oder des Vaters einnehmen. Etwa ab dem 3. Lebensjahr versucht es, die Ziele der Bezugsperson so zu beeinflussen, daß sie seinen eigenen Bedürfnissen nach Nähe entsprechen, z. B. durch »Überreden«, Spielaufforderungen.

Bindungstypen nach Ainsworth

Mary Ainsworth fand bei ihren Untersuchungen in der »Fremden Situation« (Fremde Situations Test, FST) drei unterschiedliche Reaktionsmuster der Kinder (Ainsworth et al., 1978), die in vielen Studien in verschiedenen Kulturen bestätigt wurden (vgl. van Ijzendoorn et al., 1988). Sie teilte die Kinder zunächst in sicher und unsicher gebundene Kinder ein. In der letzteren Gruppe fand sie nochmals zwei Untergruppen, die der unsicher vermeidend gebundenen und die der unsicher ambivalent gebundenen Kinder. Die Gruppe der sicher gebundenen Kinder verhielt sich entsprechend den Voraussagen der Bindungstheorie. Die Gruppe der unsicher gebundenen Kinder wich in unterschiedlicher Form davon ab (Fries, 1999).

Die folgende Beschreibung der Bindungstypen nach Ainsworth stammt von Frau Dr. Mauri Fries (1999):

196

Sichere Bindung

Kinder dieses Bindungstyps zeigen eine ausgewogene Balance zwischen Bindungsverhalten und Neugier. Wir finden eine offene Kommunikation der Gefühle gegenüber der Bindungsperson, besonders der negativen Gefühle. Das Kind ist sich sicher, daß diese Person Leid beenden kann, sie wird bei Leid aufgesucht. Das Kind gewinnt Sicherheit aus der Nähe zur Bindungsperson. Bei genügender Sicherheit überwiegt die Neugier. Die Bindungsperson ist die Sicherheitsbasis für Erkundungen. Das Kind trennt sich im »Fremde Situations Test (FST)« leicht, um Spielsachen zu erkunden, ist freundlich zur Fremden in Gegenwart der Mutter. Bei der Rückkehr der Mutter ist es leicht zu trösten und es kann wieder spielen. Das Kind zeigt aktive Kontaktsuche oder ist in der Interaktion initiativ. Wenn es verzweifelt ist, erfolgt eine sofortige Kontaktaufnahme vom Kind und es bemüht sich, den Kontakt so lange zu erhalten, bis es sich getröstet fühlt. Der Körperkontakt beruhigt das Kind nachhaltig, und die Bezugsperson bemerkt feinfühlig, wie lange das Kind den Körperkontakt zur Beruhigung benötigt. Die Mutter wartet auf die Signale des Kindes, den Körperkontakt zu beenden. Wenn es nicht besonders beunruhigt war, zeigt es ein aktiv zugewandtes Grüßen, seine Freude, die Bezugsperson wiederzusehen, und eine starke Initiative, eine Gesprächs- und/oder Spielinteraktion in Gang zu bringen.

Wie kommt dieses Bindungsmuster zustande?

Das sicher gebundene Kind hat in seinen ersten zwölf Lebensmonaten erfahren, daß es seine Bedürfnisse zeigen kann, daß es getröstet wird und sich verlassen kann. Es hat Erfahrungen mit Eltern machen können, die über ausreichend Feinfühligkeit verfügen (Fries, 1999).

Unsicher vermeidende Bindung

Beim Kind überwiegt das Explorationssystem auf Kosten des Bindungssystems. Negative Gefühle gegenüber der Bezugsperson werden verborgen oder unterdrückt, positive Gefühle werden geäußert. In Perioden des Leids verhalten sich die Kinder aus Furcht vor Zurückweisung distanziert. Der Sicherheitsgewinn aus der Nähe zur Bindungsperson muß auf Umwegen, z. B. durch Spiel oder Leistung, erreicht werden.

Das Kind trennt sich im FST leicht, um Spielsachen zu erkunden. Es zeigt wenig gefühlsgetragene Kommunikation mit der Bindungsperson.

Es ist freundlich zur Fremden, auch in Abwesenheit der Bindungsperson, oft sogar freundlicher. Bei dem Weggang der Bezugsperson zeigt es wenig oder keine Anzeichen eines aktivierten Bindungssystems. Entgegen den Annahmen der Bindungstheorie verringert sich die Explorationsaktivität wenig oder gar nicht.

Bei der Rückkehr der Bindungsperson fällt die aktive Vermeidung von Kontakt und Kommunikation durch Verhaltensweisen wie Wegdrehen, Wegschauen, Wegbewegen, Ignorieren auf. Die beobachtbare Vermeidung ist nach längerer Trennung stärker; die Fremde wird nicht vermieden, wird oft sogar freundlicher im Spiel behandelt.

Wie kommt dieses Bindungsmuster zustande?

Das unsicher-vermeidend gebundene Kind hat in seinen ersten zwölf Monaten erfahren, daß Zuwendung und Unterstützung dann gewährt werden, wenn es sich »ordentlich« verhält, z. B. allein spielt. Zeigte es dagegen Kummer und Trostbedürftigkeit, dann standen die Bezugspersonen häufig nicht zur Verfügung. Es traf auf ein konsistentes Verhaltensmuster auf Seiten der Bezugspersonen. Um sich die nötige Zuwendung zu sichern, hat es gelernt, die Zeichen eines aktivierten Bindungssystems zu unterdrücken und das Explorationssystem in einem Zustand dauernder Aktivität zu halten. Aus physiologischen Untersuchungen wissen wir inzwischen, daß diese Unterdrückung ihren Tribut fordert. Im FST zeigen Herzratenmessungen und die Messung der Hormonausschüttung den Streßzustand des Kindes an, der sich nicht in beobachtbaren Verhaltensweisen äußert (Spangler und Schieche 1995; Fries, 1999).

Unsicher-ängstliche Bindung

Aus andauernder unkontrollierbarer Angst vor Trennung von der Bezugsperson überwiegt das Bincungsverhalten auf Kosten der Neugier. Das Kind zeigt einen übertriebenen Ausdruck von Angst, um die Bindungsperson auf sich aufmerksam zu machen und eine unbeherrschbare Mischung aus Angst und Ärger, weil das Kind die Zuwendung der Bindungsperson nicht steuern kann.

Das Kind zeigt im FST wenige Explorationsbedürfnisse. Es hat Schwierigkeiten, sich zu trennen und braucht evtl. den Körperkontakt schon vor der Trennung. Es ist ängstlich zurückhaltend gegenüber neuen Sachen und besonders be fremden Personen. Bei der Trennung zeigt es eine untröstbare Verzweiflung. Es gewinnt wenig Sicherheit bei der Wiedervereinigung mit der Mutter und ist nur sehr langsam und schwer zu beruhigen.

Oft ist eine Mischung des Anstrebens von Kontakt und des Sich-Sträubens dagegen (strampeln, abdrücken, wegwinden, Spielzeug wegschlagen) zu beobachten. Das Kind weint weiter oder quengelt anhaltend trotz Zuwendung der Bezugsperson. Manchmal wirkt es extrem passiv, hilflos und verzweifelt.

Wie kommt dieses Bindungsmuster zustande?

Das unsicher-ambivalent gebundene Kind verfügt im Gegensatz zu den anderen Kindern nicht über konsistente Erfahrungen mit seiner Bezugsperson. Mal zeigt sie Trost bei Kummer, dann wieder ist sie in einer ähnlichen Situation nicht erreichbar. Auf die Reaktion der Bezugsperson ist kein Verlaß. Aus diesem Grund ist das Kind seiner Bindung unsicher und riskiert lieber keine Trennung, sondern klammert sich an seine Bezugsperson. Es lebt in ständiger Angst, seine Bezugsperson zu verlieren. Das Bindungssystem ist auf Kosten des Explorationssystems in ständiger Alarmbereitschaft (Fries, 1999).

Desorganisierte Bindung

In vielen Untersuchungen mit dem FST gab es immer wieder Kinder, deren Bindungsverhalten nicht eindeutig zu klassifizieren war. Die Mehrzahl der bis dahin als nicht klassifizierbar geltenden Kinder

199

zeigte desorganisiertes und/oder desorientiertes Verhalten (D-Verhalten) in der Anwesenheit der Bezugsperson (Main 1995).

Welche Verhaltensweisen waren das?
Das Kind erstarrt z. B. in seinen Bewegungen bei gleichzeit gem tranceähnlichem Gesichtsausdruck oder es richtet sich auf, um die Bezugsperson zu begrüßen, sinkt dann aber in sich zusammen. Mary Main und ihre Mitarbeiter bezeichneten dieses Verhalten als »the look of fear with nowhere to go«, also als Zeichen von Angst, ohne einen Ort zu wissen, wo sie sich hinwenden könnten. Dieses »D«-Verhalten scheint eine Unterbrechung des organisierten Verhaltens zu sein. Man kann eine der drei Grundstrategien (sicher, unsicher vermeidend oder unsicher ambivalent) zwar erkennen, sie werden jedoch durch bizarre Verhaltensweisen für mehrere Sekunden unterbrochen.

Mary Main et al. gehen davon aus, daß es sich formell gesehen um einen Zusammenbruch von Aufmerksamkeits- und Verhaltensstrategien handelt, der im Zusammenhang mit verängstigenden oder selbst verängstigten Bezugspersonen steht. Durch diese werden die Kinder so verunsichert, daß sie keine Handlungs- oder Verhaltensstrategien für bedrohliche Situationen entwickeln können.

Als Ursache sind bis jetzt konstitutionelle Faktoren nicht völlig auszuschließen. Aber in Stichproben mit mißhandelten Kindern ist der Anteil von Kindern mit einer D-Klassifikation bis zu 80 % hoch. Dieser Befund legt nahe, daß der Zusammenbruch der Aufmerksamkeits- und Verhaltensstrategien durch die erlebte Form der Eltern-Kind-Interaktion beeinflußt wird. In den Studien mit mißhandelten Kindern kann das D-Verhalten als Folge von Traumata durch bedrohliche Bezugspersonen verstanden werden.

D-Verhalten läßt sich auch bei Kindern beobachten, die ihre ersten Interaktionserfahrungen mit Bezugspersonen machen, die selber durch Traumata verängstigt sind. Hier ist das D-Verhalten als ein Effekt der zweiten Generation zu verstehen und nicht als Folge direkter Traumatisierung (Fries, 1999).

Bindungsentwicklung bis in das Jugendalter

Das Entwicklungsmodell der Bindungstheorie ist kein Modell der frühen Prägung, sondern ein Modell einer von der frühen Kindheit bis zum Jugendalter abnehmenden Sensitivität gegenüber der Erfahrung mit den Bezugspersonen. Ab dem fünften bis sechsten Lebensjahr sind die Erwartungen bezüglich der Verfügbarkeit der Eltern überdauernd (Zimmermann et al., 2000). Mit dem verfügbaren Wissen und den Erfahrungen aus der Bindungsentwicklung ist die unmittelbare Nähe der frühen Bezugspersonen von immer geringerer Bedeutung. Die internen Arbeitsmodelle der sich entwickelnden Bindungsrepräsentation regulieren zunehmend autonomer das Bindungs- und Beziehungsverhalten (Zimmermann & Becker-Stoll, 2001). Das Bindungsverhalten manifestiert sich in der Kommunikation mit Gleichaltrigen oder den Eltern. Es zeigt sich im Kontakt zu Autoritätspersonen (Lehrern, Ausbildern usw.). In der späten Pubertät präsentiert es sich in der Partnerorientierung.

Die Beziehung zu den Eltern entwickelt sich in eine symmetrische und gleichrangige Qualität (Smetana, 1995). Die Bindung bis in das Jugendalter ist noch sehr relevant für die Regulierung häufig auftretender subjektiver Unsicherheiten und negativer Gefühle innerhalb des Beziehungskontextes (Zimmermann & Becker-Stoll, 2001). Bindungstheoretisch fundierte Längsschnittstudien zeigen deutliche Einflüsse früher Bindungsorganisationen auf spätere Repräsentationen in bezug auf die Kontinuität und Diskontinuität von Bindungsmustern, auf die Entwicklung sozialer Kompetenzen, den Umgang mit Anforderungen und die Entwicklung des Selbstkonzeptes. Konkrete Interaktionserfahrungen mit den Eltern sind wichtige Prädiktoren für die Bindungsrepräsentation im Jugendalter (Zimmermann et al., 2000).

Bindungsstörungen

Brisch (1999) hat in einem umfassenden Überblick die Problematik der Bindungsstörung dargestellt. Minde (1995) schlägt in Anlehnung an Sameroff und Emde vor, von einer Bindungsstörung in der *frühen Kindheit* zu sprechen, wenn erhebliche Schwierigkeiten im Bindungs- und Explorationsverhalten bei mehreren Bezugspersonen vorliegen und diese Schwierigkeiten über mindestens sechs Monate existieren.

Für die klinische Arbeit bleiben jedoch noch Schwierigkeiten in der Abgrenzung zwischen einer Bindungsunsicherheit, einer echten Bindungsstörung und ihren Zwischenstufen bestehen. Brisch (1999) führt dazu aus, daß prinzipiell, auch in der weiteren Entwicklung, die Diagnose einer Bindungsstörung nicht auf dem Vorliegen des Verhaltensmusters einer unsicheren Bindung beruhen kann. Die Bindungstypen nach Ainsworth sind adaptive Muster und primär nicht von einer psychopathologischen Qualität. Viele klinische Untersuchungen und Studien haben allerdings gezeigt, daß gewisse Traumatisierungskonstellationen im Entwicklungsverlauf, auch über die Kindheit hinaus, die frühen unsicheren Bindungsmuster als Risikomuster einer pathologischen Disposition qualifizieren. Besonders neuere prospektive Längsschnittstudien zeigen diese Zusammenhänge in Richtung von Verhaltensstörungen und psychosomatischen Störungen im Schul- und Jugendalter.

Die Bindungsdesorganisation (Main) hingegen ist kein adaptives Bindungsmuster. Sie bedeutet ein von der frühen Kindheit bis in das Jugendalter vorhandenes durchgängiges Muster der fehlenden situationsadäquaten Verhaltensmuster in Form der Nichtbewältigung entsprechender altersspezifischer Entwicklungsaufgaben. In der Forschungsstrategie über die gestörte Metakognition nach Main und die Störung der Selbstreflexivität nach Fonagy zeigt sich, daß sich mit der Bindungsdesorganisation ein komplexes System kognitiv-mentaler und emotionaler Störungsrepräsentanzen entwickelt, das die Gesamtpersönlichkeit, die Persönlichkeitsorganisation trifft.

Die Bindungsstörung meint daher nicht eine allgemeine Bindungsunsicherheit, die mit einer normalen emotionalen Entwicklung verbunden sein kann, sondern spezifiziert immer klinisch sichtbare Störungen in der Bindung zur Bezugsperson, welche die Entwicklung eines Kindes negativ beeinflussen. Diese Störung kann sich in den aktuellen, aber auch in späteren Beziehungen über das Jugendalter hinaus zeigen und ist in der frühen Bindungsorganisation des Kindes verankert.

Bindungsstörungen (attachment disorder), die sehr wahrscheinlich eine pathologische Entwicklung zur Folge haben, wurden in die offizielle Nomenklatur des DSM IV aufgenommen. Dort werden zwei Typen von Bindungsstörungen klassifiziert. Im Typ I sind die Kinder sehr zurückhaltend und beobachtend gegenüber Erwachsenen. Kinder des Typs II zeigen eine distanz- und kritiklose Kontaktfreudigkeit, die oberflächlich und undifferenziert bleibt. Zur Diagnosefindung hinzukommen müssen ebenso Merkmale der Eltern (emotional und physisch vernachlässigende Eltern) oder Merkmale der Bindungsgeschichte, die durch viele Wechsel gekennzeichnet sind, so daß eine stabile Bindung nicht entstehen konnte (Fries, 1999).

Ein weiteres diagnostisches Instrumentarium, die ICD 10, klassifiziert die reaktive Bindungsstörung des Kindesalters und die Bindungsstörung des Kindesalters mit Enthemmung.

Minde (1995) unterscheidet folgende Bindungsstörungen für die frühe Kindheit:

• Kinder ohne Bindungen,
• Kinder mit akuten Störungen in ihrem Bindungsverhalten und
• Kinder, die dem Verlust einer wichtigen Bezugsperson nachtrauern.

Brisch (1999) fächert die Bindungsstörungen im Entwicklungsverlauf auf der Verhaltens- und Symptomebene breiter. Er unterscheidet in:

1. Präkonzeptionelle Bindungsstörung: unerfüllter Kinderwunsch und Bindungsangst vor dem phantasierten Kind
2. Pränatale Bindungsstörung: Angst vor Schwangerschaft, Schwangerschaftskomplikationen und Risikogeburten, pränatale Fehlbildungsdiagnostik
3. Postnatale Bindungsstörung: postpartal depressive Mutter, postnatal psychotische Mutter, Trauma der Frühgeburt
4. Bindungsstörung im Kleinkindalter: keine Anzeichen von Bindungsverhalten (Bindungslosigkeit), undifferenziertes oder übersteigertes Bindungsverhalten, psychosomatische Symptomatik
5. Bindungsstörung im Schulalter: Schulangst, Leistungsverweigerung, Aggressivität
6. Bindungsstörung in der Adoleszenz: Suchtsymptomatik, Dissozialität und Delinquenz, Neurodermitis
7. Bindungsstörung im Erwachsenenalter: Angst-, Panik- und Agoraphobie-Symptomatik, depressive, narzißtische, Borderline-, psychotische Symptomatik und Altersdepression.

Die Darstellung der Borderline-Störung ist in diesem Buch weniger auf die wechselnden und polysymptomatischen Phänomene und ihre Veränderungen im Lebenslauf ausgerichtet. Die Borderline-Störung verkörpert eine spezifische Entwicklung der Bindungsorganisation beginnend in der frühen Kindheit, die sich über die Herausbildung der Bindungsrepräsentation als stabilisierendes Arbeitsmodell und als Ausdruck der Bindungsstörung bis in das Jugendalter manifestiert. Sie befindet sich in Wechselwirkung mit der sich entwickelnden Identitätsorganisation.

Die Entwicklung der Borderline-Persönlichkeitsorganisation ist im Verlauf immer Ausdruck einer pathologischen Anpassungsleistung an altersperiodische Entwicklungsaufgaben (Havighurst, 1982).

Maßgebend für die Bestimmung und die Möglichkeit der Klassifizierung der Borderline-Persönlichkeitsorganisation als Ausdruck einer Qualität der Bindungsstörung beginnend ab dem 5. bis

6. Lebensjahr sind die borderlinetypischen reflexiv-emotionalen und affektiven Regulationsstörungen und nicht Symptome im Verhalten oder im psychischen und psychosomatischen Bereich.

Das Vorhandensein dieser Störungsbesonderheiten ab dem 5. Lebensjahr wurde bereits von Diepold (1994) durch empirische Studien festgestellt. Untersuchungen z. B. zur Störung der Mutualität oder der reflexiven Kompetenz, besonders aber theoretische Ableitungen weisen darauf hin, daß sich bereits zu einem früheren Zeitpunkt der Entwicklung (ab zwei bis drei Jahren) die reflexiven und affektiven Besonderheiten borderlinetypisch konstituieren. Es gibt jedoch eine Reihe von Gründen, weshalb erst ab dem fünften bis sechsten Lebensjahr der Begriff der sich entwickelnden Borderline-Persönlichkeitsorganisation verwendet werden sollte – auch wenn etikettierungsorientierte Kritiker schon bei dieser Altersgrenze ihre Probleme haben dürften:

1. Die nachvollziehbaren Untersuchungen liefern derzeit eher Indizien und bedürfen noch genauerer empirischer Bestätigung.
2. Die Aspekte der entwicklungspsychopathologisch bedingten Unspezifität der Phänomene im Vorschulalter müssen beachtet werden.
3. Aspekte der entwicklungspsychopathologisch relevanten Äquifinalität müssen gewürdigt werden (Spangler & Zimmermann, 1999). Gleiche Ausgangsbedingungen der Entwicklung (psychophysiologische Voraussetzungen, Bindungsbedingungen, soziale Bedingungen, traumatische Ereignisse), die als Risikofaktoren gelten, können über verschiedene Entwicklungswege zu unterschiedlichen Störungen führen.
4. Aspekte der entwicklungspsychopathologisch relevanten Äquikausalität müssen anerkannt werden (Spangler & Zimmermann, 1999). Unterschiedliche Ausgangsbedingungen oben genannter Art können sich später in der gleichen Störung äußern.

Sicher ist, daß bei Bindungsstörungen Risikofaktoren und traumatisierende Faktoren eine entscheidende Rolle spielen. Von Fonagy (1996) werden fünf Formen von Risikofaktoren für die Entwicklung einer bindungsbedingten Verhaltensstörung genannt, die miteinander in enger Wechselwirkung stehen:

• biologische Faktoren: Geschlecht, schwieriges Temperament im Säuglingsalter, kognitive und sprachliche Entwicklungsprobleme
• soziale Faktoren: Armut, ethnische Zugehörigkeit, hohe Bevölkerungsdichte
• familiäre Belastungen und Zusammenbrüche: mütterlicher Alkoholmißbrauch, Depressionen, ehelicher Streit
• ineffektive elterliche Verhaltensstrategien: harte, inkonsequente und beschimpfende Disziplinierung
• Probleme in der frühen Eltern-Kind-Interaktion.

Brisch (2000) stellt für die Borderline-Störung typische traumatisierende Einflußgrößen auf:

• pathogene Bindungsinteraktionen
• angedrohter Liebesentzug
• Verlassenheitsdrohungen/ Suizidandrohungen
• Verleugnung von realem Erleben und Erfahrungen (Tabuthemen)
• unvorhersagbare emotionale Verfügbarkeit
• angstmachende Eltern (Main, Hesse)/Längsschnittstudie Heimkinder (Rutter))
• unsichere Bindung und Desorganisation nach sexuellem Mißbrauch.

8

Zur Theorie der Identitätsentwicklung

Während die Bindungstheorie die Entwicklung von Bindungsverhaltensweisen des Kleinkindes bis zur Beziehungsgestaltung im
Erwachsenenalter beschreibt und die interpersonelle Seite der Bedeutung von Liebe und Fürsorge hervorhebt, beziehen sich Theorien
zur Entwicklung der Identität auf die Prozesse der Herausbildung
der individuellen Autonomie. Identitätsgefühle setzen die Bildung
des Autonomieerlebens voraus. Dabei bedingt die Qualität der Bindungsentwicklung die Entwicklung der Autonomie und damit die
Identität. Die Bindungswelt ist der Kompaß für die Entwicklung des
Erlebens der eigenen Person. Reize der Bezugspersonen und Bindungsbedingungen sind der Maßstab der Selbstreflexion. Im weiteren Entwicklungsverlauf ist eine gesunde oder reife Autonomie
wiederum die Voraussetzung zur Fähigkeit gesunder und reifer Beziehungsgestaltung. Autonomie existiert immer in Relation zu anderen Bezugspersonen. Die Störung der Bindungsentwicklung führt
maßgeblich zu einer Störung der Autonomie und damit der Identitätsentwicklung.

Garlichs und Leuzinger-Bohleber (1999) gehen davon aus, daß
das Konzept der Identität im Vergleich zum Begriff des Selbst eher
geeignet ist, psychische Phänomene der Autonomieentwicklung zu
konzeptualisieren, die sich an der Grenze von Innen und Außen,
zwischen Selbst und Objekt, Individuum und Gesellschaft abspielen. Entscheidend ist, daß es immer wieder aktiver seelischer Leistungen bedarf, um die Identität herzustellen. Dies trifft bereits auf
die ersten Schritte im Prozeß der Entwicklung des Selbstempfindens

im Säuglingsalter zu, ebenso auf die Prozesse der Identitätssuche der Pubertät und der Rollenfindung im Alter. In diesem Ansinnen der aktiven Leistung des Individuums bei der Entwicklung der Identitätsstruktur oder -organisation sind für die frühe Entwicklung besonders die Ansätze der modernen und empirischen Säuglingsforschung geeignet.

Vorläufer der Identitätsentwicklung in der frühen Kindheit

Stern (2000) beschreibt die Entwicklung der Selbstempfindung als einen Vorläufer der Autonomieentwicklung wie folgt:

Gefühl des »auftauchenden Selbst« (emergent self), 0.–2. Lebensmonat
Diese basale Entwicklung zu einem »sense of emergent self« kann nur in einer Interaktionserfahrung stattfinden, die als »good-enough-mothering« beschrieben wird. Angemessene intuitive Verhaltensweisen der Eltern, Regelmäßigkeit und Verbindlichkeit geben dem Säugling die Möglichkeit, sensomotorische Abläufe zu erfahren, die in frühen und basalen sensomotorischen Schemata gespeichert werden. Diese frühen Erfahrungen der Grundhaltung der Eltern sind entscheidend für die weitere Autonomieentwicklung, hier wird bereits die Anmutung vermittelt, wie das Kind ist.

Kern-Selbstgefühl (the sense of a core self), 2.–7. Lebensmonat
Eine komplexe Entwicklungsaufgabe ist die Herausbildung eines integrierten Selbstgefühls, des Gefühls, sich von anderen zu unterscheiden. Dies geschieht in dieser Entwicklungsphase über das Empfinden eines kohärenten Körpers sowie über das Gefühl der Kontrolle über eigene Handlungen. In dieser Phase spielt das Erleben von bindungsrelevanter Sicherheit (Attachment-Erleben) und von feinfühligem Elternverhalten eine wesentliche Rolle. Weiterhin relevant ist die Qualität der Fähigkeiten zur Metakognition (Main) der Mutter oder der nahen Bezugspersonen, d.h. wie emotional und mental kindliches Verhalten zurückgespiegelt wird. Besonders die Er-

fahrung der Kontinuität (going in being) und die sukzessiv schmerzliche Erfahrung (»optimale Frustrationstoleranz«), daß andere von der eigenen Person unabhängige Wesen sind, die auch nicht völlig kontrolliert und manipuliert werden können, sind hier entscheidend. Mit dem Erleben des Selbst zu Anderen und dem Beginn der damit verbundenen affektiven Abstimmung (gegenseitige Abstimmung oder Mutualität) werden in dieser Zeit grundlegende Selbst- und Interaktionsmuster strukturiert und durch repräsentative präverbale Schemata im Gedächtnis gespeichert (»Representations of Interactions that have been Generalized«, RIGs).

Der Säugling erlebt sich damit in seinem Selbstempfinden invariant. Die basal wirksame »Selbst-Invarianz« wird über vier Aspekte bestimmt (Zusammenfassung nach Garlich & Leuzinger-Bohleber, 1999):

1. Der Säugling empfindet »self-agency« (Selbstwirkung) in dem Sinne, daß er sich als Urheber der eigenen Handlungen oder als Nicht-Urheber der Handlungen anderer erfährt (zunehmende Fähigkeiten, den Körper zu lenken und zu kontrollieren, Vorhersagbarkeit von Konsequenzen eigenen Verhaltens).
2. Der Säugling erfährt »self-coherence« (Selbst-Kohärenz), indem er sich als physische Einheit mit Grenzen und in einem Ort integrierter Handlungen erlebt. Die Existenz sowohl des Selbst als auch eines »Anderen« als getrennte, eigenständige Einheiten wird hauptsächlich durch die Wahrnehmung übereinstimmender zeitlicher Strukturen erfahren (z. B. wenn eine Bewegung immer vom gleichen Geräusch begleitet wird). Ebenfalls entscheidend ist die wiederkehrende, zuverlässige Erfahrung mit Erlebnisintensitäten, Formen, Bewegungen und Lokalitäten.
3. Bei jedem strukturierten, spezifischen Affekt, den der Säugling erlebt, stellt er eine charakteristische Konstellation bezüglich der sich ereignenden Dinge fest, also von spezifischen körperlichen Rückmeldungen, inneren Erregungs- und Aktivierungsempfindungen und emotionsspezifischen Qualitäten eines Gefühls: Der Säugling erlebt »self-affectivity« (Selbst-Affektivität).

4. Schließlich hat der Säugling eine Empfindung von Kontinuität bezüglich seiner eigenen Vergangenheit, eine »self-history« (Geschichte des Selbst). Er kann sich verändern, während er sich selbst als gleichbleibend erlebt.

Gefühl des subjektiven Selbst, 7.–9. Lebensmonat

Der Säugling entdeckt, daß seine subjektiven Erfahrungen mit anderen geteilt werden können. Das Erleben intersubjektiver Beziehungen ist ein wesentlicher Schritt zu der Fähigkeit, die eigene psychische Intimität zu erleben. In der affektiven Abstimmung mit der Bezugsperson wird die »Inter-Affektivität« herausgebildet und die Gefühle des Gegenüber in die eigene Erlebenswelt einbezogen.

Stern faßt die Phänomene mit seinem Begriff des *affect attunement* zusammen. Hierbei paßt sich die Mutter der affektiven Gestimmtheit des Säuglings (seinen Vitalitätsaffekten) an, nimmt das, was das Kind ausdrückt, meist in einem anderen Modus wieder auf und drückt dies ihrerseits aus (z. B. den Rhythmus von Handlungen des Kindes durch vokale Patterns). Diese amodale Einstimmung auf den affektiven Zustand des Kindes ist deshalb so wichtig, weil damit sichergestellt wird, daß es nicht das Verhalten ist, auf das die Mutter sich einstimmt – dies wäre eher Imitation. Das, was hinter dem Verhalten steht, ist nämlich die Qualität des Gefühls, die geteilt wird. Durch solche »attunement«-Prozesse, die ständig und vorbewußt ablaufen, wird eine »interpersonal communion« zwischen Mutter und Kind hergestellt. So werden Gefühlszustände zu Erfahrungen, die zwischen Mutter und Kind geteilt werden. Sie werden Bestandteile eines »mitteilbaren geteilten inneren Universums«.

Für die Autonomieentwicklung ist nun diese Fähigkeit der Mutter zum »affect attunement« entscheidend. Kann sie die (»autonome«, da vom Kind selbst kommende) Affektlage nicht empathisch übernehmen und differenzierend umsetzen, wird der Säugling kaum die basale Erfahrung der »interpersonal communion« (d. h. der Autonomie in der Bezogenheit zum Anderen) machen (Garlichs & Leuzinger-Bohleber, 1999).

**Gefühl des sprachlichen Selbst (the sense of a verbal self),
18. Lebensmonat**

Das Kind erwirbt eine Reversibilität in der Koordination zwischen mentalen und motorischen Schemata. Es entsteht nun ein »objektives Selbst«, z.B. kann das Kind sich nun im Spiegel »von außen« erkennen.

Für die Autonomieentwicklung ist die Auffassung Sterns interessant, daß die Sprache »dialogisch« ist, Bedeutungen also nicht einfach »objektiv« gegeben sind, sondern zwischen Eltern und Kind ausgehandelt werden.

Identitätsentwicklung bis in das Jugendalter

Im Vorschulalter und besonders mit Beginn der Schulzeit, nimmt man diese Zeit als anforderungsorientierte Definition der Entwicklung im Kindesalter, hat sich ein Bild von der eigenen Leistungsfähigkeit und der Fähigkeit, Kontrolle auszuüben, ausgebildet (Oerter & Montada, 1995). In der Schulzeit gestaltet sich die Autonomie und Identität über den interpersonellen Aspekt der Freundschaftsgestaltung, Gruppendynamik und Leistungsbewältigung. Ebenso wirken im schulischen Bereich Umgangsformen und hierarchische Beziehungsqualitäten in der Lehrer-Schüler-Beziehung.

Oerter (1995) beschreibt mit Tüchtigkeits-, Fähigkeits-, gesellschaftlich-normativem und normativem Selbst unterschiedliche Niveaus der Identität. Im Kontakt zu den Gleichaltrigen wird die Identität über die soziale Kompetenz (sozialer Austauschprozeß als bindungsspezifische Ebene) und das prosoziale Verhalten entwickelt, z.B. über die Identifikation mit der Gruppe und Freundschaftsverhältnisse. Nach Youniss (1982) vollzieht sich dieser Prozeß in unterschiedlichen Stufen und beinhaltet im Alter von sechs bis acht Jahren die Thematik Freundlichkeit – Unfreundlichkeit – Feindseligkeit. Im Alter von neun bis elf Jahren dominiert die Thematik der Gegenseitigkeit und des fürsorglichen Verhaltens, im Alter von 12 bis 14 Jahren die Thematik des gegenseitigen Verstehens (das

211

Kind wird der Freund eines Freundes, der jemanden kennt, der ihn besser kennt).

Die identifikatorische Wahl der Freundschaften als Ausdruck der Identitätsentwicklung vollzieht sich laut Epstein (1989) nach den Aspekten der Ähnlichkeit, der Altershomogenität bzw. -heterogenität und der räumlichen Nähe (Erreichbarkeit, Verfügbarkeit). Havighurst (1982) formuliert mit den Entwicklungsaufgaben der mittleren Kindheit (6. bis 12. Lebensjahr) identitätsbildungsspezifische Inhalte wie etwa den Aufbau einer positiven Einstellung zu sich als heranwachsendem Organismus, das Erlernen des männlichen oder weiblichen Rollenverhaltens, von Denkschemata des Alltags, die Entwicklung von Gewissen und Moral und der Einstellung gegenüber Gruppen.

In der Interaktion zu den Eltern bestimmt der Interaktionstyp oder die -qualität die Art und Weise der Identitätsentwicklung (z. B. direktiv, konventionell, unterstützend). Der Interaktionstyp entwickelt sich aus den ursprünglichen Bindungsbeziehungen und bedarf mit dem Beginn des Schulalters immer weniger der eigentlichen körperlichen Verfügbarkeit. Schutz, Geborgenheit und Liebe differenzieren sich in Verhandlungs- und Kooperationsfähigkeit als kommunikativ-interaktionelle Qualitäten.

Die Identitätsentwicklung erfährt ihren wesentlichen qualitativen Sprung mit dem Beginn der Pubertät: Individuelle Auseinandersetzung mit körperlichen Veränderungen ist eine Entwicklungsaufgabe im Kontext der Identitätsentwicklung. Die Identität (das Selbst) als Träger der Handlung repräsentiert das Herausbilden des Erlebens der individuellen Einzigartigkeit.

Die »reife Autonomie« definieren Garlichs und Leuzinger-Bohleber (1999, S. 148) an folgenden Indikatoren:

- die Fähigkeit und Bereitschaft, innere und äußere Grenzen zu bilden, also etwa *eigene* Wahrnehmungen, Phantasien, Einschätzungen, Beurteilungen, Emotionen (auch Körpersensationen),

Wünsche und Impulse von denen der *Anderen* abzugrenzen (dies setzt eine sichere Entwicklung von Selbst- und Objektgrenzen im 1. Lebensjahr voraus);

- die Fähigkeit und Bereitschaft, eigene Ziele zu definieren und durchzusetzen (auch gegen den Widerstand anderer Personen);
- die Fähigkeit und Bereitschaft, Verantwortung für eigenes Verhalten zu übernehmen, auch wenn dies zu Konflikten führt;
- die Fähigkeit und Bereitschaft, Widersprüche in der eigenen Selbst- und Selbstidealwahrnehmung zu erkennen, zuzulassen und dadurch entstehende psychische Spannungen zu ertragen: Fähigkeit zur reifen Ambivalenz. Analoge Prozesse bedingen eine reife Objektbeziehung, in der dieses Ertragen von ambivalenten Gefühlen eine Voraussetzung für eine objektale Beziehungsstruktur bildet.
- Dieser eben erwähnte Aspekt trägt zur Fähigkeit und Bereitschaft bei, auf Wünsche, Bedürfnisse, Einschätzungen, Werte eines Anderen empathisch einzugehen, seine Grenzen zu akzeptieren und sich in einen »gleichwertigen Dialog« mit ihm zu begeben.
- Im sozialen Bereich wirkt sich dies auf die Fähigkeit und Bereitschaft aus, sich bei Konflikten flexibel, kompromißbereit und wandlungsfähig (»lernfähig«) zu verhalten und in einen für die Beteiligten fruchtbaren Dialog (unter Umständen auch in »harter Abgrenzung voneinander«) zu treten.

Neuere bindungstheoretische Untersuchungen zeigen, daß die Loslösung von den Eltern als gesunde Voraussetzung für die Autonomieentwicklung angesehen werden kann und die Verbundenheit zu den Eltern im Jugendalter eine bessere Grundlage für die Bewältigung der altersspezifischen Entwicklungsaufgaben gewährleistet. Die Balance von Autonomie und Verbundenheit in der Beziehung der Jugendlichen zu ihren Eltern ist gleichzusetzen mit der Balance von Bindung und Exploration in der Kindheit (Zimmermann & Becker-Stoll, 2001). Die Qualität der Bindungsentwicklung äußert sich in einem positiven Selbstbild, das in der Fremdeinschätzung durch Freunde häufiger bestätigt wird.

Im Unterschied zu Betroffenen mit unsicheren Bindungsrepräsentationen sind Jugendliche mit sicheren zufriedener mit sich selbst und haben ein positives soziales Verhalten gegenüber Gleichaltrigen. Sie zeigen ein positiveres Selbstbild. Sicher gebundene Jugendliche haben eine klare, während unsicher Gebundene eine diffuse Identität aufweisen. Jugendliche mit einer sicheren Bindungsrepräsentation und einer klaren Identität weisen eine hohe Flexibilität in der Bewertung von Situationen auf und sind in angewandten Verhaltensstrategien zur Konfliktlösung aktiv und weniger vermeidend. Dies steht im Gegensatz zu unsicher gebundenen Jugendlichen, die eher vermeidend und pessimistisch sind und eher verdrängen (Zimmermann & Becker-Stoll, 2001).

9

Klinisch-entwicklungspsychopathologische Perspektive der Borderline-Persönlichkeitsorganisation

Die Borderline-Persönlichkeitsorganisation als entwicklungsdynamisches Modell

Das Borderline-Syndrom, die Borderline-Störung, die Borderline-Persönlichkeit bzw. die Borderline-Persönlichkeitsstörung sind Begriffe, die eine unterschiedliche Basis der Sichtweise oder der Definition dieses Störungsbildes zum Ausdruck bringen. Mit ihnen ist meist die Zuschreibung einer schweren Störungsqualität verbunden.

Aus klinisch-entwicklungspsychologischer Sicht ist der Begriff der Borderline-Persönlichkeitsorganisation nach Kernberg (2000) geeignet, entwicklungsdynamische Prozesse zu beschreiben. Kernberg ordnet in einem psychoanalytischen Nosologie-Modell der Borderline-Persönlichkeitsorganisation die Identitätsdiffusion, das Vorherrschen primitiver Abwehrmechanismen und das Vorhandensein der Realitätsprüfung zu, die sich in Grenzführung (Borderline) zur neurotischen und psychotischen Persönlichkeitsorganisation befindet.

Unabhängig von theoretischen oder psychodynamischen Sichtweisen und Definitionen wird diese Störung im Kindes- und Jugendalter im allgemeinen kontrovers diskutiert. Sie wird von Diepold (1994) in diesem Alter als eine Entwicklungsstörung betrachtet. Die Autorin weist in einer umfassenden empirischen Untersuchung nach, daß borderlinetypische Phänomene bereits mit fünf Jahren vorhanden sind. Es ergaben sich folgende (Cluster-) Untergruppen (Diepold, 1994, S. 157–177):

Destruktive Kinder mit panischer Angst

- chronische ernsthafte Erkrankungen in den ersten drei Lebensjahren (Ekzem, Allergien, Eßstörungen, Magen-Darm-Erkrankungen, Operationen)
- panikartige Ängste und zerstörerische Aggressivität als Folge der durch viele Krankheiten verursachten Hochspannungen; in diesen Phasen seien die Integrationsfähigkeiten der Kinder und der Eltern extrem überfordert worden

Durch die häufigen Krankheiten, die vielfach mit Ängsten und Schmerzen verbunden seien, entstehen nach Diepolds Auffassung Interaktionsstörungen, die sich in den vertrauten Interaktionsmustern des Säuglings oder des Kleinkindes mit seinen Bezugspersonen widerspiegeln, da die Eltern ihr Kind nicht vor Schmerzen und Angst schützen können und ihm diese oft selbst zufügen müssen (z. B. bei Krankengymnastik).

Narzißtisch-aggressive Kinder mit Ängsten, psychotischen Episoden, Selbstschädigungen und schizoider Gefühlsarmut

- meist Fremdunterbringung
- häufige Hinweise auf sexuellen Mißbrauch und/oder Mißhandlungen
- instabile, gewaltbereite Familien mit oft nur noch einem Elternteil
- reaktive Entwicklung von Auffälligkeiten; durch diese sei eine Anpassung an die Umwelt erschwert
- übermäßige Phantasie und psychotische Episoden
- am schwersten gestörte Gruppe in Psychosenähe

Die Entstehung der Symptome ist nach Diepold auf gespannte und gewaltbereite Situationen in den Familien zurückzuführen. Dies zeige sich in der Häufigkeit des sexuellen Mißbrauchs und der Mißhandlungen in diesem Patientenkreis.

Narzißtisch aggressive Kinder mit panischen Ängsten, schizoider Gefühlsabwehr, Suizidgedanken und psychotischen Episoden

Es bestehen Ähnlichkeiten zu Gruppe 1 und 2 in bezug auf Ängste und psychotische Episoden. Die Unterschiede sind:

- häufige Krankheiten oder Behinderungen in den ersten drei Lebensjahren in Verbindung mit Schmerzen und anderen Mißempfindungen
- von seiten der Mutter eher Bereitschaft, das Kind als »narzißtische Extension« zu benutzen, Verweigerung der typischen Mutterrolle (»primärer Mütterlichkeit«)
- feindseliges und gewalttätiges Familienklima, vermutliche Identifikation des Kindes mit diesen Beziehungsaspekten

Depressive Kinder mit diskrepanter Entwicklung, klammerndem Verhalten, Kontaktstörung und psychotischen Episoden

- sind im Vergleich zu den anderen Untergruppen in den ersten drei Lebensjahren häufiger krank und zeigen häufiger Hinweise auf sexuellen Mißbrauch
- richten Aggressionen nicht gegen andere, sondern eher gegen sich selbst und werden dadurch depressiv
- insgesamt eher regressives Verhalten
- Kontaktstörungen zu Gleichaltrigen
- Clownerie, Apathie und psychotische Episoden vorherrschend

Depressive Kinder mit neurokognitiven Defiziten

- sind in den ersten drei Lebensjahren häufig krank
- sind in Familien aufgewachsen, in denen Neurosen, Persönlichkeitsstörungen und Suchterkrankungen überdurchschnittlich häufig auftraten

- Verhalten eher fordernd, klammernd, diskrepante Entwicklungen sind typisch
- neurologische Defizite im kognitiven, apperzeptiven und motorischen Bereich

Die Vermutung liegt nahe, daß die begrenzte Erziehungsfähigkeit schwer gestörter Eltern auf die biologische Beeinträchtigung der Spannungsregulation und die Reizverarbeitung des Kindes trifft und sich so eine Symptomatik entwickelt. Aus dieser Annahme resultiert, daß verständnisvolles und geduldiges Erziehungsverhalten auf die Störungen des Kindes kompensierend wirken können.

Schizoide Kinder

- schwer gestörte Familien mit psychotischen Erkrankungen und gestörten Elternbeziehungen
- schizoide Gefühlsarmut, isoliert und unzugänglich
- wirken in vielen Bereichen weniger gestört, als andere Borderline-Kinder, sogenannte »upper-border«

Bei einer weiteren Zusammenfassung ergeben sich zwei große Subgruppen: $2/3$ der Kinder seien eher aggressiv. In dieser Gruppe finden sich überwiegend Jungen. $1/3$ seien ängstlich, anklammernd und hätten eine depressive Stimmung. Dies trifft häufiger auf Mädchen zu. Diepold stellte weiterhin Geschlechtsgruppenvergleiche an: Bei Kindern sind $2/3$ der Erkrankten Jungen und nur $1/3$ Mädchen – bei Erwachsenen ist die Verteilung umgekehrt.

Paulina F. Kernberg (2001) befaßt sich in ihrem Buch »Persönlichkeitsstörungen bei Kindern und Jugendlichen« ausführlich mit der Borderline-Persönlichkeitsorganisation in dieser Altersspanne. Sie stellte bereits 1990 ein Konzept vor, in dem sie davon ausgeht, daß die Persönlichkeitsstruktur ein Merkmal darstellt, das sich im Lebensverlauf zyklisch-dynamisch entwickelt. Im Verständnis dieses Konzeptes bedeutet das, daß Störungen der Persönlichkeitsorganisation bereits im Kindesalter auftreten können. Vor dem Hintergrund des Entwicklungsaspektes ist die Komplexität der Borderline-Störung des Erwachsenenalters nicht unmodifiziert auf Kinder oder Jugendliche übertragbar (Bürgin & Meng, 2000). Bürgin und Meng stellen ebenfalls die kontroverse Diskussion um die Existenz der Störung im Kindes- und Jugendalter dar.

Prinzipiell ist Resch et al. (1999) zuzustimmen, die vor einer Erweiterung des Krankheitsbegriffes auf Kinder unter Risikobedingungen ausdrücklich warnen. Die Gefahr einer Pathologisierung von gesunden Bewältigungs- und Verarbeitungsprozessen könnte die Folge sein. Es sei nicht ratsam, Kinder mit Entwicklungsrisiken einen medizinischen Krankheitsbegriff zu unterstellen – daher sollte man, so Resch et al., von Persönlichkeitsstörungen erst ab dem 16. Lebensjahr sprechen. Persönlichkeitsstörungen werden nach DSM IV (1996, S. 711) als überdauernde Muster von innerem Erleben und Verhalten dargestellt, die merklich von den Erwartungen der soziokulturellen Umgebung abweichen, tiefgreifend bzw. unflexibel sind und ihren Beginn in der Adoleszenz oder im frühen Erwachsenenalter haben und zeitstabil verlaufen. Sie führen zu Leid und Beeinträchtigungen (auch Fiedler, 1995).

Die Darstellung der Borderline-Persönlichkeitsorganisation in einem entwicklungsdynamischen Modell für das Kindes- und Jugendalter hat im klinisch-entwicklungspsychopathologischen Verständnis folgenden gedanklichen Hintergrund:

1. Laut Diepold (1994) ist sie Ausdruck einer Entwicklungsstörung (Diepoldsche Borderline-Entwicklungsstörung).
2. Die Borderline-Persönlichkeitsorganisation zeigt sich in einer frühen individuellen Anpassungsleistung an die gegebene Kontextrealität (bindungsspezifische Entwicklungsbedingungen mit Risiko- und Traumabelastung). Bereits hier dominieren spezifische affektive und reflexiv-emotionale Regulationsstörungen, die sich in Form anfangs unspezifischer Symptome zeigen und Ausdruck der gestörten Mutter-Kind-Interaktion sind.

3. In der zunehmenden Konfrontation mit der Realität außerhalb der basalen familiären Kontextrealität erweist sich die individuelle Anpassungsleistung als psychosoziale Störung. Weitere Adaptionsversuche schlagen fehl und führen zu einer deutlichen Herausbildung der komplexen Regulationsstörung und umfassenden Beziehungsstörung, die durch die permanente Angst, verlassen zu werden, motiviert ist und Ausdruck der zugrundeliegenden und sich weiterentwickelnden pathologischen Bindungsrepräsentanz ist.

4. Die sich entwickelnden Symptome oder Krankheiten sind für die Klassifizierung der Störung sekundär. Primären Klassifikationscharakter haben die Phänomene der affektiven (z.B. die Unfähigkeit, Wut zu kontrollieren) und der reflexiv-emotionalen Regulationsstörungen (z.B. Phänomene der Spaltung).

5. Die Borderline-Persönlichkeitsorganisation impliziert als dynamisches Modell, beginnend in der frühen Kindheit, die Entwicklung der individuellen Bindungsorganisation (bzw. -desorganisation) zur pathologischen Bindungsrepräsentanz (unsicher, desorganisiert, verwickelt) und die Entwicklung der individuellen Identitätsorganisation zur pathologischen Identitätsrepräsentanz (Störung des Selbstempfindens, Identitätsdiffusion, Störung der Selbstreflexivität).

6. Die individuellen Entwicklungen der Borderline-Persönlichkeitsorganisation entäußern sich in unterschiedlichen Qualitäten, die sich in einem Kontinuum der psychosozialen Kompetenz nachvollziehen lassen, inwieweit noch Anpassungsleistungen möglich sind. Die Pole des Kontinuums der psychosozialen Kompetenz sind einerseits eine geringe, aber teilweise oder zeitlich vorhandene Anpassungsleistung und andererseits keine psychosoziale Kompetenz und keine Anpassungsleistung. Im Entwicklungsverlauf kann ein Kind oder ein Jugendlicher zwischen diesen beiden Polen schwanken.

7. Diese Schwankungen sind Ausdruck der borderlinetypischen Instabilität.

Die frühe Erkennung der Borderline-Persönlichkeitsorganisation als intrapsychisches, dynamisches Moment ist für das Zutagetreten von Symptomen und Krankheiten für die weitere prognostische Entwicklung inklusive therapeutischer und betreuerischer Interventionsansätze entscheidend. Eine an Symptomen oder Syndromen orientierte Oberflächendiagnostik – ohne die Beachtung der intrapsychischen Dynamik der komplexen borderlinetypischen Regulationsstörungen – führt ebenso wie klassifikatorische Hemmungen aus Etikettierungsängsten im Kindes- und Jugendalter zwangsläufig zur Chronifizierung der Borderline-Persönlichkeitsorganisation. Entsprechende interpersonelle Schutzfaktoren können nicht wirken, um den Mangel an individuellen Ressourcen zu kompensieren. Die Folge sind die Chronifizierung und pathologische Verstärkung durch Bindungsabbrüche, die die »Borderline-Angst« der Betroffenen immer wieder real werden lassen. Letztendlich werden auf diesem Weg die borderlinegestörten Kinder und Jugendlichen zu »Pendeltür-Kindern«.

Die Herausbildung der Borderline-Persönlichkeitsorganisation

Die moderne Säuglingsforschung sowie die bindungstheoretisch fundierte Forschung, besonders unterstützt durch die Ergebnisse der empirischen Untersuchung von Diepold (1994), gibt zu der Gewißheit Anlaß, daß die Herausbildung der Borderline-Persönlichkeitsorganisation im Kontext der entwicklungsdynamischen Sichtweise ab dem fünften bis sechsten Lebensjahr beginnt. In unseren bisherigen Untersuchungen konnten wir komplexe borderlinetypische Regulationsstörungen ab dem achten bis zehnten Lebensjahr eindeutig feststellen.

Die Ergebnisse sprechen also dafür, daß die Borderline-Persönlichkeitsorganisation bereits im Kindes- und Jugendalter Gegenstand der diagnostisch-klassifikatorischen Herangehensweise sein sollte. Sicher ist für die interdisziplinäre Verständigung zur Borderline-Persönlichkeitsorganisation derzeit kein verbindliches Regularium vorhanden. Die Klassifikation nach ICD 10 läßt die Möglichkeit der undifferenzierten (psychodynamisch fundierten, nicht symptomatischen) Zuordnung zu den Bindungsstörungen (F 94.1 und F 94.2) oder den »nicht näher bezeichneten« Zuordnungsqualitäten (z.B. F 99) zu, ohne damit allerdings die Prozesse der borderlinetypischen Regulationsbesonderheiten als Ausdruck der Entwicklungsqualität beschreiben zu können. Andere Klassifikationsmöglichkeiten dürften aber besonders im Kindesalter die nachvollziehbaren Etikettierungsängste des Diagnostikers aktivieren, denn hier muß man auf die Diagnosen nach ICD 10: F 60.31 (emotional instabile Persönlichkeitsstörung vom Borderline-Typus) oder F 21 (schizotype Störung) zurückgreifen. Diese ist dann schwierig nachvollziehbar, wenn nicht schwere Formen einer Störung der Realitätsprüfung vorhanden sind.

Eine diagnostische Möglichkeit, die dem kausalen Entwicklungsaspekt gerecht werden könnte, wäre die Klassifikation der Borderline-Persönlichkeitsorganisation als *»Bindungsstörung vom Borderline-Entwicklungstyp«*, die neben den Bindungsbesonderheiten die Merkmale der affektiven und reflexiv-emotionalen Regulationsstörung als wesentliche Kriterien beachtet. Allerdings bedarf es hier neben den psychopathogenetischen Verständigungsgrundlagen besonders spezifischer diagnostischer Inventare und entsprechender empirischer (besonders prospektiver) Untersuchungen.

C

Die Implikation der Bindungsforschung für Betreuung und Behandlung

10

Entscheidende Weichenstellungen in der Therapie der Borderline-Störung

Notwendigkeit und Chancen der multimodalen Betreuung

In den vorangegangenen Kapiteln konnte gezeigt werden, daß sich bei borderlinegestörten Kindern und Jugendlichen das Bindungssystem unter belasteten und traumatischen Bedingungen entwickelt. In der Regel sind Bindungsdesorganisation oder unsichere Bindungsrepräsentanzen die Folge, die sich mit der typischen »Borderline-Angst« als chronisches Erleben des realen oder phantasierten Verlassenwerdens entäußert. Diese geht einher mit der Störung der affektiven und der reflexiv-emotionalen Regulation und entwickelt sich in typischen Lebenswegen zu einem chronifizierenden Zirkel der Beziehungsstörung. Er disqualifiziert die Kinder und Jugendlichen in der Regel als sozial mehr oder weniger isolierte Problemfälle und in schwer gestörten Entwicklungsverläufen als »entbundene Pendeltür-Kinder«.

Kinder und Jugendliche, die noch formal sozial integriert werden können und bei denen teilweise bestehende sozial kompetente Fähigkeiten vorhanden sind, werden in ihrer Entwicklungskarriere immer mit dem Etikett des »schwierigen Falls« konfrontiert. Wer über keine sozial adäquaten Kompensationsmechanismen verfügt, kann schon frühzeitig auf einen Lebensweg in familienfremder Betreuung der Jugendhilfe zurückschauen.

Die Frage, welche Chancen auf Veränderung oder welche Möglichkeiten der Hilfe nun die betroffenen Kinder und Jugendlichen in

Betrachtung dieser Lebenswege haben, kann aus klinisch-entwick-lungspsychologischer Sichtweise prinzipiell folgendermaßen beantwortet werden: Die Chancen müssen, vor dem Hintergrund der individuellen Entwicklungspotenzen (Ressourcenorientierung), besonders in der Schaffung risikomindernder Bedingungen (Petermann, 2000) und entwicklungs- bzw. bindungsstabilisierender Bedingungen (Hofmann, 1999) gesehen werden. Da die Betroffenen mit den spezifischen Störungsentäußerungen nicht nur im therapeutischen Rahmen als »Behandlungsfall«, sondern auch im Bereich der Hilfen zur Erziehung in den Jugendämtern und im Bereich der Jugendgerichtshilfe eine Bedarfslage entwickeln, kann die Diskussion der ressourcenorientierten Entwicklungschance nicht eine rein therapeutische Implikation haben. Sie muß im Verständnis grundlegender Betreuungs- und Umgangsbedingungen betrachtet werden. Diese Herangehensweise basiert auf dem Konzept der multimodalen Therapie (Petermann, 2000), das ich hier im Sinne der *multimodalen Betreuung* erweitern möchte.

Während die multimodale Therapie den mehrschichtigen Behandlungsschwerpunkt (therapeutische Strategien und Methoden, Pharmakotherapie, Umfeldtherapie) zum Ausdruck bringt, impliziert die multimodale Betreuung die Notwendigkeit der professionellen, interdisziplinären Zusammenarbeit von ambulanten und stationären Psychotherapeuten, Mitarbeitern der staatlichen Institutionen (Ämter) und den Trägern der Hilfen zur Erziehung.

Die Notwendigkeit der interdisziplinären Zusammenarbeit ist in diesem Rahmen nicht nur eine populistische Forderung, die sich gut anhört, sondern eine sich aus dem Störungsbild ergebende grundlegende bindungsstabilisierende Forderung, die sich aus den Phänomenen der reflexiv-emotionalen Regulationsstörungen (hier sei als wesentlichstes Phänomen die Spaltung genannt) ableitet.

Die multimodale Betreuung hat das Ziel der bindungsorientierten konstanten und für die Betroffenen nachvollziehbaren Stabilisierungsbedingungen. Die Stabilität der

- formalen übergreifenden Betreuungsstrukturen,
- des professionellen Wissens um die Störungsbesonderheiten,
- der personellen Verbindlichkeit,
- der verbindlichen Absprachen und
- der Kontextkonsequenz

sind die Rahmenbedingungen, um die ressourcenorientierten Veränderungschancen umzusetzen und zu nutzen. Diese Feststellungen werden vor dem störungsspezifischen Hintergrund getroffen, daß die äußere Stabilität der multimodalen Betreuungsstruktur eine zwingende Grundvoraussetzung für die innere Stabilisierung der Borderline-Persönlichkeitsorganisation ist.

Wie groß die Defizite und der Bedarf beispielsweise im professionellen Wissen um das Störungsbild bei Mitarbeitern von Jugendämtern sind, zeigt eine von uns durchgeführte Untersuchung (Horn, Meyer & Weigler 2001). 75 der von uns befragten 99 Mitarbeiterinnen und Mitarbeiter betreuten wenigstens einmal Kinder und Jugendliche, bei denen eine »Borderline-Störung« festgestellt worden war. Nur 20 % dieses Personenkreises gab an, Kenntnisse vom Störungsbild zu haben, welche sie in die subjektive Lage versetzen zu wissen, »was mit diesen Kindern und Jugendlichen los ist« und »wie sie mit ihnen umgehen können«.

Daß aus bindungstheoretischer Sicht die Entwicklungschancen durchaus real existieren und wissenschaftlich fundiert sind, begründet sich:

- im Phänomen der »Earned Secure« und in der
- Wirkung von Schutzfaktoren

und ihrer Bedeutung für die Beeinflussung der Bindungsrepräsentanzen und damit der Borderline-Persönlichkeitsorganisation.

»Das Phänomen der ›Earned Secure‹ drückt aus; daß eine Person trotz ungünstiger Bindungserfahrungen mit den primären Bindungs-

227

personen ein sicheres Bindungsmodell entwickeln kann, es bietet sich modellhaft an, wenn man über die Veränderung von Bindungsrepräsentanzen nachdenkt« (Endres & Hauser, 2000, S. 166).

Spangler und Zimmermann (1999) verdeutlichen in der Entwicklung der Bindung als Anpassungsleistung bis in das Jugendalter die Möglichkeit der Beeinflussung von frühen Bindungserfahrungen durch das Wirken von stabilisierenden Schutzfaktoren auf die individuelle Resilienz (eigentlich Unverwundbarkeit, Robustheit), hier im Sinne der Fähigkeit zur Veränderung und zum Aufbau von individuellen Ressourcen.

Therapeuten und verantwortliche Betreuungspersonen als »sichere Basis«

Bowlby formulierte 1983 fünf therapeutische Aufgaben, die bindungstheoretisch fundiert auch die Basisvariablen für die therapeutische *und* die pädagogisch-betreuerische Arbeit mit borderlinegestörten Kindern und Jugendlichen darstellen (insofern möchte ich die Bezeichnung Therapeut auf in (Bindungs-)Verantwortung stehende Bezugspersonen erweitern):

1. der Therapeut als sichere Basis für die Selbstexploration
2. Reflexion innerer Arbeitsmodelle in der gegenwärtigen Beziehung
3. Prüfung der therapeutischen Beziehung
4. Genese der inneren Arbeitsmodelle in der Bindungsrepräsentation der Eltern
5. Realitätsprüfung der »alten« inneren Arbeitsmodelle auf Angemessenheit

Im Therapie- und Betreuungsprozeß bei borderlinegestörten Kindern und Jugendlichen ist jede verantwortliche Bezugsperson eine Bindungsperson, die von den Betroffenen aus deren eigenen Erfahrungen prompt mit dem Filter der »Borderline-Angst« gesehen wird.

Ebenso werden die Prozesse der reflexiv-emotionalen Regulationsbesonderheiten wie Spaltung, primitive Idealisierung, projektive Identifizierung gegenüber den aktuellen Bindungspersonen aktiviert.

Was bedeutet es, eine *sichere Basis* als Therapeut oder verantwortliche Bezugsperson zu sein, wenn man aufgrund der Regulationsbesonderheiten der betroffenen Kinder und Jugendlichen solchen Problemen »ausgesetzt« ist? Es sei hier nochmals in Erinnerung gerufen, daß ich von Verhaltensweisen mit impulsiven Entladungen destruktiver Wut und von Spaltung und Entwertung spreche. Dulz und Schneider (1997) verweisen auf die »haltende Funktion im Sinne von Winnicott«.

Eine Arbeit mit Borderlinegestörten ist nur möglich und tragfähig, wenn sie sich gehalten und geschützt fühlen. Prinzipiell gilt diese Feststellung, egal was sie tun!

»Halten« als sichere Basis

Das Halten ist der wesentlichste Teil der therapeutischen und pädagogisch-betreuerischen Beziehung und damit der personellen Grundhaltung zu borderlinegestörten Kindern und Jugendlichen. Aus entwicklungspsychologischer Sicht ist er deshalb bedeutsam, weil darüber die Betroffenen ihre inneren Arbeitsmodelle der Bindung und daraus folgend der Identität als Grundvoraussetzung für die Entwicklung von Ressourcen korrigieren und entwickeln können. Halten beschreibt eine Fähigkeit und eine innere Haltung als individuelle nichtlernbare Therapie- und Erziehungskompetenz.

Dies beinhaltet das bindungsrelevante Schützen und Beschützen der Kinder und Jugendlichen. Praktisch heißt dies, für sie einzutreten (Vermittlung eines rückhaltlosen Schutzes ohne Gegenleistung, Liebe trotz Begrenzung, Liebe trotz eigener Wut, Angst, Demütigung, Hilflosigkeit). Aus der Perspektive der protektiven Funktion oder der bindungsrelevanten Schutzfunktion bietet diese Grundhaltung Borderlinegestörten ein Nachholen der in der Psychogenese nicht erlebten Bindungsstabilität.

Haltefähigkeit als Vermittlung der sicheren Basis ist gleichzeitig ein personifiziertes Produkt der therapeutischen und pädagogisch-betreuerischen Arbeit und ein therapeutischer Wirkmechanismus.

»Aushalten« als personelle Voraussetzung

Prinzipiell sind die Prämissen der Feinfühligkeit (Ainsworth) und die Grundlagen der damit in Verbindung stehenden Fähigkeit der Metakognition (Main) die Basis für die therapeutische und pädagogisch-betreuerische Arbeit.

Das Konzept des feinfühligen Pflegeverhaltens der primären Bindungspersonen läßt sich analog auf die Arbeit mit borderlinegestörten Kindern und Jugendlichen anwenden. Therapeuten und mehr noch die im alltäglichen Ablauf verantwortlichen Bezugspersonen müssen in der Lage sein, die Signale der Betroffenen mit größter Aufmerksamkeit wahrzunehmen, sie richtig (aus der Perspektive der Kinder und Jugendlichen) zu deuten, angemessen und prompt zu reagieren. Wendet man das Konzept der Metakognition oder der Selbstreflexivität (Fonagy) auf die Ansprüche der Akteure von Therapie und Betreuung an, so begibt man sich auf das weite Feld der personellen Fähigkeiten und der Eignung bzw. der psychosozialen Voraussetzungen der »Helfer«. Die Fähigkeit zur Reflexion eigener Befindlichkeiten, das reflexive Erkennen der Befindlichkeiten anderer Personen und deren Interpretation sind Grundvoraussetzungen.

Die Fähigkeit der Selbstreflexivität schließt also die Befähigung der individuellen Grenzsetzung mit ein, die eine gesunde Identitätsorganisation der Helfer voraussetzt. Dulz und Schneider (1997) bezeichnen dies als technische Neutralität und meinen damit die Fähigkeit der Regulation von Nähe und Distanz, die die Integrität (Abstinenz oder Nicht-Verführbarkeit) der verantwortlichen Bezugspersonen betont. Metakognitive oder selbstreflexive Fähigkeiten der Therapeuten oder der verantwortlichen Bezugspersonen implizieren gleichzeitig eine weitere Variable, die Dulz und Schneider (1997) als Empathie bezeichnen und die ich als eine der reflexiven Regulation angemessene und nicht ablehnende emotionale Zuwendung verstehe.

230

Koenigsberg (2000) thematisiert diese komplizierte Problematik bei der Borderline-Störung aus psychoanalytischer Sicht der Gegenübertragung. Er führt aus, daß die Gegenübertragung die emotionale Reaktion oder affektive Antwort des Therapeuten (hier auch die verantwortliche Bezugsperson) auf den Affekt des Patienten ist. Auch die Betreuenden können demnach mit »Abwehrmechanismen« oder reflexiv-emotionalen Regulationsbesonderheiten auf die Kinder und Jugendlichen reagieren. Sieht man besonders die borderlinetypischen Mechanismen der projektiven Identifizierung, so wird deutlich, daß eine Voraussetzung des Aushaltens die Fähigkeit ist, zwischen selbst produzierten Gefühlen und solchen, die durch die Kinder und Jugendlichen produziert wurden, zu unterscheiden. Dies ist nur möglich, wenn die Arbeit mit diesen Betroffenen supervidiert wird.

Der Verbund aushaltender Fähigkeiten und die Supervision ermöglichen es, mit entwertenden Kränkungen, aggressiven Bedrohungen und anderen hilflos machenden Mechanismen umzugehen. Aushalten beinhaltet immer auch einen motivationalen Faktor. Die Frage »Will ich das – will ich mir das antun?« muß prinzipiell mit »ja« beantwortet werden können.

»Halten und Aushalten«

An dieser Stelle muß ich auf das kontrovers diskutierte Problem der geschlossenen Betreuung eingehen. Ich möchte erneut die Position von Wolffersdorff et al. (1996) bekräftigen, die aus sozialpädagogischer Sicht und wissenschaftlich fundiert eine geschlossene Heimlandschaft ablehnen. Ein »Wegschließen« in Reaktion auf die eigene Hilflosigkeit, aus Mangel an angemessenen gesellschaftlichen Hilfsangeboten, ist in keiner Weise nachzuvollziehen. Ohne die primär gesellschaftlich-politisch motivierte Diskussion des »Wegschließens« der Kinder und Jugendlichen, die mit herkömmlichen sozialpädagogischen Methoden nicht mehr »erzogen« werden können, umfassend aufzugreifen, bleibt festzustellen: Es gibt sie, die »Pendeltür-Kinder«!

231

Es müssen daher prinzipiell fachliche und bindungstheoretisch fundierte Fragen gestellt werden: Wie kann Bindungsstabilität – als Voraussetzung für die Entwicklung individueller Ressourcen – aufgebaut werden? Wie können borderlinegestörte Kinder und Jugendliche gehalten und ausgehalten werden, wenn sie aggressive Selbst- und Fremdverletzung praktizieren, wenn sie aggressiv ausreißen?

Das Abdelegieren der Verantwortung an geschlossene psychiatrische Einrichtungen ist, wenn überhaupt therapeutisch indiziert, auch nur ein aggressiver Gegenübertagungsakt der hilflosen Eltern, der Mitarbeiter von Heimeinrichtungen oder des gesellschaftlichen Systems, der spätestens mit der Kostendiskussion der Krankenkassen beendet wird. Dann werden die Betroffenen wieder entlassen.

Ein begonnener therapeutischer Prozeß, der ob der Schwere der Störung zeitlich gesehen immer zu kurz ist, wird beendet – die Bindung wird abgebrochen. Borderlinegestörte Kinder und Jugendliche brauchen aber auch (oder besonders) nach der stationären psychiatrischen und psychotherapeutischen Betreuung professionelle, haltende bzw. aushaltende Hilfen. Betont sei die Notwendigkeit der multimodalen und komplementär-interdisziplinären Betreuung in Psychiatrie und Jugendhilfe.

Betrachtet man die notwendigen Voraussetzungen für das haltende und aushaltende Bindungsangebot, ist in erster Linie die Frage zu formulieren: Wie müssen solche haltenden und aushaltenden Bezugssysteme sein, wie kann das Bindungsversprechen »Ich halte dich – egal was du tust!« realisiert werden? Aus meiner Sicht sind folgende Voraussetzungen relevant:

1. die Professionalität durch umfassendes Wissen und Kenntnisse der Borderline-Störung, einschließlich der permanenten Einzelfall- und Teamsupervision;
2. eine dezentrale kleingruppige Betreuung, in der bis zu acht borderlinegestörte Kinder und Jugendliche wohnen (eine Diskussion, daß eine »Ansammlung« des Störungsbildes kontraindiziert sei,

ist nach meinen Erfahrungen nicht haltbar, da bei dieser Zahl das Handling des Systems über die Betreuungsqualität entscheidet);

3. die personelle Besetzung mit aushaltemotivierten Mitarbeiterinnen und Mitarbeitern, die die Psychohygiene der Mitarbeiter gewährleistet, d. h. mindestens eine »Eins-zu-Eins-Betreuung«;

4. die Möglichkeit des flexiblen Reagierens auf Konfliktsituationen durch die Möglichkeit der zeitlich begrenzten Einzelbetreuung durch die verantwortliche Bezugsperson;

5. die Möglichkeit des zeitlich begrenzten »räumlichen Bindens« in akuten Situationen der Selbst- und Fremdgefährdung *in* der Einrichtung, die ein Weggeben in eine psychiatrische Einrichtung aus Gründen der Spaltungsphänomene und des Bruchs des Bindungsversprechens nicht notwendig macht.

Die Punkte 3 und 5 sind in dieser Auflistung die problematischsten, da eine »Eins-zu-Eins-Betreuung« die Kostenfrage aufwirft und immer vom Regulierungsdruck des entsprechenden Jugendamtes abhängt. Der Punkt 5 wirft die Diskussion über »geschlossene Verwahrung« auf. In einem bindungsorientierten Betreuungs- und Therapiekonzept versteht sich aber das Halten als Qualität der Betreuung im Bindungsversprechen und *nicht* als »bestrafendes Wegschließen«.

Ich habe die Erfahrung gemacht, daß, wenn man in bedrohlich selbst- und fremdgefährdenden Situationen durch »räumliches Binden« den Betreuungsprozeß vor Ort *strukturieren* kann, man damit für das Kind oder den Jugendlichen die beängstigende Situation auflöst und ein Konflikt progressiv gelöst werden kann. Das subjektive Bedrohungserleben der Kinder und Jugendlichen wird damit reduziert. Die rechtlichen Möglichkeiten dazu bestehen durchaus, entscheidend ist immer die Haltung des Jugendamtes zu diesem Schritt bzw. der Ruf, der sich dann mit solch einer Einrichtung verbindet und den Einweisungsmodus beeinflußt.

Die »sichere Basis« und die Entwicklung selbstreflexiver Fähigkeiten

Interessanterweise verweisen Garlichs und Leuzinger-Bohleber (1999) auf einen Therapieansatz von Yecheskiel Cohen in Jerusalem, das Konzept des »Residential Treatment«. Es handelt sich um eine psychoanalytische Behandlung im Heim-Setting für Kinder mit schweren, meist Borderline-Störungen. Die Selbstfindung ist aus psychoanalytischer Sicht mit der Grunderfahrung des Geliebt- und Akzeptiertwerdens unverzichtbar verbunden. Die manifeste destruktive Aggression vieler Heimkinder sieht Cohen oft in Zusammenhang mit einer Angst. In erneuten Objektbeziehungen könnte sich die traumatische Erfahrung, nicht geliebt zu werden, wiederholen. Der zentrale Gedanke der Behandlung von Cohen ist, daß alle Aktivitäten im Heim integrale, untrennbare Facetten der therapeutischen Arbeit sind. Sie sollen dem Kind ermöglichen, die frühe Selbststörung durch neue, konstante und »genügend gute« Objektbeziehungserfahrungen zu überwinden und einen eigenen Selbst- und Identitätsfindungsprozeß zu durchlaufen. Dieser Lebensraum wird als intermediärer Bereich, »potential space«, betrachtet, in dem das Kind sein Selbst in Abgrenzung von seinen Objekten und seiner Umwelt finden und schließlich entfalten kann. Dabei gelten die Betreuer als »Elternersatz« mit einem »verläßlichen Engagement«.

In inhaltlicher Übereinstimmung mit diesem Ansatz von Cohen ist auf der Basis der bindungstheoretisch fundierten personellen und formalen Voraussetzung des Haltens und Aushaltens als pädagogisch-erzieherische Grundhaltung und als therapeutische Variable im Sinne des Schutzraumes eine Voraussetzung geschaffen. So können die von Bowlby (1983) geforderten therapeutischen Inhalte – Entwicklung der Selbstexploration, Reflexion der inneren Arbeitsmodelle in der gegenwärtigen Beziehung, Realitätsprüfung der »alten« inneren Arbeitsmodelle auf Angemessenheit – umgesetzt werden. Der Therapeut und das Bezugssystem sind durch ihr Verhalten und Reagieren der »bindungsverbindliche Spiegel« für die

Möglichkeit der Erfahrung einer Veränderung der Borderline-Persönlichkeitsorganisation.

Daudert und Eckert (2001) verweisen in ihrer Kieler Psychotherapiestudie bei Patienten mit einer Borderline-Störung auf die Notwendigkeit der Förderung des mentalen Funktionierens und der Denkfähigkeit bzw. der Gesundung der reflexiv-metakognitiven Fähigkeiten. In eigenen Untersuchungen konnten wir feststellen, daß besonders das empathische Halten, die Teammotivation und die Strukturierungsmotivation der Bezugspersonen Grundvoraussetzungen für die Entwicklung selbstreflexiver Fähigkeiten waren (Ettrich, Hofmann & Huth, 2001).

Dulz und Schneider (1997) formulieren psychotherapeutische Grundprinzipien der Bezugspersonen, die als Voraussetzungen für die Entwicklung der selbstreflexiven Fähigkeiten auch für Kinder und Jugendliche praktische Gültigkeit haben und hier in Modifizierung genannt werden sollen:

Emotionales Einlassen

Das emotionale Einlassen ist ein Teilaspekt des »Haltens« und »Aushaltens«, denn die Grundvoraussetzung des »Haltens« ist, daß sich Bezugspersonen emotional einlassen können und wollen. Bedeutung gewinnt dieser Aspekt des Bezugsverhaltens besonders als Ausdruck der individuellen emotionalen Stabilität und Belastbarkeit (Charaktereigenschaft), der Motivation und Bereitschaft zur Supervision und aus der Analyse der Übertragungs-/Gegenübertragungsmechanismen, wenn sie sich mit den Kindern und Jugendlichen »einlassen«.

Klären, Konfrontieren, Begrenzen (Grenzsetzung)

»Halten« und »Aushalten« bedeutet nicht Inkonsequenz und realitätsentfremdendes Nachgeben. Eine klare Strukturierung ist für das Kind und den Jugendlichen aus entwicklungspsychologischer Sicht notwendig, wenn auch im pubertären Alter verspätet und schwierig.

235

Unabhängig von diesen Anteilen brauchen borderlinegestörte Kinder und Jugendliche die Strukturierung des Alltags, der individuellen Ziele und der Beziehung. Grenzsetzung braucht vordergründig Klärung und Information über den Begrenzungsumstand. Gruppendynamisch äußert sich hierin die Normsetzung. Konfrontation ist wegen der Defizite im Selbstwert und der hohen typischen Frustrationsintoleranz aus Verlust- und Angstgründen sicher schwierig zu bewerkstelligen, aber ein Teil der Begrenzung auf der erzieherischen Ebene.

Flexibles Reagieren

Strukturierung auf unterschiedlichen Ebenen ist ein Grundansatz der Betreuung von Borderlinegestörten. Dies impliziert aber gleichzeitig eine situative Flexibilität (variables Setting bei Dulz und Schneider, 1997).»Aushandeln« und»situatives Nachgeben«, statt pädagogischem Autoritätskampf, der wiederum zum Angstanstieg und damit zur Aggression führt, sind im Verständnis des flexiblen Reagierens angezeigt. Es bedarf individueller Kenntnisse über die Psychopathogenese des entsprechenden Kindes oder Jugendlichen und situativ gelernten (aus Supervision) »Feelings«, das Maß für diesen Augenblick zu finden. Symptomexazerbationen bzw. deren Anbahnungen sind oftmals gute Barometer für die Entscheidungsfindung. Häufige Themen sind Nähe/Distanz, selbstwertlabilisierende Forderungen, Forderungen/Begrenzungen, die Angstphantasien anregen.

»Deuten« als Handlung

Dieses Grundprinzip scheint schon in der Formulierung falsch. Definiert man Deuten als die hypothetische Verursachungszuschreibung für Verhalten (dies impliziert sowohl die genetische Deutung – warum sich jemand lebensgeschichtlich verursacht aktuell so verhält – als auch die situative Deutung – warum sich jemand aus aktuellen Anlässen, z. B. Gruppendynamik, so verhält), kann dies quasi als Grundhaltung definiert werden, die die Arbeit der Bezugspersonen (Erzieherverhalten) begleitet. Die »Deutung« läuft intern (intrapsychisch und teamintern) ab und wird *nicht* vor dem Kind oder Jugendlichen verbalisiert. Das Ergebnis ist ein situativ adäquates, emotional reflektiertes Handeln, das die Grundlage für »Halten«, »Aushalten« und »emotionales Einlassen« darstellt. Voraussetzung ist die begleitende Arbeit im therapeutischen Beziehungs- und Kommunikationssystem – besonders Übertragungs-/Gegenübertragungsanalyse.

Formale Neutralität

Formale Neutralität ist ein auf kognitiver Ebene ablaufender Prozeß der rationalen Aufarbeitung von persönlich emotional erlebten Situationen und Handlungen. Sie besteht parallel zum »emotionalen Einlassen« und ist das Ergebnis und das Mittel des »Deutens als Handlung«. Technische Neutralität, im Sinne des »Nichtverstrikkens in Interaktionen« wegen möglicherweise unreflektierter eigener Reaktionen, ist auf der supportiv (helfend, unterstützend) orientierten Ebene im Erziehungsalltag wahrscheinlich nicht möglich. Sie wird auf der vermittelnd orientierten Ebene bearbeitet und aufgefangen, um die Fähigkeit der selbstschützenden formalen Neutralität aufrechtzuerhalten.

Bereitschaft zur Übertragungs-/Gegenübertragungsanalyse (Selbstreflexion)

Diese Bereitschaft beschreibt die Wechselwirkung der auf der supportiv orientierten Ebene der therapeutisch-erzieherischen Arbeit situativ vorhandenen Abläufe der Überschreibung von Gefühlen und Bedürfnissen der Kinder und Jugendlichen auf die Betreuungspersonen (etwa Vater-/Mutter-Zuschreibungen) und das Reagieren der Bezugspersonen mit eigenen Übertragungen auf das Kind oder den Jugendlichen. Hier spielen Mitleid mit dem Schicksal, beispielsweise nach bekanntem sexuellen Mißbrauch, aufgrund der durch die

Übertragung ausgelösten Gefühle eine Rolle. Die Reflexion der Gegenübertragung beugt borderlinespezifischen Inszenierungen (Spaltung des Teams als Endergebnis) vor. Die Arbeit mit Gegenübertragungen ist das Hauptmedium des therapeutischen Beziehungs- und Kommunikationssystems, das im vermittelnd und analytisch orientierten Verständnis bearbeitet wird. Der Zustand eines Betroffenen offenbart sich oftmals nicht in dem Verhalten des Betreffenden selbst, sondern in der Befindlichkeit des Teams der Bezugspersonen.

Realitätsbezug

Bestärkung der auftretenden realitätsorientierten Verhaltensmuster, die Konstruktion des Realitätsbezuges ist ebenfalls das therapeutische Ziel.

Förderung positiver (erwarteter) Übertragungen, ohne sie verbal zu interpretieren

Die Arbeit mit positiven Übertragungen im Sinne der Bekräftigung erfolgt therapeutisch auf der Verhaltensebene in der Arbeit mit der Gegenübertragung. Verbalisierte positive Übertragungen halten die Kinder und Jugendlichen nicht aus, sie erleben sie nach unseren Erfahrungen als eher bedrohlich, weil damit das Erlebensbild scheinbar zusammenbricht, die »Philosophie nicht mehr stimmt« (Bedrohungsphantasien). Die logische Folge sind dann affektive Reaktionen und impulsive Handlungen als Reaktion auf das damit verbundene Angsterleben. Die geschieht, um das Bild »ich bin schlecht« wieder herzustellen. Positive Übertragung sollte also im Verhalten und nicht verbal erfolgen.

Auflösung von Projektionsmechanismen und Spaltungserleben

Wiederum primär muß auf der Verhaltensebene durch reflektiertes Gegenübertragungsverhalten versucht werden, die abgespalteten

Erlebensinhalte »deckungsgleich« zu bekommen. Dulz & Schneider (1997) bezeichnen dies als Entteufelung (bei Entwertungsmechanismen) und Entidealisierung (bei projektiver Omnipotenzzuschreibung). Das Ziel ist es, zu lernen, daß aktuelle Bezugspersonen Stärken und Schwächen haben, die nichts mit dem Erlebten in der Vergangenheit zu tun haben. Dies bezieht sich besonders auf die Phantasieebene.

Bestätigung »ich bin gut«

Die psychopathogenetisch gesetzte Lebensphilosophie »ich bin schlecht« wird mit erstaunlicher Konstanz und erstaunlichem Bemühen aufrechterhalten. Viele unreflektierte therapeutische und pädagogische Helferversuche werden frustriert. Die sich dann abwendenden Bezugspersonen bestätigen wiederum das Bild des »Schlechtseins«. Hinter diesem Verhalten der Kinder und Jugendlichen – dies ist besonders bedeutsam, da die Wünsche nach Liebe defizitär entwicklungspsychologisch bedingt vorhanden sind – steht der Wunsch nach Liebe (Liebenswürdigkeit) und das Bedürfnis, eigene Gefühle der Liebe zu entwickeln (Liebesfähigkeit). Die Aufgabe der Arbeit auf nonverbalem Niveau besteht darin, dies herauszuarbeiten und zu bekräftigen.

Vertrauen erlebbar machen

Die »Pendeltür-Kinder« haben wiederholt Bindungsabbrüche erlebt (chronifizierender Mechanismus). Diese sind zum einen für sie Bestätigung der Lebensphilosophie, zum anderen Bekräftigung, »niemandem mehr trauen zu wollen und zu können«. Es ist also äußerst wichtig, Vertrauen durch positiv erfüllte Strukturierung zu gewinnen. Der Ausspruch: »Was ich verspreche, muß ich *halten*« erhält hier besondere Bedeutung. Dies meint nicht Handlungen oder Aktionen, sondern emotionale Versprechen und Phantasien (für Helfer ist das selbstbefriedigende Gefühl des Gebrauchtwerdens bekannt). Borderlinegestörte bestärken in der Projektion der Omnipotenz diese Helferhaltung, und es entsteht eine Verführungssituation, die nach oben genanntem Muster immer geklärt sein muß. Dies bedeutet auch eine Realitätsbildung im Bereich der Phantasie, durch den Versuch, eine Deckungsgleichheit (Realitätsorientierung) herzustellen.

Die genannten psychotherapeutischen Grundprinzipien der Bezugspersonen, die als Voraussetzungen für die Entwicklung der selbstreflexiven Fähigkeiten auch für Betroffene praktische Gültigkeit haben, sind im Entwicklungsprozeß der selbstreflexiven Fähigkeiten in unterschiedlichen Phasen wirksam. Den Prozeßablauf möchte ich im Verständnis des Betreuungssystems darstellen:

1. Phase des Kennenlernens: *Halten – Aushalten – äußeres Strukturieren (Grenzsetzung über Klärung und Konfrontation)*
2. Phase der gruppendynamischen Strukturierung: *Halten – Aushalten – Beginn der inneren psychischen Strukturierung, die sich zwangsläufig aus den gruppendynamischen Einflüssen ergibt*
3. Phase der geklärten gruppendynamischen Auseinandersetzung und der Bewältigung der Anforderungen aus der Umwelt (Ausbildung, Beruf): *Halten – Aushalten als relative Komponente – innere Strukturierung und Realitätsorientierung*

Abschließend möchte ich interessierten Lesern, Therapeuten und pädagogisch-betreuerischen Bezugspersonen von borderlinegestörten Kindern und Jugendlichen nachfolgende »10 Gebote«, deren Beachtung und Anwendung sich in der Praxis gut bewährt haben, mit auf den Weg geben:

»10 Gebote zur Bindungsentwicklung«

für Therapeuten und verantwortliche Bezugspersonen in der Arbeit mit bindungsgestörten Kindern und Jugendlichen mit einer Borderline-Störung

240

1. Eine Herangehensweise mit dem Vorsatz, daß *kein Kind wieder entlassen wird*, prägt das Fühlen und Handeln! Eine Krise ist ein Symptom und damit Anlaß für konstruktive Veränderungen.

2. Bindungsentwicklung braucht eine *aushaltende* Grundüberzeugung und die persönlichen emotionalen Fähigkeiten, diese zu realisieren.

3. Bindungsentwicklung braucht eine klare Struktur, d. h. für alle Kinder gelten Regeln – nicht alle Regeln gelten für Kinder!

4. Diese klare Strukturierung gilt auch für das betreuende Personal – es sollen sich nicht alle Mitarbeiter und Mitarbeiterinnen gleich verhalten. Aber alle müssen darüber Bescheid wissen, was jeder macht und wie.

5. Strukturierende Aufgaben müssen für die, die sie betreffen, realisierbar sein. Jeder sollte das einbringen können, was er gern tut.

6. Der Widerstand eines Kindes ist in erster Linie mein eigener Widerstand. Finde ich den Zusammenhang, erkenne ich die Potenzen eines Kindes und kann »positives« Verhalten entwickeln helfen.

7. Starke (negative und positive) Gefühle der Kinder gegen mich gelten fast immer anderen, nicht mir, ich bin nur der gerade anwesende Stellvertreter. Die Gefühle, mit denen ich reagiere, werden deshalb oft solche »Stellvertreter-Gefühle« sein. Ich selbst bin dafür zuständig, herauszufinden, ob es sich um meine oder um übertragene Gefühle handelt. Der Klärung dienen »Wie«-Fragen, nicht »Warum«-Fragen.

8. Angst hat unterschiedliche Gesichter, besonders wenn sie meine Angst potenziert. Sie kann phantasiert und/oder real existieren – immer ist sie aber ein Ruf nach Hilfe und damit eine Herausforderung.

9. Wir haben mit diesen, *unseren* Kindern nichts mehr zu verlieren, aber die Chance, einiges zu gewinnen.

10. Gerade deshalb tritt »im Zweifelsfall« immer Gebot »1.« in Kraft.

Literatur

Übersicht zu Arbeiten über die Borderline-Störung im Kindes- und Jugendalter

Sowohl zu psychopathogenetischen als auch zu diagnostischen Ansätzen der Borderline-Störung im Erwachsenenalter ist die Literatur sehr umfangreich. Für das Kindes- und Jugendalter sind entsprechende Veröffentlichungen und Untersuchungen eher noch unterrepräsentiert. Kahl (1999) erstellte eine entsprechende Übersicht zu weiteren Veröffentlichungen, die hier kurz kommentiert werden soll:

U. Avé-Lallemant: *Familiendynamik einer jugendlichen Borderline-Patientin im psychologischen Test*
Der Artikel beinhaltet eine äußerst detaillierte Fallstudie eines 18jährigen Mädchens, welches nach zwei Suizidversuchen zur Beratung kam. Eine Anamnese sowie verschiedene projektive Tests verdeutlichen ihren Entwicklungsverlauf. Die Autorin möchte damit auf den Wert der graphischen Projektionstests hinweisen. Die Diagnosestellung einer Borderline-Störung wird nicht näher begründet, Avé-Lallemant legt vielmehr Wert auf eine detaillierte Auswertung der Tests.

A. Engellandt-Schnell et al.: *Diagnose und Therapie von Borderline-Störungen im Jugendalter*
Die Autoren geben in ihrem Artikel einen Überblick über das Phänomen Borderline-Störung generell und seine Übertragung auf das

Kindes- und Jugendalter. Sie beziehen sich dabei auf die bisherige Entwicklung dieses Problemgebietes und gehen näher auf eine von ihnen durchgeführte Studie zur Anwendbarkeit des diagnostischen Interviews für das Borderline-Syndrom (DIB, Gunderson, 1985) im Jugendalter ein. Von besonderem Interesse waren dabei Art und Ausprägung der psychopathologischen Symptomatik sowie auftretende Geschlechtsabhängigkeiten. Eingefügte Kasuistiken verdeutlichen das Problemfeld.

Bemporad et al.: *A Prospective Follow-up Study of So-Called Borderline Children*
Bemporad et al. (1991) wollten in einer prospektiven Follow-up-Studie ermitteln, welche Diagnosen bei Jugendlichen und Erwachsenen gestellt wurden, die in ihrer Vorgeschichte als »Borderline-Kinder« eingestuft wurden. In den frühen 80er Jahren stellten Bemporad et al. (1980; vgl. auch den Artikel »Borderline Syndromes: Criteria for Diagnosis«) folgende fünf Kriterien auf, um Borderline-Kinder zu diagnostizieren (da die deutsche Übersetzung oft nur notdürftig den Gehalt der Kriterien wiedergibt, sind die englischen Formulierungen ebenfalls angeführt):

• wechselhaftes Funktionsniveau zwischen neurotischen und psychoseartigen Zuständen in Abhängigkeit von der Umwelt (Bedrohung oder Beruhigung); fluctuation of functioning between neurotic and psychotic-like states secondary to environmental reassurance or threat;
• Schwierigkeiten, Angst zu bewältigen; difficulty in managing anxiety;
• exzessiver Gedankenfluß und wenig Differenzierung zwischen Phantasie und Realität; excessive fluidity of thought and poor differentiation between fantasy and reality;
• Schwierigkeiten, Beziehungen einzugehen, ausgenommen davon seien Beziehungen, die notwendig sind, um Bedürfnisse zu erfüllen und innere Stabilität zu erreichen (dies wird z.B. über grenzenloses Vertrauen in andere realisiert); difficulty in establishing

relationships with others, except for relationships aimed at need fulfilment and excessive reliance on others to maintain internal stability;

* Kontrollverlust, mangelnde Wut- und Ärgerkontrolle, wenig Fähigkeit zum Bedürfnisaufschub sowie Unterdrückung der Inhalte des primärprozeßhaften Denkens; deficiency of control, including difficulties in managing anger, delaying gratification and repressing primary process material;
* soziale Schwierigkeiten, neurologische Auffälligkeiten, erfolgter sexueller Mißbrauch bzw. körperliche Mißhandlungen sind typische Charakteristika dieser Kinder.

Bemporad et al.: *Borderline Syndromes in Childhood: Criteria for Diagnosis*
Die Autoren geben im Artikel einen Überblick über bisherige Klassifikationsversuche der borderlineähnlichen Symptomatik im Kindes- und Jugendalter und stellen eigene Kriterien vor, die auf Grundlage von Literaturrecherchen und der Untersuchung einer kleinen klinischen Stichprobe postuliert werden.

G. M. Klosinski: *Zur Diagnose einer sogenannten Borderline-Persönlichkeitsstruktur in der Adoleszenz*
Klosinski hält sich weitestgehend an die Symptomkataloge, die Rhode-Dachser (1979) und Kernberg (1967,1978) postulierten. In seiner Arbeit stellt er hauptsächlich die Symptomatologie der Borderline-Persönlichkeit der der Pubertätskrisen gegenüber. Weiterhin nimmt er eine Gegenüberstellung der psychodynamischen Aspekte unter strukturellen und genetisch-dynamischen Gesichtspunkten vor. Anhand dieser Ausführungen stellt er seine Hypothese vor, daß sich die Borderline-Persönlichkeit im Jugendalter nicht von Pubertätskrisen unterscheidet.

F. C. Verhulst: *Diagnosing borderline children*
In diesem Artikel wird über eine holländische Studie berichtet, die sogenannte Borderline-Kinder mit neurotischen und psychotischen

Kindern vergleicht. Nach Meinung des Autors liegen bisher (zum Zeitpunkt seiner Untersuchung) keine kontrollierten Studien vor, die den Versuch machen, einheitliche diagnostische Kriterien aufzustellen. Er kritisiert beispielsweise die Studien Bemporads et al. (1980 und 1991) hinsichtlich fehlender Kontrollgruppen. So hält er es für unabdingbar, notwendige Kriterien zur Klassifikation der Borderline-Kinder bezüglich ihrer Diskriminanz im Vergleich zu anderen Störungsgruppen zu überprüfen. Seine Stichprobe besteht dementsprechend sowohl aus Borderline-Kindern als auch aus neurotischen und psychotischen Kindern.

Mary C. Zanarini et al.: *Reported Pathological Childhood Experiences Associated with the Development of Borderline Personality Disorder*
Die Autoren berichten in ihrem Artikel über eine Studie, in der sowohl erwachsene Borderlinepatienten als auch Patienten mit anderen Persönlichkeitsstörungen untersucht wurden. Ziel der Studie war es, pathologische Kindheitserfahrungen der Probanden zu erfassen. Es wird besonders Wert auf die Rolle gelegt, die solche Erfahrungen in der Kindheit für die Entstehung von Borderline-Persönlichkeitsstörungen haben.

Allgemeines Literaturverzeichnis

Ainsworth, M. D. S. & Wittig, B. A. (1969).»Attachment and exploratory behavior of one-years-olds in a strange situation«. In: Foss, B. M. [Eds.]. *Determinants of Infant Behavior.* New York: Basic Books, S. 113–136.

Ahktar, S. (2000).»Narzißtische und Borderline-Persönlichkeitsstörung: zwei verwandte Bilder«. In: Kernberg, O. F. et al. [Hrsg.], *Handbuch der Borderline-Störungen.* Stuttgart, New York: Schattauer, S. 307–318.

Asendorpf, J. & Banse, R. (1999). *Psychologie der Beziehung.* Bern, Göttingen, Toronto, Seattle: Huber.

Becker-Stoll, F., Scheitenberger, St. & Stadler, B. (2000). *Bindungsrepräsentation und Eßstörungen im Jugendalter.* Leipzig: Interdisziplinäre Tagung zur Bindungsentwicklung und Bindungsstörung im Kindes- und Jugendalter, 14. und 15. September 2000.

Bell, S. M. (1970). »The development of the concept of the object as related to infant-mother attachment«. *Child Development* 41, S. 291–311.

Bemporad et. al. (1991). »A Prospective Follow-Up Study of So-Called Borderline Children«. *American Journal of Psychiatry* 148:11, S. 1541–1547.

Berner, W. (2000). »Störung der Sexualität: Paraphilie und Perversion«. In: Kernberg, O. F. et al. [Hrsg.], *Handbuch der Borderline-Störungen*. Stuttgart, New York: Schattauer, S. 319–324.

Böhme-Bloem, Ch. (2000). »Eßstörungen bei Borderline-Patienten«. In: Kernberg, O. F. et al. [Hrsg.], *Handbuch der Borderline-Störungen*. Stuttgart, New York: Schattauer, S. 307–318.

Bohleber, W. (1992). »Identität und Selbst. Die Bedeutung der neueren Entwicklungsforschung für die psychoanalytische Theorie des Selbst«. *Psyche* 46, S. 336–366.

Bohleber, W. (1996). *Adoleszenz und Identität*. Stuttgart: Verlag Internationale Psychoanalyse.

Bowlby, J. (1961). »Die Trennungsangst«. *Psyche* 7, S. 411–464.

Bowlby, J. (1969). *Attachment and Loss. Vol. 1: Attachment*. London: Hogart Press and Institute of Psycho-Analysis.

Bowlby, J. (1976). *Trennung. Psychische Schäden als Folge der Trennung von Mutter und Kind. Geist und Psyche*. München: Kindler.

Bowlby, J. (1983). *Verlust, Trauer, Trennung*. Frankfurt am Main: Fischer.

Bowlby, J. (1988). »Developmental psychiatry comes of age«. *American Journal of Psychiatry* 145, S. 1–10.

Brazelton, T. B. & Cramer, B. G. (1991). *Die frühe Bindung*. Stuttgart: Klett-Cotta.

Brisch, K. H. (1999). *Bindungsstörungen*. Stuttgart: Klett-Cotta.

Brisch, K. H., Buchheim, A. & Kächele, H. (1998). *Bindungsprozesse beim Übergang zur Elternschaft: Beeinflussung der Eltern-Kind-Beziehung durch eine pränatale und postnatale Intervention für erstgebärende Eltern*. Hamburg: 12. Kongreß der Deutschen Gesellschaft für Medizinische Psychologie (DGMP), 4.–6. Juni 1998.

Buchheim, A., Brisch, K. H., & Kächele, H. (1999). »Die klinische Bedeutung der Bindungsforschung für die Risikogruppe der Frühgeborenen: ein Überblick zum neuesten Forschungsstand«. *Zeitschrift für Kinder- und Jugendpsychiatrie und Psychotherapie* 27 (2).

Bürgin, D. & Meng, H. (2000). »Gibt es Borderline-Störungen bei Kindern und Jugendlichen?« In: Kernberg, O. F. et al. [Hrsg.], *Handbuch der Borderline-Störungen*. Stuttgart, New York: Schattauer, S. 755–770.

Burian, W. (1998).»Die zunehmende Distanz zwischen Beobachtung und Rekonstruktion. Überlegung zur Konzeptualisierung der postfreudianischen psychoanalytischen Theorie«. In: Burian, W. [Hrsg.], *Der beobachtete und der rekonstruierte Säugling.* Göttingen: Vandenhoeck & Ruprecht, S. 7–19.

Carlson, V., Ciccheti, D., Barnett, D. & Braunwald, K. G. (1989).»Finding order in disorganization: Lessons from research on maltreatment infants in attachments to their caregiver«. In: Ciccheti, D. & Carlson, V. [Hrsg.], *Child Maltreatment.* Cambridge, MA: Cambridge University Press, S. 494–528.

Clarkin, J. F., Yeomans, F. E. & Kernberg, O. F. (2001). *Psychotherapie der Borderline-Persönlichkeit.* Stuttgart, New York: Schattauer.

Conte, H. R., Plutchik, R., Karasu, T. B. & Jerret, J. (1980).»A self-report borderline scale«. *Journal of Nervous and Mental Disease* 168, S. 428–435.

Crittenden, P. M. (1992).»Quality of attachment in preschool years«. *Development and Psychopathology* 4, S. 209–241.

Crittenden, P. M. (1995).»Attachment and psychopathology«. In: Goldberg, S., Muir, R. & Kerr, J. [Hrsg.], *Attachment theory: Social, Developmental, and Clinical Perspectives.* Hillsdale, NJ: The Analytic Press, S. 367–406.

Curtis, R. C. (1989).»Integration: Conditions under which self-defeating and self-enhancing behaviors develop«. In: Curtis, R. C. [Ed.], *Self-defeating behaviors. Experimental research, clinical impressions and partical implications.* New York: Plenum Press, S. 343–361.

Daudert, E. (2001). *Selbstreflexivität, Bildung und Psychopathologie.* Hamburg: Verlag Dr. Kovac.

Daudert, E. & Eckert, J. (2002).»Das Konzept der Selbstreflexivität: Ein klinischer Beitrag zum Verständnis der Emotionsregulation bei Borderline-Patienten«. In: Hofmann, R. & Ettrich, K. U. [Hrsg.], *Bindungsentwicklung und Bindungsstörung.* In Vorbereitung.

De Casper, A. J. & Spence, M. J. (1986).»Prenatal maternal speech influences newborn´s perception of speech sounds«. *Infant Behavior and Development* 9, S. 133–150.

Diepold, B. (1994a). *Borderline-Entwicklungsstörungen bei Kindern.* Phil. Diss. Bremen.

Diepold, B. (1994b). *Borderline-Störungen im Kindesalter: Zwischenergebnisse einer empirischen Untersuchung: Analytische Kinder- und Jugendlichen-Psychotherapie (AKJP).*

Diepold, B (1995).»Borderline-Entwicklungsstörungen bei Kindern – zur

Theorie und Behandlung«. *Praxis Kinderpsychologie Kinderpsychiatrie* 44, S. 270–279.

Dornes, M. (1995).»Gedanken zur frühen Entwicklung und ihre Bedeutung für die Neurosenpsychologie«. *Forum Psychoanalyse* 11, S. 27–49.

Dornes, M. (1997). *Der kompetente Säugling*. Frankfurt am Main: Fischer.

Dornes, M. (1998). *Die frühe Kindheit*. Frankfurt am Main: Fischer.

Driessen, M. & Hill, A. (1998).»Persönlichkeitsstörungen und Alkoholismus«. In: Kernberg, O. F. et al. [Hrsg.], *Persönlichkeitsstörungen*. Stuttgart, New York: Schattauer, S. 112–118.

Dulz, B. & Jensen, M. (1997).»Vom Trauma zur Aggression – von der Aggression zur Delinquenz: Eine Überlegung zur Borderline-Störung«. In: Kernberg, O. F. et al. [Hrsg.], *Persönlichkeitsstörungen*. Stuttgart, New York: Schattauer, S. 189–198.

Dulz, B. & Schneider, A. (1997). *Borderline-Störung: Theorie und Therapie*. Stuttgart, New York: Schattauer.

Dulz, B. (1999).»Wut oder Angst – welcher Affekt ist bei der Borderline-Störung der zentrale?« In: Kernberg, O. F. et al. [Hrsg.], *Persönlichkeitsstörungen*. Stuttgart, New York: Schattauer, S. 30–35.

Dulz, B. & Jensen, M. (2000).»Aspekte der Traumatologie der Borderline-Persönlichkeit: psychoanalytisch-psychodynamische Überlegungen und empirische Daten«. In: Kernberg, O. F. et al. [Hrsg.], *Handbuch der Borderline-Störungen*. Stuttgart, New York: Schattauer, S. 167–194.

Eckhardt-Henn, A. (2000).»Artifizielle Störungen und Münchhausen-Syndrom«. In: Kernberg, O. F. et al. [Hrsg.], *Handbuch der Borderline-Störungen*. Stuttgart, New York: Schattauer, S. 331–346.

Eckert, J., Brodbeck, D., Jürgens, R., Landerschier, N. & Reinhardt, F. (1997).»Borderline-Persönlichkeit und Straffälligkeit – warum sind Borderline-Patienten meistens weiblich?« In: Kernberg, O. F. et al. [Hrsg.], *Persönlichkeitsstörungen*. Stuttgart, New York: Schattauer, S. 181–188.

Endres, M. & Hauser, S. (2000). *Bindungstheorie in der Psychotherapie*. München: Reinhardt.

Engellandt-Schnell et al. (1990).»Diagnose und Therapie von Borderlinestörungen im Jugendalter«. In: Steinhausen, H. C., *Das Jugendalter. Entwicklungen, Probleme, Hilfen*. Bern, Göttingen, Toronto, Seattle: Huber, S. 190–204.

Epstein, J. L. (1989).»The selection of friends: Changes across the grades and in different school environments«. In: Berndt, T. J. & Ladd, G. W. [Eds.], *Peer Relationships in Child Development*. New York: Wiley, pp. 158–187.

Erikson, E. H. (1953/54).»Wachstum und Krisen der gesunden Persönlich-keit«. *Psyche* 7, S. 1–31 und 117–139.

Erikson, E. H. (1974). *Jugend und Krise.* Stuttgart: Klett (4. Aufl. 1998, Klett-Cotta).

Ettrich, K. U., Hofmann, R. & Huth, M. (2002).»Der VBB – ein verlaufs-diagnostisches Instrument zur Abbildung von Bindungsprozessen bei der Betreuung von borderlinegestörten Kindern und Jugendlichen in einem haltenden Beziehungs- und Kommunikationssystem«. In: Hofmann, R. & Ettrich, K. U. [Hrsg.], *Bindungsentwicklung und Bindungsstörung.* In Vorbereitung.

Fiedler, P. (1995). *Persönlichkeitsstörungen.* Weinheim: Beltz.

Fonagy, P. (1997).»Attachment and theory of mind: Overlapping con-structs?« *Association for Child Psychol Psychiatry Occasion Papers* 14, S. 31–40.

Fonagy, P. (1998).»Die Bedeutung der Entwicklung metakognitiver Kon-trolle der mentalen Repräsentanz für die Betreuung und das Wachstum des Kindes«. *Psyche* 52 S. 349–368.

Fonagy, P. (2000).»Das Verständnis für geistige Prozesse, die Mutter-Kind-Interaktion und die Entwicklung des Selbst«. In: Petermann, F., Niebank, K. & Scheidhauer, H. [Hrsg.], *Risiken in der frühkindlichen Entwicklung.* Göttingen, Bern, Toronto, Seattle: Hogrefe, S. 241–256.

Freud, A. (1960).»Probleme der Pubertät«. *Psyche* 14, S. 1–24.

Freud, A. (1964). *Das Ich und die Abwehrmechanismen.* München: Kindler.

Fries, M. (1999).»Bindungsentwicklung und Bindungsstörung im Klein-kindalter«. In: Ettrich, K. U. & Hofmann, R. [Hrsg.], *Zeitschrift für pra-xisorientierte Jugendhilfeforschung.* Schwarzenberg: MOVE, S. 11–16.

Garlichs, A. & Leuzinger-Bohleber, M. (1999). *Identität und Bindung.* Weinheim, München: Juventa.

Gottfredson, M. R. & Hirschi, T. (1990). *A General Theory of Crime.* Stanford.

Greenman, D. A., Gunderson, J. G., Saltzman, P. (1986).»An examination of the borderline diagnosis in children«. *American Journal of Psychiatry* 143, S. 998–1003.

Grossmann, K. E. & Grossmann, K. (1999).»Bindungen«. In: Deutscher Familienverband [Hrsg.], *Handbuch Elternbildung. 1. Wenn aus Part-nern Eltern werden.* Opladen: Leske & Budrich, S. 507–531.

Grossmann, K. E. (2000).»Bindungsforschung im deutschsprachigen Raum und der Stand bindungstheoretischen Denkens«. In: Schmidt-Denter, U. et al. [Hrsg.], *Psychologie in Erziehung und Unterricht.* München, Basel: Reinhardt, S. 221–237.

Gunderson, J. G. (1985). *Diagnostisches Interview für das Borderline-Syndrom. Manual.* Weinheim: Beltz.

Hänsli, N. (1996). *Automutilation.* Bern, Göttingen, Toronto, Seattle: Huber.

Hare, R. D. (2000). »Eigenschaften von antisozialen Borderline-Patienten und Psychopathen«. In: Kernberg, O. F. et al. [Hrsg.], *Handbuch der Borderline-Störungen.* Stuttgart, New York: Schattauer, S. 393–412.

Havighurst, R. J. (1982). *Developmental tasks and educations.* New York: Longman.

Hoffmann, S. O. (2000). »Angst – ein zentrales Phänomen in der Psychodynamik und Symptomatologie des Borderline-Patienten«. In: Kernberg, O. F. et al. [Hrsg.], *Handbuch der Borderline-Störungen.* Stuttgart, New York: Schattauer, S. 227–236.

Hofmann, R. (1999a). »Diagnostik der Borderline-Störung des Kindes- und Jugendalters: Ein klinisch-entwicklungspsychologischer Untersuchungsansatz zur bindungsorientierten Verlaufsdiagnostik im therapeutischen Beziehungs- und Kommunikationssystem«. In: Ettrich, M. [Hrsg.], *Lebenslange Entwicklung.* Aachen: Shaker, S. 61–76.

Hofmann, R. (1999b). *Borderline-Störung des Kindes- und Jugendalters und der Therapieverlaufsfragebogen zur Bindungsstörung vom Borderline-Typ (VBBT).* Annaberg-Buchholz: Interdisziplinäres Symposium, November 1999.

Hofmann, R. & Ettrich, K. U. (1999). »Borderline-Störung des Kindes- und Jugendalters zwischen Kinder- und Jugendpsychiatrie und Jugendhilfe als gesellschaftliches und psychodiagnostisches Problem«. In: Ettrich, K. U. & Hofmann, R. [Hrsg.], *Zeitschrift für praxisorientierte Jugendhilfeforschung.* Schwarzenberg: MOVE, S. 5–10.

Hofmann, R., Ettrich, K. U. & Huth, M. (2000). *Zur Notwendigkeit eines Früherkennungsinventars der Borderline-Störung im Kindes- und Jugendalter.* Leipzig: Interdisziplinäre Tagung zur Bindungsentwicklung und Bindungsstörung im Kindes- und Jugendalter, 14. und 15. September 2000.

Hofmann, R., Ettrich, K. U. & Huth, M. (2002). »Die Entwicklung eines Früherkennungsinventars der Borderline-Störung im Kindes- und Jugendalter«. In: Hofmann, R. & Ettrich, K. U. [Hrsg.], *Bindungsentwicklung und Bindungsstörung.* In Vorbereitung.

Holfelder, W., Bosse, W., Benda, H.-H. & Runk, A. (1995). *Sächsisches Schulgesetz.* Berlin: Luchterhand.

Horn, K., Meyer, K. & Weigler, E. (2001). »Entwicklung eines präventionsorientierten und informativen Materials für Mitarbeiterinnen und

Mitarbeiter in den sozialen Diensten«. In: Hofmann, R. [Hrsg.], *Forschungsdokumentation zur klinischen Entwicklungspsychologie des Kindes- und Jugendalters*. Leipzig, Schwarzenberg: MOVE.

Janssen, P. L. (2000).»Inszenierung der Borderline-Pathologie im stationären Raum«. In: Kernberg, O. F. et al. [Hrsg.], *Handbuch der Borderline-Störungen*. Stuttgart, New York: Schattauer, S. 505–513.

Kahl, M. (1999).»Diagnostik der Borderline-Persönlichkeitsstörung im Kindes- und Jugendalter«. In: Hofmann, R. [Hrsg.], Schriftenreihe Forschungsdokumentation zur klinischen Entwicklungspsychologie im Kindes- und Jugendalter. Schwarzenberg, Leipzig: MOVE, S. 29–59.

Katsching, H., Demal, U., Lenz, G. & Berger, P. (2000). *Die extrovertierten Persönlichkeitsstörungen: Borderline, Histrionische, Narzißtische und Antisoziale Lebensstrategien*. Wien: Facultas.

Kernberg, O. F. (1967).»Borderline Personality Organisation«. *Journal of American Psychoanalysis*. Ass. 15, S. 641–685.

Kernberg, O. F. (1978). *Borderline-Störung und pathologischer Narzißmus*. Frankfurt am Main: Suhrkamp.

Kernberg, O. F. (1989).»Projektion und projektive Identifikation. Entwicklungspsychologische und klinische Aspekte«. *Forum Psychoanalyse* 5, S. 267–283.

Kernberg, O. F. (1994).»Aggression, trauma and hatred in the treatment of borderline patients«. *Psychiatr Clin North Am.* 17, S. 701–714.

Kernberg, O. F. (2000).»Borderline-Persönlichkeitsorganisation und Klassifikation der Persönlichkeitsstörung«. In: Kernberg, O. F. et al. [Hrsg.], *Handbuch der Borderline-Störungen*. Stuttgart, New York: Schattauer, S. 45–56.

Kernberg, O. F., Selzer, M. A., Koenigsberg, H. W., Carr, A. C. & Appelbaum, A. H. (1993). *Psychodynamische Therapie bei Borderline-Patienten*. Bern, Göttingen, Toronto, Seattle: Huber.

Kernberg, P. F. (1990).»Resolved: borderline personality exists in children under twelve«. *Affirmativ. J. Am Acad Child Adolescence Psychiatry* 29, S. 478–482.

Kernberg, P. F., Weiner, A. S. & Bardenstein, K. K. (2000). *Personality Disorders in Children and Adolescents*. New York: Basic Books (dt. *Persönlichkeitsstörungen bei Kindern und Jugendlichen*. Stuttgart: Klett-Cotta, 2001).

Kind, J. (2000).»Zur Entwicklung psychoanalytischer Borderline-Konzepte seit Freud«. In: Kernberg, O. F. et al. [Hrsg.], *Handbuch der Borderline-Störungen*. Stuttgart, New York: Schattauer, S. 27–44.

Klosinski, G. M. (1980).»Zur Diagnose einer sogenannten Borderline-Persönlichkeitsstruktur in der Adoleszenz«. *Zeitschrift für Kinder- und Jugendpsychiatrie* 8, S. 18–40.

Koenigsberg, H.W. (2000).»Gegenübertragung«. In: Kernberg, O.F. et al. [Hrsg.], *Handbuch der Borderline-Störungen*. Stuttgart, New York: Schattauer, S. 87–97.

Kreisman, J.J. & Straus, H. (1999). *Ich hasse dich – verlaß mich nicht. Die schwarzweiße Welt der Borderline-Persönlichkeit*. München: Kösel.

Lasch, Ch. (1995). *Das Zeitalter des Narzißmus*. Hamburg: campe paperback.

Leichsenring, F. (1996). *Borderline-Persönlichkeits-Inventar (BPI)*. Göttingen: Hogrefe.

Leitner, W. (2002).»Bindungsentwicklung und Bindungsstörung unter besonderer Berücksichtigung von PAS«. In: Hofmann, R. & Ettrich, K.U. [Hrsg.], *Bindungsentwicklung und Bindungsstörung*. In Vorbereitung.

Lewis, M., Alessandri, S. & Sullivan, M.W. (1990).»Violation of expectancy, loss of control an anger expression in young infants«. *Developmental Psychology* 26, S. 745–751.

Linder, W.-V. (1998).»Psychodynamik der Sucht«. In: Kernberg, O.F. et al. [Hrsg.], *Persönlichkeitsstörungen*. Stuttgart, New York: Schattauer, S. 125–133.

Loeber, R. & Hay, D, (1997).»Key issues in the development of aggression violence from early childhood to early adulthood«. *Annu Rev Psychol.* 48, S. 371–410.

Lohmer, M. (2000).»Abwehrmechanismen und Objektbeziehungsgestaltung bei Borderline-Patienten – eine psychoanalytische Perspektive«. In: Kernberg, O.F. et al. [Hrsg.], *Handbuch der Borderline-Störungen*. Stuttgart, New York: Schattauer, S. 75–86.

Lohmer, M., Klug, G., Herrmann, B., Pouget, D. & Rauch, M. (1992).»Zur Diagnostik der Frühstörung. Versuch einer Standortbestimmung zwischen neurotischem Niveau und Borderlinestörung«. *Praxis der Psychotherapie und Psychosomatik* 37, S. 43–255.

Lürßen, E. (2000).»›Eines Tages lange Reise in die Nacht‹ – der psychische Rückzug der Borderline-Persönlichkeit in die Drogenwelt«. In: Kernberg, O.F. et al. [Hrsg.], *Handbuch der Borderline-Störungen*. Stuttgart, New York: Schattauer, S. 293–306.

Main, M. (1991).»Metacognitive knowledge, metacognitive monitoring, and singular (coherent) vs. multiple (incoherent) models of attachment: Findings and directions for future research«. In: Parkers, C.M., Stevenson-Hinde, J. & Harris, J. [Hrsg.], *Attachment Across the Life Cycle.* London, New York: Routledge, S. 127–159.

Main, M. & Solomon, J. (1986).»Discovery of an insecure disorganized/ disoriented attachment pattern: Procedures, findings, and implications for the classification of behavior«. In: Brazelton, T.B. & Yogman, M. [Eds.], *Affective Development in Infancy.* Norwood NJ: Ablex, pp. 95–124.

Mell, G. (1996). *Mein Name ist Borderline. Die Story.* Hannover: Edition Gesellschaftskultur.

Meyer, J.E. (1975).»Psychopathologie und Klinik des Jugendalters, der Pubertät und Adoleszenz«. In: Kisker, K.P., Meyer, J.E., Müller, M. und Strömgren, E. [Hrsg.], *Psychiatrie der Gegenwart. Bd. II/1.* Berlin, Heidelberg, New York: Springer, S. 823–858.

Milch, W. (1998).»Überlegungen zur Entstehung von Borderline-Störungen auf dem Hintergrund der Säuglingsforschung«. In: Kernberg, O.F. et al. [Hrsg.], *Persönlichkeitsstörungen.* Stuttgart, New York: Schattauer, S. 10–21.

Minde, K. (1995).»Bindung und emotionale Probleme bei Kleinkindern. Diagnose und Therapie«. In: Spangler, G. & Zimmermann, P. [Hrsg], *Die Bindungstheorie. Grundlagen, Forschung und Anwendung.* Stuttgart: Klett-Cotta.

Mummendey, H.D. (2000). *Psychologie der Selbstschädigung.* Göttingen, Bern, Toronto, Seattle: Hogrefe.

Oerter, R. (1995).»Kindheit«. In: Oerter, R. & Montada, L. [Hrsg.], *Entwicklungspsychologie.* Weinheim: Beltz, S. 249–309.

Oerter, R., Montada, L. et al. (1995). *Entwicklungspsychologie. Ein Lehrbuch.* Weinheim: Beltz.

Oser, F. & Althof, W. (1997). *Moralische Selbstbestimmung. Modelle der Entwicklung und Erziehung im Wertebereich.* Stuttgart: Klett-Cotta.

Papoušek, H. & Papoušek, M. (1982).»Infant-adult social interactions: Their origins, dimensions, and failures«. In: Field, A. et al. [Eds.], *Review Developmental Psychology.* New York: Wiley, pp. 148–163.

Papoušek, M. (1994). *Vom ersten Schrei zum ersten Wort.* Bern, Göttingen, Toronto, Seattle: Huber.

Papoušek, M. (1999).»Regulationsstörungen der frühen Kindheit: Entstehungsbedingungen im Kontext der Eltern-Kind-Beziehung«. In: Oerter, R. et al. [Hrsg.], *Klinische Entwicklungspsychologie. Ein Lehrbuch.* Weinheim: Beltz, S. 148–169.

Pauli-Pott, U., Bäcker, A., Neuhäuser, G. & Beckmann, D. (2000).»Zur Eltern-Kind-Beziehung und dem Entwicklungsstand von Risikokindern im Vorschulalter: Ergebnisse der Gießener Risikostudie«. In: Petermann, F., Niebank, K. & Scheidhauer, H. [Hrsg.], *Risiken in der frühkindlichen Entwicklung*. Göttingen, Bern, Toronto, Seattle: Hogrefe, S. 238–300.

Petermann, F. (2000). *Lehrbuch der Klinischen Kinderpsychologie und -psychotherapie*. Göttingen, Bern, Toronto, Seattle: Hogrefe.

Piaget, J. (1975). *Der Aufbau der Wirklichkeit beim Kinde*. Stuttgart: Klett.

Pongratz, L., Schäfer, M., Jürgensen, P. & Weiße, D. (1977). *Kinderdelinquenz. Daten, Hintergründe und Entwicklungen*. München.

Rauchfleisch, U. (2000). »Antisoziales Verhalten und Delinquenz«. In: Kernberg, O. F. et al. [Hrsg.], *Handbuch der Borderline-Störungen*. Stuttgart, New York: Schattauer, S. 381–391.

Rauh, H. (1995). »Frühe Kindheit«. In: Oerter, R. & Montada, L. [Hrsg.], *Entwicklungspsychologie. Ein Lehrbuch*. 3. vollst. überarb. u. erw. Auflage. Kapitel 4. Weinheim: Beltz, S. 167–249.

Rauh, H. (1997). »Kontinuität und Diskontinuität in der Entwicklung«. In: Keller, H. [Hrsg.], *Handbuch der Kleinkindforschung*. Bern, Göttingen, Toronto, Seattle: Huber, S. 261–272.

Rehberger, R. (1999). *Verlassenheitspanik und Trennungsangst*. Stuttgart: Pfeiffer.

Remschmidt, H. & Schmidt, M. (1986). *Multiaxiales Klassifikationsschema für psychiatrische Erkrankungen im Kindes- und Jugendalter nach Rutter, Shaffer & Sturge*. Bern, Göttingen, Toronto, Seattle: Huber.

Resch, F. (1996). *Entwicklungspsychopathologie des Kindes- und Jugendalters*. Weinheim: Beltz.

Resch, F. et al. (1999). *Entwicklungspsychopathologie des Kindes- und Jugendalters*. Weinheim: Beltz.

Rhode-Dachser, C. (1979a). *Das Borderline-Syndrom*. Bern, Göttingen, Toronto, Seattle: Huber.

Rhode-Dachser, C. (1979b): »Das Borderline-Syndrom«. *Psyche* 33, S. 481–527.

Roß, Th. (2000). *Bindungsstile von gefährlichen Straftätern: Eine empirische Bestandsaufnahme*. Dissertation. Universität Ulm, Abteilung Psychotherapie und Psychosomatische Medizin. Unveröffentlicht.

Ryan, R. M., Deci, E. L. & Grolnick, W. S. (1995). »Autonomy, relatedness, and the self: Their relation to development and psychopathology«. In: Cicchetti, D. & Cohen, D. J. [Eds.], *Developmental Psychopathology*. New York: Wiley, pp. 618–655.

Sachsse, U. (1995). »Die Psychodynamik der Borderlinepersönlichkeitsstörung als Traumafolge. Ein Entwurf«. *Forum Psychoanalyse* 11, S. 50–61.

Salisch, M. v. (2000). *Wenn Kinder sich ärgern – Emotionsregulierung in der Entwicklung*. Göttingen, Bern, Toronto, Seattle: Hogrefe.

Sarimski, K. & Papoušek, M. (2000).»Eltern-Kind-Beziehung und die Entwicklung von Regulationsstörungen«. In: Petermann, F., Niebank, K. & Scheithauer, H. [Hrsg.], *Risiken in der frühkindlichen Entwicklung*. Göttingen, Bern, Toronto, Seattle: Hogrefe, S. 200–222.

Saß, H., Wittchen, H.-U. & Zaudig, M. (1996). *Diagnostisches und statistisches Manual Psychischer Störungen DSM IV*. Göttingen, Bern, Toronto, Seattle: Hogrefe, S. 735–739.

Schoeler, R. (2000). *Trennung und Scheidung in Hinblick auf die Kinder und die Auswirkungen auf das Erwachsenenleben unter besonderer Berücksichtigung des PAS*. Trier: Interessenverband Unterhalts- und Familienrecht an der Dtsch. Richterakademie.

Schwind, H.-D. (2000). *Kriminologie*. Heidelberg: Kriminalistik Verlag.

Simó, S., Rau, H. & Ziegenhain, U. (2000).»Mutter-Kind-Interaktion im Verlauf der ersten 18 Lebensmonate und Bindungssicherheit am Ende des 2. Lebensjahres«. In: Schmidt-Denter, U. et al. [Hrsg.], *Psychologie in Erziehung und Unterricht*. München, Basel: Reinhardt, S. 118–141.

Spangler, G., Grossmann, K., Grossmann, K. E. & Fremmer-Bombik, E. (2000).»Individuelle und soziale Grundlagen von Bindungsunsicherheit und Bindungsdesorganisation«. In: Schmidt-Denter, U. et al. [Hrsg.], *Psychologie in Erziehung und Unterricht*. München, Basel: Reinhardt, S. 203–220.

Spangler, G. & Zimmermann, P. (1999).»Bindung und Anpassung im Lebenslauf: Erklärungsansätze und empirische Grundlagen für Entwicklungsprognosen«. In: Oerter, R. et al. [Hrsg.], *Klinische Entwicklungspsychologie. Ein Lehrbuch*. Weinheim: Beltz.

Steinhausen, H.-Ch. (2000). *Seelische Störungen im Kindes- und Jugendalter*. Stuttgart: Klett Cotta.

Stadelmann, R. (2000).»Borderline-Persönlichkeitsstörung: Theoretische Erweiterung des Störungskonzeptes mit besonderer Berücksichtigung des Ansatzes der anthroposophisch erweiterten Medizin zum Borderline-Syndrom«. In: Hofmann, R. [Hrsg.], *Schriftenreihe Forschungsdokumentation zur klinischen Entwicklungspsychologie im Kindes- und Jugendalter*. Schwarzenberg, Leipzig: MOVE, S. 4–37.

Stern, D. N. (1985). *The Interpersonal World of Infant*. New York: Basic Books.

Stern, D. N. (1992). *Die Lebenserfahrung des Säuglings*. Stuttgart: Klett-Cotta.

Strauss, B., Lobo-Drost, A. J. & Pilkonis, P. A. (1999a).»Einschätzung von

Bindungsstilen bei Erwachsenen – erste Erfahrungen mit der deutschen Version einer Prototypenbeurteilung«. *Zeitschrift für Klinische Psychologie, Psychiatrie und Psychotherapie* 47 (4), S. 347–364.

Strauss, B., Lobo-Drost, A. J., Daudert, E., Höger, D. & Schmidt, S. (1999b). *Erwachsenen-Bindungsprototypen-Rating (EBPR)*. Jena, Hamburg: unveröffentlicht.

Sutherland, E. H. & Cressy, D. R. (1955). *Principles of Criminology*. Chicago, Philadelphia, New York.

Thomasius, R. (1998).»Persönlichkeitsstörungen bei Konsumenten illegaler Drogen – Komorbidität, Entwicklungspfade und Auswirkungen auf die Behandlung«. In: Kernberg, O. F. et al. [Hrsg.], *Persönlichkeitsstörungen*. Stuttgart, New York: Schattauer, S. 142–150.

van Ijzendoorn, M. H. & Kroonenberg, P. M. (1988).»Cross-cultural patterns of attachment. A metaanalysis of the Strange Situation«. *Child Development* 59, S. 147–156.

Verhulst, F. C. (1984).»Diagnosing Borderline Children«. *Acta Paedopsychiatrica* 50, S. 161–173.

Watzlawick, P., Beavin J. H. & Jackson, D. D. (1990). *Menschliche Kommunikation*. Bern, Göttingen, Toronto, Seattle: Huber.

Winnicott, D. W. (1953). *Collected Papers*. London: Tavistock.

Winnicott, D. W. (1974). *Playing and Reality*. New York: Basic Books.

Wolffersdorff, v., Ch., Sprau-Kuhlen, V. & Kersten, J. (1996). *Geschlossene Unterbringung in Heimen – Kapitulation der Jugendhilfe?* Weinheim, München: Juventa.

Wolke, D. (2000).»Intervention bei Schreibabys«. In: Petermann, F., Niebank, K. & Scheithauer, H. [Hrsg.], *Risiken in der frühkindlichen Entwicklung*. Göttingen, Bern, Toronto, Seattle: Hogrefe, S. 359–361.

Youniss, J. (1982).»Die Entwicklung und Funktion von Freundschaftsbeziehungen«. In: Edelstein, W. & Keller, M. [Hrsg.], *Perspektiven und Interpretation*. Frankfurt am Main: Suhrkamp, S. 78–109.

Zach, U. (2000).»Bindungssicherheit im Kleinkindalter und Konfliktregulation während einer Geschichtenvervollständigungsaufgabe im Vorschulalter«. In: Schmidt-Denter, U. et al. [Hrsg.], *Psychologie in Erziehung und Unterricht*. München, Basel: Reinhardt, S. 161–175.

Zanarini, M. C., Gunderson, J. G., Marino, M. F., Schwarz, E. O. et. al. (1989).»Childhood experiences of borderline patients«. *Comprehensive Psychiatry* 30. H. 1, S. 18–25.

Ziegenhain, U. & Wolff, U. (2000).»Der Umgang mit dem Unvertrauten – Bindungsbeziehung und Krippeneintritt«. In: Schmidt-Denter, U. et al.

[Hrsg.], *Psychologie in Erziehung und Unterricht.* München, Basel: Reinhardt, S. 176–188.

Zimmermann, P., Suess, G. J., Scheurer-Englisch, H. & Grossmann, K. (2000). »Einfluß der Eltern-Kind-Bindung auf die Entwicklung psychischer Gesundheit«. In: Petermann, F., Niebank, K. & Scheithauer, H. [Hrsg.], *Risiken in der frühkindlichen Entwicklung.* Göttingen, Bern, Toronto, Seattle: Hogrefe, S. 302–327.

Zimmermann, P. et al. (2000). »Längsschnittliche Bindungsentwicklung von der frühen Kindheit bis zum Jugendalter«. In: Schmidt-Denter, U. et al. [Hrsg.], *Psychologie in Erziehung und Unterricht,* S. 99–117.

Zimmermann, P. & Becker-Stoll, F. (2001). »Bindungsrepräsentationen im Jugendalter«. In: Gloger-Tippelt, G. [Hrsg.], *Bindung im Erwachsenenalter.* Bern, Göttingen, Toronto, Seattle: Huber, S. 251–274.

Glossar

Ambiguitätstoleranz drückt die Fähigkeit aus, Vieldeutigkeiten und Unsicherheiten zur Kenntnis zu nehmen und zu ertragen

Anhedonistisch-multivariate Sexualität die gelebte Sexualität von Borderline-Personen läuft zwar ohne Funktionsstörungen ab, aber Intimität und emotionale Tiefe werden vermieden

Artifizielle Störungen körperliche oder/und psychische Krankheitssymptome werden simuliert (vorgetäuscht), aggraviert (übertrieben) oder künstlich erzeugt (Selbstmanipulation), um Aufnahme in Krankenhäusern und Behandlung zu erreichen

Autoaggressive Verhaltensweisen bezeichnen suizidales Agieren, das sich in parasuizidalen Handlungen und final angelegten Suizidhandlungen äußert

Autonomie Abgrenzung der eigenen Person gegen andere

Äquifinalität Annahme, daß gleiche risikobehaftete und entwicklungspathologische Ausgangspunkte zu unterschiedlichen Störungen führen

Bindungsdesorganisation Fehlen bzw. Unterbrechung einer eindeutigen Organisation des Bindungsverhaltens

Bindungsorganisation spezifische Art und Abfolge, in der Bindungs- und Explorationsverhaltensweisen gezeigt werden; Unterschiede ergeben sich sowohl interindividuell als auch intraindividuell gegenüber verschiedenen Bindungspersonen und in verschiedenen Situationen in Abhängigkeit von spezifischen Erfahrungen mit der jeweiligen Bezugsperson

Bindungsqualität beziehungsspezifische, klare Bindungsverhaltensorganisation gegenüber einer Bezugsperson, die sich in spezifischen Verhaltensstrategien manifestiert

Bindungsrepräsentation Organisation bindungsrelevanter Erinnerungen und Bewertung der Erfahrungen mit den Bezugspersonen

Bindungsstile

unsicher-vermeidend die Betroffenen sind emotional ungebunden und übersteigert autonomiestrebig; reflexiv-emotionale Regulationsstörungen sind vorhanden; interpersonelle Realitätsverzerrungen; Täuschungen bezogen auf andere Personen; Selbsttäuschungen

unsicher-ambivalent die Betroffenen sind übersteigert abhängig und instabil beziehungsgestaltend; reflexiv-emotionale Regulationsstörungen vorhanden; Täuschungen bezogen auf andere Personen i. S. der erwartungsorientierten Idealisierung

gemischt unsicher-ambivalent und vermeidend mit teilweise sicherem Bindungsstil; eine niederschwellige reflexiv-emotionale Regulationsstörung in Richtung Spaltung wird hier deutlich

Bindungsverhalten Verhalten mit dem Ziel, Nähe zu Bindungsperson herzustellen und das Gefühl von Sicherheit zu erlangen

Bindungsverhaltenssystem grundlegender zielorientierter Steuerungsmechanismus für Verhaltensweisen, die Nähe und Sicherheit vermitteln

Bonding bezeichnet die mütterliche Bindungsprägung unmittelbar nach der Geburt als ein hormonell gesteuertes mütterliches Verhalten der emotionalen Begleitung des Kindes

D-Verhalten desorganisiertes Verhalten als ein Effekt der zweiten Generation, v. a. bei Betroffenen, die ihre ersten Interaktionserfahrungen mit Bezugspersonen machen, die selber durch Traumata verängstigt sind

»Earned Secure«-Phänome eine Person kann, trotz ungünstiger Bindungserfahrungen mit den primären Bezugspersonen, ein sicheres Bindungsmodell entwickeln

Episodisch präpsychotische Qualität psychischer Zustände
zeitlich begrenzte Zustände, die aus einer situativ ausgelösten und subjektiv empfundenen frei flottierenden, diffusen Borderline-Angst entstehen und zu komplexen Störungen des Wahrnehmens und Denkens bzw. der Affekte führen

Ereignis- oder situationsinduzierte delinquente Verhaltensweisen
es handelt sich hier um spezifische, auf ein Ereignis oder eine konkrete Situation bezogene, delinquente Handlungen durch impulsiv-aggressive Entladungen

Extrovertiertheit ist ein inszeniertes, manipulierendes Verhalten, um Beachtung bei anderen Personen zu erreichen, damit eigene Ängste verringert werden

Frustrationstoleranz bedeutet die Fähigkeit, innere Spannungen über längere Zeit auszuhalten

Fähigkeit zur reifen Ambivalenz Bereitschaft, Widersprüche in der eigenen Selbst- und Selbstidealwahrnehmung zu erkennen, zuzulassen und dadurch entstehende psychische Spannungen zu ertragen

Gefühllosigkeit der affektiven Instabilität zuzuordnen; meint eine situativ auftretende scheinbare Empfindungslosigkeit, Abgestumpftheit, Teilnahmslosigkeit und Gefühlskälte

Habituell-delinquente Verhaltensweisen geprägt durch gesellschaftlich-moralisch sanktionierte Verhaltens- oder Erscheinungsformen, die in antisoziale Entwicklungsverläufe eingebettet sind

Histrionisch Dramatisierung der eigenen Person, theatralisches Verhalten, übertriebener Ausdruck von Gefühlen, leichte Beeinflußbarkeit, Mittelpunkts- und Aufmerksamkeitsstreben

Identitätsdiffusion bezeichnet das Vorherrschen primitiver Abwehrmechanismen und das Vorhandensein der Realitätsprüfung, die sich in Grenzführung zur neurotischen und psychotischen Persönlichkeitsorganisation befinden

Identitätsgefühl bezeichnet ein inneres übergeordnetes Regulationsprinzip, das Handlungen und Erfahrungen daraufhin überprüft, ob sie zu einem selbst oder in den Bezugsrahmen zu anderen Personen passen

Individuelle Resilienz   meint Unverwundbarkeit, Robustheit

Internale Arbeitsmodelle   Wissen, Vorstellungen über und Erwartungen an die Bezugspersonen und die eigene Person
Konstrukt zur Erklärung der Steuerung des Bindungsverhaltenssystems und von Verhalten, Kognition und Emotion in emotional belastenden Situationen

Impulsives, fremdaggressives Verhalten   die Betroffenen sind sehr begrenzt oder gar nicht in der Lage, emotionale Inhalte zu reflektieren, zu steuern, wahrzunehmen und zu bewerten
infolgedessen entsteht ein diffuser Spannungszustand, der die Betroffenen zwingt, sich abzureagieren

Kognitive Strukturen   das Erfahrungswissen bestreffend

Koinzidenz   Zusammentreffen von Ereignissen

Metakognition   ist die Fähigkeit der Mutter, sich und andere Personen empathisch zu »erfühlen«

Multimodale Betreuung   beinhaltet einen mehrschichtigen Behandlungsschwerpunkt und impliziert die professionelle, interdisziplinäre Zusammenarbeit von ambulanten und stationären Psychotherapeuten, Mitarbeitern der staatlichen Institutionen und Trägern der Hilfen zur Erziehung

Mutualität   gegenseitige affektive Abstimmung der Mutter (oder Bezugsperson)-Kind-Interaktion

Münchhausen-Syndrom   vordergründig die Selbstmanipulation von Krankheitssymptomen; hinzu kommt das Phänomen der Krankenhauswanderung, des Umherreisens sowie der unmotivierten Selbstentlassung aus Behandlungen bis zur völligen Entwurzelung

Omnipotenz   die Flucht in eine sichere Überlegenheit über andere

Parentifizierung   beinhaltet, daß, motiviert durch Trennungsängste, die Kinder eine überfürsorgliche Haltung gegenüber einem Elternteil einnehmen

Partielle Distanzierungsphänomene   die Betroffenen sind sich teilweise selbst der Simulation und der Lügen bewußt

Pendeltür-Karrieren   die Betroffenen erleben durch Ablehnung, Ausgrenzung und letztendlich erfolgende Abschiebung in immer wieder andere Einrichtungen Bindungsabbrüche

Projektive Identifizierungsprozesse   sind Ausdruck der Objektbeziehungsgestaltung aus den Defiziten der selbstreflexiven Fähigkeit und der Reflexion über andere Personen

Pseudologia phantastica   meint die Form eines komplexen, realitätsinadäquaten Phantasiegebäudes, das v. a. bei der Borderline-Störung überzufällig häufig auftritt

Reflexive Regulations-Störungen

interpersonelle Realitätsverzerrungen

– Spaltungserleben

– Verleugnung

Selbsttäuschungen

– Omnipotenzerleben

– Identifizierung mit dem Angreifer

Täuschungen bezogen auf andere Personen

– Entwertungserleben

– primitives Idealisierungserleben

Re-Inszenierungen   Ausdruck der inneren Arbeitsmodelle oder Repräsentanzen; problematisch, wenn sie als unsymbolisiert gebliebene traumatische Affektzustände in Form von Wiederholungszwang zum Ausdruck kommen

Schizoide Gefühllosigkeit   Ausdruck der affektiven Regulationsstörung; latenter Zustand im Sinne der gestörten Beziehungsgestaltung; gekennzeichnet durch allgemeine affektive Verarmung mit innerem Rückzug und Unfähigkeit zur Wutkontrolle

Selbstdefekte   Ausdruck einer gestörten Identitätsentwicklung

Selbstdestruktivität   impliziert eine Reihe impulsiver selbstschädigender Verhaltensweisen gegen die eigene Person und allgemein von Verhaltensstrategien, die zum eigenen Nachteil erfolgen

Selbstdestruktive Impulsivität bezeichnet ein sozial unangepaßtes, gelerntes Verhalten

Selbstschädigung bezeichnet Verhaltensweisen, die in unterschiedlicher Qualität und Intensität für ein Individuum negativ oder ungünstig sind. Extremfälle sind Selbstverletzung und Selbstmord

Selbstkohärenz Selbstverletzung als Form der Selbstfürsorge

Selbstverletzende Handlungen auch automutilativ genannte Handlungen; sie beinhalten destruktive, impulsive Handlungen ohne suizidale Absichten, die sich auf die Verletzung am eigenen Körper beziehen

Störung der Nähe-Distanz-Regulation Personen werden einerseits idealisiert und andererseits mit aggressiv-impulsiver Qualität entwertet

Störung der Selbstreflexivität der Betroffene ist nicht in der Lage, eigene Gefühle wahrzunehmen, zu erkennen oder auszudrücken, dieselbe Problematik besteht für den Betroffenen gegenüber anderen Personen

Anhang

VBBT – Therapieverlaufsfragebogen zur Bindungsstörung vom Borderline-Typ

1. Er meint etwas »Besseres« zu sein als andere.
2. Er vermeidet enge Beziehungen zu anderen Menschen.
3. Er sieht sich lieber als »Opfer« vermeintlich Stärkeren gegenüber.
4. Er braucht eine Ordnung (Strukturierung) seines Lebens durch Betreuungspersonen.
5. Er neigt dazu, sich von anderen Personen abhängig zu machen.
6. Er sieht in mir einen perfekten Menschen, der alles kann und alles bringt.
7. Er läßt sich von mir Anweisungen geben und befolgt diese auch.
8. Er verletzt andere Menschen, die ihm nahestehen, obwohl die Gründe dafür nicht bei ihnen, sondern in seiner eigenen Vergangenheit liegen.
9. Er reagiert nicht auf die Gefühlsregungen anderer Menschen.
10. Er fühlt sich ganz plötzlich und unerwartet wertlos oder verzweifelt.
11. Er hat Angst, Beziehungen zu verlieren.
12. Er reagiert enttäuscht, wenn andere Menschen seine Hilfe ablehnen.
13. Er kann in seinem Verhalten durch Anweisungen von Betreuungspersonen kontrolliert werden.
14. Er fühlt sich ganz plötzlich und unerwartet hoffnungslos oder hilflos.

15. Er verherrlicht andere, die besser sind als er, unkritisch.
16. Er verachtet seine Betreuungspersonen.
17. Er bekommt ganz unerwartet innerhalb kurzer Zeit starke Angst.
18. Er bedroht andere Menschen, die ihm nahestehen, obwohl die Gründe dafür nicht bei ihnen, sondern in seiner eigenen Vergangenheit liegen.
19. Er fühlt sich durch feste Beziehungen zu anderen Menschen eingeengt.
20. Er kennt das Gefühl, daß ich zu ihm halte, auch wenn er mich bedroht.
21. Er versucht alle wie Marionetten im Griff zu haben und meint, man merke es nicht.
22. Wenn er hilflos, traurig oder ängstlich ist, läßt er niemanden an sich heran.
23. Wenn er sich schlecht fühlt, braucht er sofort »Trost ohne Aufschub« durch andere Personen.
24. Obwohl er mir Sorgen, Kummer oder Angst macht, halte ich in allen Situationen zu ihm.
25. Seine Bedürfnisse nach Zuwendung wurden dadurch befriedigt, daß er krank war.
26. In manchen Situationen fällt er plötzlich ohne nachvollziehbaren Grund »in sich zusammen«.
27. Er orientiert sich in seiner Gefühlsreaktion wenig an den Erwartungen anderer Menschen.
28. Er zeigt ein anklammerndes Verhalten an andere Personen.
29. Seine Bedürfnisse nach Zuwendung wurden dadurch befriedigt, daß er Suizidversuche unternahm.
30. Er braucht eine dritte Person, um sich Bestätigung zu holen.
31. Er zeigt keine Schuldgefühle gegenüber anderen Menschen, denen er etwas angetan hat.
32. Er weiß es oft besser als die Betreuungspersonen.
33. Er meint viel reifer zu sein, als seine Altersgefährten.
34. Er kümmert sich kaum um andere Menschen, die sich offensichtlich in Not befinden.
35. Er sieht in mir »einen Feind«, obwohl dies real nicht so ist.

36. Er akzeptiert Konsequenzen für unangepaßtes Verhalten.
37. Er hat Angst, verlassen zu werden.
38. Er sucht sich stärkere Personen, von denen er sich Schutz erwartet.
39. Er denkt, was seine Betreuungspersonen mit ihm machen, sei sowieso oft falsch.
40. Sein Tagesablauf kann durch Betreuungspersonen strukturiert werden.
41. Er will anders sein als die anderen.
42. Er widersetzt sich prinzipiell Anweisungen, Vorgaben und Forderungen durch andere Personen.
43. In manchen Situationen bekommt er plötzlich eine unangemessene Angst.
44. Er hat Angst vor Zurückweisungen.
45. Er stellt sich gern in den Mittelpunkt.
46. Er denkt, daß andere Personen für ihn alles klären können, er sieht diese Personen als »Retter«.
47. Er vermittelt nahestehenden Menschen gern das Gefühl von Größe und Bedeutung, um sie für sich auszunutzen.
48. Egal was passiert, ich will ihn »halten«.
49. In manchen Situationen ist er plötzlich unerklärbar traurig.
50. Er macht sich über Betreuungspersonen nur lustig, weil die ihm »primitiv und minderwertig« vorkommen.
51. Über seine Versagensängste kann er mit anderen nicht sprechen.
52. Er kann sich in Gefühlsnot nicht an nahestehende Personen wenden.
53. Er will immer übermäßig gelobt werden.
54. Ich gebe ihm das Gefühl, daß er von mir immer unterstützt wird.
55. Er ist verletzt und verwirrt, wenn seine Hilfsangebote abgewiesen werden.
56. Es ist mir möglich, ihm das Gefühl von »Wärme und Nähe« zu geben.
57. Es ist mir möglich, ihm das Gefühl von Geborgenheit zu geben.
58. Ich denke, es ist sinnvoll, mit ihm pädagogisch und therapeutisch weiterzumachen.

59. Ich sehe seiner Zukunft durchaus positiv entgegen.
60. Ich fühle mich vom Team bezogen auf ihn nicht alleine gelassen.
61. Das Team half mir, meine Gefühle zu ihm zu erkennen.
62. Das Team erkannte die Spaltungsintention von ihm in den meisten Fällen.
63. Das Team konnte nach dem Erkennen seiner Spaltungsintention die eigene Position klären.

Register

Christoph Steinebach:
Entwicklungspsychologie
320 Seiten, broschiert, ISBN 3-608-91029-8

Dieser Band gibt eine Einführung in die Entwicklungspsychologie. Neben Einblicken in die eher klassischen Erkenntnisse stellt er neuere Theorien, Konzepte und Befunde der aktionalen Lebensspannenentwicklungspsychologie vor. Hierbei werden insbesondere Überlegungen der handlungstheoretischen und systemischen Entwicklungspsychologie berücksichtigt. Der Autor ergänzt seine Darstellung mit einer Vielzahl von Beispielen aus der entwicklungsorientierten pädagogischen und klinischen Praxis.

Hans-Christoph Steinhausen:
Seelische Störungen im Kindes- und Jugendalter
Erkennen und verstehen
268 Seiten, broschiert, ISBN 3-608-91030-1

Über 20 Prozent aller Kinder und Jugendlichen sind heutzutage von seelischen Störungen betroffen. Dieses Buch leistet die notwendige Orientierung.

Zentrale Entwicklungsstörungen bei Kindern und Jugendlichen
Aktuelle Erkenntnisse über Entstehung, Therapie und Prävention
Hrsg. von Werner Deutsch und Markus Wenglorz
245 Seiten, broschiert, ISBN 3-608-94315-3

In diesem Band stellen führende Fachleute aus unterschiedlichen Disziplinen die wichtigsten Entwicklungsstörungen vor, die im Kindes- und Jugendalter auftreten: Autismus, hyperkinetische Störungen/ADS, Lese-Rechtschreibschwäche/Legasthenie, Down-Syndrom als Beispiel für retardierte Entwicklung.

Klett-Cotta

John Bowlby:
Das Glück und die Trauer
Herstellung und Lösung affektiver Bindungen
Aus dem Englischen von Klaus Schomburg und
Sylvia M. Schomburg-Scherff
242 Seiten, broschiert, ISBN 3-12-930690-0

John Bowlby gilt als der Schöpfer der Bindungstheorie.
Seit seinen eigenen Untersuchungen und denen seines Kollegen
R. A. Spitz weiß man, welche verheerenden Folgen es für einen
Menschen haben kann, wenn seine erste Beziehung zu einem
anderen Menschen für längere Zeit oder für immer unterbrochen
wird. In diesem Buch gibt er Einblicke in seine Theorien-Werkstatt.

T. Berry Brazelton / Bertrand G. Cramer:
Die frühe Bindung
Die erste Beziehung zwischen dem Baby und seinen Eltern
Aus dem Amerikanischen von Elisabeth Vorspohl
288 Seiten, broschiert, ISBN 3-608-91280-0

Der Kinderarzt T. Berry Brazelton und der Psychoanalytiker
Bertrand C. Cramer berichten aus ihrer langjährigen Praxis, was
Eltern und Kinder in den ersten Lebensmonaten miteinander
erleben.

Violet Oaklander:
Gestalt-Therapie mit Kindern und Jugendlichen
Aus dem Amerikanischen von Klaus Schomburg und
Sylvia M. Schomburg-Scherff
412 Seiten, broschiert, ISBN 3-608-95291-8

»Medienarbeit, Zeichnen, Tonarbeit, Basteln, Geschichten
erzählen, Poesie, Sensory Awareness, dramatisches Spiel,
Pantomime – alle diese Elemente expressiver und kreativer
Arbeit stellt Violet Oaklander vor. Somit eröffnet sich eine
wahre Fundgrube an Methoden und Möglichkeiten für die Arbeit
mit Kindern.«
Psychologie heute

Klett-Cotta